# MALEDIVEN

D1697885

**www.baedeker.com**

Verlag Karl Baedeker

# Top-Reiseziele

Wer seinen Urlaub auf den Malediven verbringen möchte, hat zuerst einmal die Qual der Wahl. Über 100 Inseln locken mit Strand, Palmen und Robinsonfeeling. Wir stellen Ihnen deswegen einige der schönsten Resorts vor. Aber wofür Sie sich auch entscheiden: Die Unterwasserwelt des Archipels ist überall sensationell schön.

Raa-Atoll

Lhaviyani-Atoll

Baa-Atoll

Nord-Male'-Atoll

Rasdhoo-Atoll

Ari-Atoll

Süd-Male'-Atoll

Felidhe-Atoll

© BAEDEKER

Nilandhe-Atoll

Meemu-Atoll

Villingili Island

**❶ ✹✹ Landaa Giraavaru**
Ein Schmuckstück, das jeden Urlaub ziert **Seite 165**

**❷ ✹✹ Mudhdhoo**
Ganz in der Nähe des Biosphären-reservats Hanifaru Huraa gelegen, das wegen der Einzigartigkeit seiner Unterwasserwelt unter dem Schutz der UNESCO steht. **Seite 167**

**❸ ✹✹ Kunfunadhoo**
Das Resort dieser dicht be-wachsenen Insel zählt zum Feins-ten, was die Malediven zu bieten haben. **Seite 163**

**❹ ✹✹ Medhufinolhu**
»Hübsche Insel« – ihr Name ist fast eine Untertreibung. **Seite 219**

**❺ ✹✹ Bodu Hithi**
Markenzeichen der Insel sind die vielen Kokospalmen. **Seite 184**

# Lust auf ...

... die Malediven nach ganz persönlichen Vorlieben? Sie gelten zwar in erster Linie als Refugium für Erholungssuchende. Das muss aber nicht bedeuten, dass man den ganzen Tag faul am Strand herumliegen muss. Abwechslung gibt es nämlich genug.

## AB INS WASSER

- **Kopf unter Wasser** ▶
  Schnorchel, Maske und Flossen genügen, um die imposante Vielfalt der Korallenriffe im Indischen Ozean in Augenschein zu nehmen.
  Seite 104
- **Schwimmen mit Walhaien**
  An den Außenriffen der Atolle gibt es oft die Gelegenheit, mit den imposanten Tieren zu schwimmen.
  Seite 170
- **Bananaboat Riding**
  Vor allem für Kinder ist dieser Ritt ein mächtiger Spaß.
  Seite 90

## PRALLES LEBEN

- **Durch Male' schlendern**
  Auch wenn Male', vor allem aber der Verkehr dort, ziemlich hektisch ist, gibt es doch einiges zu entdecken. Und Gelegenheiten zum Souvenirkauf gibt es auch reichlich. **Seite 209**
- ◀ **Fischmarkt auf Male'**
  Fein säuberlich aufgereiht liegt der Fang auf dem gefliesten Boden und wartet auf Käufer. **Seite 213**
- **Übernachten bei Einheimischen**
  Jetzt kann man auch auf einigen Einheimischeninseln übernachten. Zum Beispiel im Süd-Male'-Atoll auf Guraidhoo, wo Sie das Leben der Malediver hautnah erleben können. **Seite 193**

## LECKERES ESSEN

## WELLNESS

## KREUZFAHRT

Abtauchen in neue Welten

Ruhiges Strandleben

**Zeit für Entspannung**

---

**PREISKATEGORIEN**
Restaurants
(Preis für ein Hauptgericht)
🍴🍴🍴🍴 = über 25 €
🍴🍴🍴 = 20 – 25 €
🍴🍴 = 15 – 20 €
🍴 = unter 15 €
Hotels (Preis für ein DZ)
🍴🍴🍴🍴 = über 400 €
🍴🍴🍴 = 300 – 400 €
🍴🍴 = 150 – 300 €
🍴 = 100 – 150 €

**Hinweis**
Gebührenpflichtige Servicenummern sind mit einem Stern
gekennzeichnet: *0180…

Wellness in schönster Umgebung

## PRAKTISCHE INFORMATIONEN

nachdenken • klimabewusst reisen
**atmosfair**

# HINTERGRUND

Im Archipel der Maleddiven gibt es ungefähr 1200 Inseln. Auf den folgenden Seiten erfahren Sie, wie diese entstanden, wo sie liegen, wer sie entdeckte und wer dort lebt.

# Wie Perlen an einer Kette

**Palmenbestandene Inseln, traumhafte Strände, glasklares Wasser, farbenprächtige Korallen, bunte tropische Fische: Es gibt kein Klischee, dem die auf einer über 750 km langen »Schnur« aufgereihten 1200 Inseln nicht genügen würden.**

Der erste Eindruck ist meistens der schönste. Dieser bietet sich in aller Regel vom Kabinenfenster eines Flugzeuges. Wenn die Charterflieger nach gut neunstündigem Flug mit der Landung beginnen, wird es nicht selten mucksmäuschenstill an Bord. Platte Nasen kleben an den Fenstern, während tief unten die ersten Atolle zu sehen sind. Entstanden sind sie durch Korallenpolypen, die in Jahrmillionen riesige Riffe bildeten, die in dieser Form und Vielfalt auf der Erde einzigartig sind. Immer wieder tauchen nun Inseln auf, die inmitten der Atollringe sandweiße und palmengrüne Farbtupfer darstellen.

## FRÜH ENTDECKT UND SPÄT ERSCHLOSSEN

Es ist fast nicht zu glauben, dass der Malediven-Tourismus erst in den 1970er-Jahren begann. Die ersten Fremden kamen jedoch bereits vor Jahrhunderten. Viele trafen dabei auf ihrem Weg zum Indischen Subkontinent eher zufällig auf die Inseln, darunter der arabische Weltreisende **Ibn Battuta**, der hier im 14. Jahrhundert für ein Jahr lebte. Viel später folgten dann Meeresbiologen und begeisterte Taucher, die von der maledivischen Unterwasserwelt mit ihrem fast unglaublichen Reichtum an Fischen und Korallen fasziniert waren. Der Tauchpionier **Hans Hass** unternahm hier unzählige Tauchgänge, deren Ergebnisse er gemeinsam mit dem Verhaltensforscher Irenäus Eibl-Eibesfeldt publizierte. Durch ihre Berichte erfuhr eine große Öffentlichkeit erstmals von der Existenz dieser Wunderwelt. Es war nun nur noch eine Frage der Zeit, bis die Malediven als Refugium für stressgeplagte und zivilisationsmüde Menschen entdeckt wurden. Mittlerweile ist der Touris-

Über Wasser ...

mus die wichtigste Einnahmequelle des Landes. Drei Viertel aller Arbeitskräfte sind direkt oder indirekt davon abhängig. So verwundert es deshalb kaum, wenn die Regierung fast jedes noch so kleine Inselchen geeignet für die touristische Erschließung hält. Für viele Millionen US-Dollar erhalten potente Bieter Pachtverträge für 25 Jahre, nach deren Ablauf sie die Insel in dem Zustand zurückgeben müssen, in dem sie sie übernommen haben. Massentourismus bleibt trotzdem ein Fremdwort. Vielmehr setzt man immer mehr auf komfortable Anlagen mit hohem »Verwöhnfaktor«. So hat sich die Zahl der Fünf-Sterne-Resorts in den letzten Jahren vervierfacht.

… und unter Wasser ein herrliches Farbenspiel

## FRAGILE SCHÖNHEIT

Glücklicherweise setzen mittlerweile viele Resorts auf **nachhaltigen Tourismus**. Denn die Schönheiten des Archipels bedürfen des Schutzes durch den Menschen. Die größte Gefahr droht nämlich durch die weltweiten Klimaveränderungen. So zerstörte El Niño Ende der 1990er-Jahre einen Großteil der Korallenwelt. Ein Ansteigen des Meeresspiegels würde die höchstens zwei Meter aus dem Wasser ragenden Eilande vermutlich ganz versinken lassen. Maledivische Politiker machten sich gar Gedanken über eine Evakuierung der Inseln, wenn es dereinst soweit sein sollte.

## EINSAM UND ALLEIN

Auf den Touristeninseln bleibt man weitgehend unter sich. Der einheimischen Bevölkerung begegnet man eigentlich nur in der Hauptstadt Male'. Obwohl es ein Umdenken der Regierung gibt, denn mittlerweile gibt es auf einigen Einheimischeninseln sogar kleine Gästehäuser, in denen ganz offiziell übernachtet werden kann.
Sind Sie reif für die Insel? Dann wird man Sie herzlich willkommen heißen, und wenn Sie den langen Flug erst einmal überstanden haben, werden Sie dieses von irgendeiner höheren Macht mit lässiger Hand in den Indischen Ozean geworfene Inselreich der Malediven schon bald lieben lernen.

# Fakten

# Natur und Umwelt

**Die Entstehung der faszinierenden Inselwelt des Archipels erklären zwei verschiedene Theorien. Auf eine Wahrheit ist dagegen die Staatsreligion der Malediver reduziert. Schier unendlich ist wiederum die Zahl der Tierarten in einer einzigartigen Unterwasserwelt.**

## NATURRAUM

Die meisten der rund 1200 Malediven-Inseln haben nur einen Durchmesser von ca. 200 bis 300 Meter. Die jeweils höchste Erhebung liegt kaum 2 m über dem Meeresspiegel. Dazu kommen unzählige Sandbänke und vegetationslose Inselchen. Ihre Zahl schwankt ständig, da neue entstehen, während andere z. B. nach schweren Stürmen wieder im Meer versinken oder weggespült werden.

**Höchste Erhebung: Zwei Meter!**

Die Inseln der Malediven verteilen sich auf **26 Hauptatolle**. Das Wort »Atoll« leitet sich vom maledivischen Begriff »atolhu« ab. Bereits im 17. Jh. führte ihn der Franzose Pyrard in Europa ein. Er bezeichnete damit ein ringförmiges Gebilde aus Korallenkalkstein (Riffring), in dessen Zentrum sich eine Lagune mit Inseln und Sandbänken gebildet hat. Eines der größten Atolle überhaupt ist mit einem Durchmesser von 75 km das Huvadhoo-Atoll im Süden des Archipels.

Ihre Existenz verdanken die Malediven einem etwa 2000 km langen **untermeerischen Gebirge**, das sich vor etwa 200 Mio. Jahren aufwölbte. Es entstand, als der südliche Urkontinent Gondwana, begleitet von gewaltigen vulkanischen Eruptionen, zerfiel und auseinanderdriftete. Die Gipfel der Vulkane ragten damals aus dem bereits tropisch warmen Meer heraus. Um diese »Inseln« bauten dann Korallen die ersten Riffe, sogenannte Saumriffe.

**Als Gondwana zerfiel**

Im Laufe der Jahrmillionen **sank der Gebirgszug** ab. Gleichzeitig sorgten Kalt- und Warmzeiten immer wieder für Meeresspiegelschwankungen. Sofern das Absinken des Gebirges bzw. die eiszeitbedingten Meeresspiegelschwankungen 10 mm pro Jahr nicht überschritten, konnten die Korallenriffe weiter wachsen, da dies der Geschwindigkeit entspricht, mit der die Korallenpolypen zum Licht streben. Die Korallen bildeten schließlich riesige Bänke, wie man sie heute im Bereich des Maledivenrückens vorfindet.

**Das andere Bild der Malediven: Häusermeer in der Hauptstadt Male'**

**Entstehung der Atolle**

Dass im Bereich des Maledivenrückens jene »Atolle« genannten ringförmigen Inseln bzw. Inselgruppen entstanden sind, hat zweierlei Ursachen. Für das Anfangsstadium trifft sicherlich die Theorie von Charles Darwin (1809 – 1882) zu. Wie zuvor beschrieben bildete sich laut Darwin zunächst ein Saumriff um die Vulkangipfel. Mit dem fortschreitenden Absinken des Gebirges wurde aus dem Saumriff allmählich ein **Barriereriff**, das nun durch eine Lagune vom Inselfestland getrennt wurde. Auch nach dem völligen Absinken der Vulkaninsel unter den Meeresspiegel hielt das Riffwachstum weiter an, sodass nun lediglich der Korallenkalk-Ring des Riffes über den Meeresspiegel herausragte: Ein Atoll war entstanden.

Jetzt kam einer neuer Aspekt ins Spiel, den der Wiener Meeresforscher Hans Hass (▶Berühmte Persönlichkeiten) erkannt hat: Die maledivischen Atolle breiten sich ringförmig und seitlich immer weiter aus. Von entscheidender Bedeutung ist dabei, dass die Lebensbedingungen für die Korallen an den Riff-Außenseiten wesentlich besser sind als an den Innenseiten. Weil hier die Nährstoffversorgung schlechter ist, sterben die Korallen ab und eine **Lagune** entsteht. Erosion, Wind und Wetter sorgen zudem dafür, dass die Lagune im Korallenring langsam immer tiefer wird.

Wird allerdings das ringförmige Korallenriff durch Orkane, Seebeben oder Tsunamis aufgebrochen, entstehen **Kanäle**, durch die frisches, nährstoffreiches Wasser in die Lagunen eindringen kann. Die so veränderten Bedingungen begünstigen ein erneutes Korallenwachstum. In sehr großen Atollen können so auch mehrere kleinere Atolle bzw. Atoll-Girlanden heranwachsen.

**Korallenformationen**

Die einfachste Korallenstruktur ist ein **Thila** (Dhivehi: »flach«), ein Korallenriff mehr als fünf Meter unterhalb der Meeresoberfläche mit unterschiedlicher Größe, das zumeist aus mächtigen Korallenblöcken besteht. Ein **Gili** (oder Giri) hat dagegen bereits die Wasseroberfläche erreicht. Hat es sich zu einem ringförmigen Korallenriff mit Lagune entwickelt, spricht man von einem **Faru** (auch Varu genannt), das im Grunde bereits ein Mini-Atoll ist.

**Sensible Ökosysteme**

Korallenriffe sind sensible Ökosysteme, die allein schon durch die Meeresbrandung ständig bedroht sind. Seit jeher gilt aber auch der Mensch als Zerstörer der bunten Korallenwelt. So werden auf den Malediven aus dem Meer gebrochene Korallensteine u. a. zum Hausbau genutzt. Seit der Öffnung der Malediven für den Tourismus hat die Schädigung der Riffe in besorgniserregendem Maße zugenommen. Ins Meer geleitete Abwässer, jede Bootszufahrtsrinne durch das Riff, jeder Bau eines Bootsanlegestegs, letztlich jeder Schiffsanker, der ausgeworfen wird, zerstören das fragile Riffgebilde ein wenig mehr. Dann werden die Korallen schwach und damit anfälliger für Krankheiten.

Seit dem Frühjahr 1998 ist weltweit zu beobachten, dass Korallen ausbleichen und absterben können. Verursacher ist eine von den Klimatologen **El Niño** genannte, auf den weltweiten Treibhauseffekt zurückzuführende Wasserströmung, in der Temperaturen von bis zu 36 °C herrschten (▶Baedeker Wissen, S. 28). Vor allem in den Flachwasserbereichen der Malediven wurden zahlreiche Korallen zerstört. Der zum großen Teil durch den Menschen verursachte Klimawandel führt zu einer zusätzlichen Erwärmung der oberen Wasserflächen. Es wird noch Jahrzehnte dauern, bis sich die Korallen von den Schäden erholt haben werden, erste Besserungen sind aber bereits sichtbar. Ohne ein intaktes, schützendes Riff kommt es zur fortschreitenden **Küstenerosion**. Ganze Inseln werden überspült. Auf einigen Inseln, darunter auch Touristeninseln, schützt man sich mit künstlichen Wellenbrechern und Schutzmauern. Diese bieten allerdings lediglich einen vorläufigen und zudem wenig attraktiven Schutz. Seit ein paar Jahren wird auch von anderen Inseln Sand herbeigeschafft, um Abspülungen zu entgegnen und für die Touristen die Idylle eines Traumstrandes zu erhalten.

*El Niño, der Korallenkiller*

Nicht ganz so dramatisch wie zunächst befürchtet, stellten sich die Folgen des Tsunami am Morgen des 26. Dezember 2004 dar. Gingen erste Berichte davon aus, dass zahlreiche Inseln der Malediven für immer von der Landkarte verschwunden seien, konnte bereits kurz darauf Entwarnung gegeben werden. Zwar überschwemmte die Flutwelle etliche Inseln und richteten auf diesen erhebliche Schäden an. Doch waren die Malediven noch einmal mit dem sprichwörtlichen blauen Auge davongekommen. Offiziellen Angaben zufolge forderte der Tsunami 73 Todesopfer (darunter drei Touristen) und 31 bis heute vermisste Einheimische.

*Die Folgen des Tsunami*

## NATUR- UND UMWELTSCHUTZ

Die Regierung der Malediven hat realisiert, dass der Schutz eines der letzten Paradiese der Erde oberste Priorität haben muss. Inzwischen sind mehrere größere Areale des Staatsgebietes als marine Nationalparks ausgewiesen. In diesen Gebieten unterliegt der Fischfang erheblichen Einschränkungen. Unter besonderem Schutz stehen auch die Korallenriffe. Allerdings dürfen Einheimische nach wie vor für den Bau ihrer Häuser Korallenkalkstein abbauen. Aufgrund seiner ökologischen Bedeutung wurden Teile des Baa-Atolls im Jahre 2011 von der UNESCO zum ersten und bislang einzigen **Biosphärenreservat der Malediven** erklärt. Hier genießt nicht nur die über Jahrtausende gewachsene, einzigartige Unterwasserwelt, wie z. B. die Rosa Filigrankoralle (lat. Distichopora nitida) sowie Krebse, Muscheln, Schnecken und Fische, einen ganz besonderen

*Schutz per Gesetz*

# Entstehung eines Atolls

*Kein anderes Lebewesen hat auf diesem Planeten größere Strukturen erschaffen als die Korallen. Ihre Riffe bilden auch die Grundlage für die 26 Hauptatolle, über die sich die Inselwelt der Malediven verteilt.*

**❶ Maledivischer Rücken**

Vor ca. 200 Mio. Jahren entstand dieser vulkanische Gebirgsrücken. Im Laufe der Zeit ist er immer weiter abgesunken. Heute erstreckt er sich 2200 – 2400 m unter dem Meeresspiegel.

**❷ Korallenriff**

Rund um die Vulkaninsel lagern sich widerstandsfähige Korallenarten im warmen und lichtdurchfluteten Uferbereich an.

**❸ Vulkanschlot**

In einem vom untermeerischen Maledivischen Rücken aufsteigenden Vulkan dringt Magma an die Oberfläche.

**❹ Erloschener Vulkan**

Der Inselvulkan erlischt, fällt in sich zusammen und wird von Wind und Wetter zusätzlich abgetragen.

**❺ Saumriff**

Ein Saumriff – oft schon mit kleinen Inseln – entsteht.

**❻ Riffgrotte**

Die Meeresbrandung hat Grotten in die Wände des Korallenriffs »gefressen«.

**❼ Lagune I**

Zwischen dem Korallenriff und der absinkenden Vulkaninsel entsteht eine seichte Lagune mit warmem Wasser.

**❽ Atoll**

Die Vulkaninsel ist inzwischen vollends unter den Meeresspiegel gesunken. Es bildet sich ein Atoll, d. h. ein kreisrunder Kranz aus Korallenkalkinseln und -riffen, der eine weite Lagune umschließt.

**❾ Riffkanäle**

Orkane, Seebeben und davon ausgelöste Tsunamis durchbrechen von Zeit zu Zeit den Riffring des Atolls. Durch die so entstehenden Riffkanäle (Neru) gelangt Frischwasser in die Lagune.

**❿ Riff aus Korallenkalk**

Bis zu 2400 m mächtig ist das Gemisch aus von Algen und anderen Meeresorganismen ausgeschiedenen Kalken, Korallenskeletten, Sand und Geröll.

**⓫ Faru**

Innerhalb eines großen Atolls können wiederum eigenständige Mini-Atolle entstehen. Besteht eine solche Korallenformation aus einem ringförmigen Riff mit einer Lagune, nennt man diese Faru.

**⓬ Inseln aus Korallenkalk**

Auf dem Riffdach erheben sich Inseln. Die Inselgruppe der Malediven entstand in ihrer heutigen Form vor 15 000 Jahren.

**In den Riffen tummelt sich allerlei Getier.**

Ein Vu
rund um

Im
schufen

Schutt. Vielmehr gilt dieser z. B. auch der Landfauna, wie z. B. dem Fregattvogel (lat. Fregatidae), der auf der kleinen Insel Olhugiri einen von nur zwei Nistplätzen auf den Malediven unterhält. Hier leben heute wieder mehr als 10 000 dieser Art.

**Frischwasser-problematik** Die ausreichende Trinkwasserversorgung ist eines der größten Probleme der Malediven. Zwar gibt es auf vielen Inseln begrenzte Süßwasservorkommen und auch Regenwasser wird aufgefangen, doch der durch den Tourismus immens gestiegene Bedarf kann nur mithilfe von höchst energieaufwendig betriebenen Meerwasserentsalzungsanlagen befriedigt werden. Seit einigen Jahren ist die Einleitung von Abwässern ins Meer streng verboten, auf allen bewohnten Inseln gibt es deshalb Kläranlagen. Der **sparsame Umgang** mit Frischwasser ist trotzdem ein unerlässlicher Beitrag zum Umweltschutz.

**BAEDEKER WISSEN**

**?** *Vorsicht walten lassen*

Die Korallengärten sind überaus empfindliche Ökosysteme. Daher trampeln verantwortungsbewusste Taucher und Schnorchler nicht auf den in Jahrtausenden gewachsenen Riffdächern herum und berühren auch keine Korallen, die dabei zugrunde gehen können.

**Müllproblem** Ein anderes drängendes Problem der Malediven ist die Entsorgung der Abfälle, die nicht nur von den Inselbewohnern, sondern in besonders hohem Maße auch von Touristen hinterlassen werden. Unweit von Male' gibt es eine große zentrale Müllverbrennungsanlage. Auch auf allen Touristeninseln wird Müll verbrannt. Allerdings werden die Reste der Müllverbrennung oft noch im Meer verklappt und bedrohen die Unterwasserwelt. **Müllvermeidung** ist deshalb dringend angeraten.

**Energie** Der größte Teil der elektrischen Energie wird mit Dieselgeneratoren erzeugt, was jedoch mit Abgas- und Lärmbelästigungen verbunden ist. Die Nutzung von Solar- und Windenergie wird vorangetrieben. Um die Umweltbelastung durch die vielen Dieselgeneratoren so gering wie möglich zu halten, werden Einheimische und Touristen zum **Stromsparen** aufgefordert.

## KLIMA

**Feuchte Tropen** Die Malediven haben ein feuchttropisches Meeresklima mit gleichmäßig hohen Luft- und Wassertemperaturen und viel Sonnenschein während des ganzen Jahres. Klimabestimmend ist der **Monsun**, der als jahreszeitlich wechselnder Wind den Koralleninseln eine feuchte und eine trockene Jahreszeit beschert. Von Mai bis Oktober sorgt der Südwestmonsun für häufige und ergiebige Niederschläge. Von

Phase 1:
Ein Vulkan steigt vom Meeresboden auf;
rund um die Insel siedeln sich Korallen an.

Im flachen Wasser der Lagune
kann man die Unterwasserwelt
von außen bewundern.

Phase 2:
Der Vulkan erlischt und sinkt in sich zusammen.
Ein Saumriff entsteht und wächst weiter.

Phase 3:
Der erloschene Vulkan
sinkt weiter ab und
wird völlig vom Riff
überwachsen. Ein Atoll
ist entstanden.

Auf Full Moon ist auf einer
eigenen kleinen Insel
das Spa untergebracht.

Im ständigen Streben hin zum Licht
schufen Steinkorallen dieses gigantische
Massiv unter dem Meer.

©BAEDEKER

Schutz. Vielmehr gilt dieser z. B. auch der Landfauna, wie z. B. dem Fregattvogel (lat. Fregatidae), der auf der kleinen Insel Olhugiri einen von nur zwei Nistplätzen auf den Malediven unterhält. Hier leben heute wieder mehr als 10 000 dieser Art.

**Frischwasser-problematik** Die ausreichende Trinkwasserversorgung ist eines der größten Probleme der Malediven. Zwar gibt es auf vielen Inseln begrenzte Süßwasservorkommen und auch Regenwasser wird aufgefangen, doch der durch den Tourismus immens gestiegene Bedarf kann nur mithilfe von höchst energieaufwendig betriebenen Meerwasserentsalzungsanlagen befriedigt werden. Seit einigen Jahren ist die Einleitung von Abwässern ins Meer streng verboten, auf allen bewohnten Inseln gibt es deshalb Kläranlagen. Der **sparsame Umgang** mit Frischwasser ist trotzdem ein unerlässlicher Beitrag zum Umweltschutz.

**BAEDEKER WISSEN**

**?**

*Vorsicht walten lassen*

Die Korallengärten sind überaus empfindliche Ökosysteme. Daher trampeln verantwortungsbewusste Taucher und Schnorchler nicht auf den in Jahrtausenden gewachsenenen Riffdächern herum und berühren auch keine Korallen, die dabei zugrunde gehen können.

**Müllproblem** Ein anderes drängendes Problem der Malediven ist die Entsorgung der Abfälle, die nicht nur von den Inselbewohnern, sondern in besonders hohem Maße auch von Touristen hinterlassen werden. Unweit von Male' gibt es eine große zentrale Müllverbrennungsanlage. Auch auf allen Touristeninseln wird Müll verbrannt. Allerdings werden die Reste der Müllverbrennung oft noch im Meer verklappt und bedrohen die Unterwasserwelt. **Müllvermeidung** ist deshalb dringend angeraten.

**Energie** Der größte Teil der elektrischen Energie wird mit Dieselgeneratoren erzeugt, was jedoch mit Abgas- und Lärmbelästigungen verbunden ist. Die Nutzung von Solar- und Windenergie wird vorangetrieben. Um die Umweltbelastung durch die vielen Dieselgeneratoren so gering wie möglich zu halten, werden Einheimische und Touristen zum **Stromsparen** aufgefordert.

## KLIMA

**Feuchte Tropen** Die Malediven haben ein feuchttropisches Meeresklima mit gleichmäßig hohen Luft- und Wassertemperaturen und viel Sonnenschein während des ganzen Jahres. Klimabestimmend ist der **Monsun**, der als jahreszeitlich wechselnder Wind den Koralleninseln eine feuchte und eine trockene Jahreszeit beschert. Von Mai bis Oktober sorgt der Südwestmonsun für häufige und ergiebige Niederschläge. Von

Januar bis April bringt der trockene Nordostmonsun niederschlags-
armes Wetter. Dauer und Intensität der Monsunströmungen können
von Jahr zu Jahr stark schwanken.
Grund für die Änderung der vorherrschenden Windrichtung ist die
Erwärmung bzw. Abkühlung des asiatischen Kontinents. Im Sommer
entwickelt sich durch die starke Sonneneinstrahlung über dem
Hochland von Tibet ein Hitzetief, das im Winter durch das asiatische
Kältehoch abgelöst wird. Dieser jahreszeitliche Luftdruckwechsel
führt zur Umstellung der Hauptwindrichtung über dem Indischen
Ozean und damit zum Monsun.

Die Jahresniederschläge liegen zwischen 1600 mm im Norden und **Immer heiß**
gut 2000 mm im Süden der Inselgruppe (Malé: 1950 mm). Haupt-
regenbringer ist der Südwestmonsun. 75% aller **Niederschläge** fallen
zwischen Mai und Oktober. Auch November und Dezember sind bei
vorherrschend westlichen Winden noch feucht. Von Januar bis April
nimmt mit der Winddrehung auf Nordosten die Niederschlags-
neigung deutlich ab. Trockenster Monat ist gewöhnlich der März, der
im Norden der Inselgruppe sogar regenlos sein kann. Neben dem
jahreszeitlichen Zyklus haben Bewölkung und Niederschlag einen
für die Tropen typischen Tagesgang. Er ist besonders in den feuchten
Monaten ausgeprägt. Nach Wolkenauflösung in der Nacht beginnt
der Vormittag mit Sonnenschein. Um die Mittagszeit fangen die
Wolken stark zu quellen an, und ab dem frühen Nachmittag gehen
heftige Schauer nieder, die zur Nacht hin abklingen. Dazwischen
scheint immer wieder die Sonne.
Die **Lufttemperaturen** sind ständig sehr hoch. Etwas Kühlung
bringt lediglich der fast ständig wehende Wind. Sie schwanken
während des ganzen Jahres zwischen 30 °C am Tag und 26 °C in der
Nacht. Gleichmäßig hoch sind auch die **Wassertemperaturen** mit
28 bis 30 °C.

Was die Unwettergefahr angeht, herrschen auf den Malediven **Kaum böse**
geradezu **paradiesische Verhältnisse**. Die gefürchteten Wirbel- **Über-**
stürme ziehen weit im Norden vorbei. Die Wahrscheinlichkeit, einen **raschungen**
Tropensturm mitzuerleben, ist relativ gering. Der Wind weht
während des ganzen Jahres im Mittel mit drei bis vier Windstärken
aus südwestlichen bis nordöstlichen Richtungen. Dabei erreichen die
Wellen eine Höhe von 1 bis 1,5 m.

## FLORA

Die Pflanzenwelt auf den maledivischen Inseln ist längst nicht so **Unerwartete**
spärlich, wie man augrund der isolierten Lage und der Boden- **Vielfalt**
beschaffenheit meinen möchte. Sobald die ersten Stürme über neu

entstandene Sandbänke gefegt sind und sich nach ausgiebigen Regengüssen eine Süßwasserblase unter dem Sand gebildet hat, beginnt rasch der Prozess der **Sukzession**, der Entwicklungsreihe. Einer ersten Pflanzengruppe folgt alsbald die nächste, wobei die erste den nachfolgenden das Wachstum erleichtert. Seevögel nutzen die Sandbank als Ruhe- oder gar als Nistplatz. In ihrem Gefieder stecken **Samen von anderen Inseln**; auch der Kot, den sie ablassen, enthält Nährstoffe. Übers Meer gelangen schwimmfähige Samen auf die Sandbank, bleiben dort liegen, und wenn die Flut zurückweicht, sind sie die Grundlage für ein erstes Wachstum.

Manchmal finden auch ganze Kokosnüsse den Weg übers Meer, aus denen nach Monaten zarte Pflänzchen und im Laufe der Jahre Palmen wachsen.

**Palmen**
**(▶Baedeker Wissen S. 94)**

Wie überall in Asien zählt die bis zu 30 m hoch wachsende **Kokospalme** (Cocos nucifera) zu den Pflanzen mit großer wirtschaftlicher Bedeutung. Kokosnüsse beinhalten nicht nur die erfrischende Kokosmilch, sondern auch Kopra, einen wichtigen, ölreichen Rohstoff z. B. für die kosmetische Industrie. Eine Kokospalme kann bis zu 100 Jahre alt werden und liefert pro Jahr zwischen 60 und 80 Nüsse. Kokosnussschalen dienen auf vielen maledivischen Inseln heute noch als Brennstoff. Und mit den 3 bis 6 m langen Palmenwedeln werden traditionell die Dächer der Häuser gedeckt.

Die flachen Wurzeln der Palmen verhindern Schäden durch Salzwasser.

Eine weitere häufig vertreten Palmenart ist die **Schraubenpalme** (Pandanus), die man bereits an ihren spiralartig angeordneten, langen und schmalen Blättern gut erkennen kann. Noch viel auffälliger sind jedoch die beeindruckenden Stelz- und Luftwurzeln.

Unverzichtbar für die Malediven ist die **Arekapalme** (Areca catechu). Ihr gerbstoffreicher Samen enthält Arecolin, ein Alkaloid, das leicht berauschend wirkt. Diese legale Droge erfreut sich in ganz Asien großer Beliebtheit. Man schneidet dafür die noch nicht ganz reife **Betelnuss** in kleine Stücke und wickelt diese in ein Betelpfefferblatt. Wer probieren will, sollte vorher einen Kundigen nach dem nun folgenden Prozedere aus Kauen, Spucken und Schlucken fragen. Exzessive Betelgenießer erkennt man übrigens an der roten Zunge und den schlechten bzw. gar nicht mehr vorhandenen Zähnen.

> **BAEDEKER TIPP** | ❗
>
> *Hölzernes Souvenir*
>
> Auf vielen Inseln wachsen zum Teil riesige Hibiskussträucher mit leuchtend roten oder gelben Blüten. Das Holz dieser Hirudhu genannten Pflanzen wird gern zur Herstellung kleiner Bootsmodelle verwendet, die ein hübsches Souvenir der Malediven sind.

**Banyanbaum**

Auf einigen Inseln findet man den Banyanbaum oder Würgefeige (Ficus bengalensis oder auch Ficus religiosa). Seine bis zu 30 m hohen Stämme erreichen einen Durchmesser von bis zu 5 m, damit ist der Banyanbaum das **größte Gewächs** auf den Malediven. Im Laufe seines Wachstums entwickelt er eine weit ausladende Krone, die von Luftwurzeln gestützt wird. Im Buddhismus gilt der Banyanbaum als heilig, da unter einem solchen Baum Siddharta Gautama seine Erleuchtung erfuhr.

**Büsche und Sträucher**

Die übrige Vegetation besteht aus niederen bis halbhohen Büschen und Sträuchern, die zur Gruppe den **Mangroven** zählen. Dazu gehören die immergrünen, dicht wachsenden Scaevolabüsche mit länglichen Blättern, die sich vor allem in Strandnähe ansiedeln und wegen ihrer Anspruchslosigkeit dort gut gedeihen. Sie erfüllen außerdem auch einen praktischen Zweck, indem sie die Inselränder befestigen und deshalb eine wichtige Rolle bei der Verhinderung von Erosionen spielen.

**Nutzpflanzen**

Unter den Nutzpflanzen der Malediven findet man Bananenstauden, Mango-, Brotfrucht- und Papayabäume. Vor allem die Brotfrucht ist eine beliebte und wohlschmeckende Zutat der maledivischen Küche und die Papayafrucht eine nicht weniger begehrte Nachspeise. **Bananen** werden bereits im fast reifen Zustand geerntet; ihre Stauden tragen jeweils bis zu 100 Früchte. Die auf den Malediven wachsenden Bananen sind klein und sehr süß.

## FAUNA

**Land-bewohner** Die Tierwelt auf dem Festland der Inseln ist sehr spärlich. Recht unbeliebt bei der einheimischen Bevölkerung sind die kleinen, flinken **Palmhörnchen**, die sich fast ausschließlich von den Nüssen der Kokospalmen ernähren. Auf einigen Inseln gibt es wild lebende **Kaninchen**. In den Abendstunden kann man bisweilen indische **Flughunde** beobachten, wenn sie sich einen Schlafplatz hoch in den Baumkronen suchen.

Der **Gecko** ist ein nachtaktives, absolut ungefährliches Tierchen, das sich von Lichtquellen jeder Art angezogen fühlt, bei Annäherung jedoch schleunigst das Weite sucht. Er zählt zur Gattung der Haftzeher, lebt auf allen maledivischen Inseln und gilt wegen seines ausgesprochen großen Appetits auf Ungeziefer jeder Art als beliebter Hausgenosse.

Vor allem auf dicht bewachsenen Inseln kann man mit etwas Glück **Schönechsen** beobachten. Sie sind äußerst scheu und meiden die Nähe anderer Lebewesen. Mit

Schönechsen sind sehr scheue Tiere,

viel Glück und vorsichtiger Näherung, kann man sie beim Sonnenbaden beobachten. Die auf den Malediven lebenden Schönechsen erkennt man an der rotgrünen Färbung des Körpers.

Von den vielen **Krebsarten** findet man auf nahezu jeder maledivischen Insel den kleinen Einsiedlerkrebs. Er hat die Gewohnheit, sich in leeren Muscheln einzurichten und dieses geliehene »Häuschen« für eine gewisse Zeit mit sich herumzutragen. Gleichzeitig dient es ihm aber auch als Schutz vor der Sonne und als Rückzugsort während unliebsamer Angriffe (z. B. durch menschliche Füße). Eine andere Krebsart, die man vor allem in der Dämmerung und in den Abendstunden am Strand beobachten kann, ist die Kugelkrabbe. Sie sucht zwar schon bei der geringsten Annäherung des Menschen fluchtartig ihre selbst gegrabene Höhle auf, lässt sich aber aus entsprechender Distanz beobachten. Es ist beeindruckend, wie sie mit ihren schaufelartig ausgebildeten Hinterfüßen mehrere Zentimeter tiefe Löcher in den Sand gräbt und darin die heißen Tagesstunden verbringt.

**Vögel** Krähen, Reiher und Seeschwalben gehören zu den Bewohnern bzw. gelegentlichen Besuchern der maledivischen Inselwelt. Auf einigen Inseln leben auch wilde Wellensittiche. Die am häufigsten vertretene Vogelart ist die **Glanzkrähe**, die zur Gruppe der Singvögel zählt und bisweilen durch ein unangenehm lautes, krächzendes Geräusch auf sich aufmerksam macht. Leicht zu beobachten ist auch der zu den Stelzvögeln zählende **Graureiher**, den man auf der Suche nach Nahrung im Allgemeinen im seichten Wasser der Lagunen findet. Schließlich gibt es noch einige **Seeschwalbenarten**, von denen die wegen ihrer schwarzweißen Gefiederfärbung sogenannte Trauersee-schwalbe zu jenen Gattungen gehört, die auch auf den Malediven überwintern.


## MEERESFAUNA

Vor den Küsten der Malediven finden sich Korallenriffe. In Jahr-millionen haben Korallenpolypen riesige Gebirge und bizarre Schluchten aus Kalk geschaffen. Rund 40% aller Meeresbewohner haben in der Rifflandschaft ihr Zuhause.

**Korallen-universum**

Korallenpolypen sind **Blumentiere**, diese gehören, ebenso wie Quallen, zu den Nesseltieren. Biologen unterscheiden zwischen den **riffbildenden Steinkorallen** und Weichkorallen. Während die nur wenige Millimeter großen Polypen der Steinkorallen in einem Kalkskelett leben, bestehen Letztere nur aus weichem Gewebe. **Weichkorallen** bilden im Lauf der Zeit riesige farbenprächtige Kolonien. Einige von ihnen wirken wie Unterwasserbäume mit feinen zerbrechlichen Blättern. Insgesamt kommen im Meeresgebiet der Malediven rund 70 verschiedene Korallenarten vor.

Korallenpolypen bestehen aus einer Außen- und einer Innenhaut und einer schlundartigen, mit Fangarmen besetzten Öffnung. Mit Nesselzellen an den Tentakeln fangen die nachtaktiven Tiere Plankton (Kleinstlebewesen) auf und transportieren es durch das Schlundrohr in den Magentrakt. Dieser besteht aus mehreren Magentaschen, die nicht nur Verdauungsdrüsen, sondern auch die der Vermehrung dienenden Geschlechtszellen enthalten. An der Unterseite einer Steinkoralle, die sich entweder direkt auf dem Meeresboden oder auf den Kalkskeletten abgestorbener Artgenossen festsetzt, findet durch eine weitere Öffnung die **Ausscheidung von Kalk** statt. Die Kalkproduktion der Korallen ist je nach Art unterschiedlich. Durchschnittlich wachsen die Kalkbauten zwischen 1 bis 10 cm pro Jahr.

Die **Vermehrung** von Korallenpolypen geschieht durch Knospung oder Teilung. Nach den speziellen Wuchsformen der Korallen unterscheidet man u. a. Tisch-, Stern-, Blatt- oder Geweihkorallen. Daneben gibt es auch geschlechtliche Vermehrung. Zu einem bestimmten Zeitpunkt stoßen die Korallen Samen und Eizellen aus. Sie vereinigen sich zu den sogenannte Planulae, winzigen schwimm-fähigen Larven, die sich auf unterseeischem Gestein festsetzen und wiederum zu Korallenpolypen heranwachsen.

**Korallen in Gefahr**  Drei Bedingungen sind für das Korallenwachstum unverzichtbar: Licht, warmes, strömungsreiches Wasser und ausreichend Nahrung in Form von Plankton. Tropische Gewässer sind relativ planktonarm. Weitere Nahrung verschaffen den Korallen die **Zooxanthellen**, einzellige Algen, mit denen sie in enger **Symbiose** leben. Korallen lagern die Algen in ihrem Gewebe ein und erhalten von ihnen organische Substanzen, die die Algen durch Fotosynthese erzeugen. Die gelbbraunen, in den Korallen eingelagerten Algen sorgen für die Farbenpracht des Riffs. Sobald sich die Meerestemperatur nur um wenige Grade verändert, sterben die Zooxanthellen ab und die Korallen bleichen aus (▶Baedeker Special, S. 28).

Korallen haben nur **wenige natürliche Feinde**. Der gefürchtetste davon ist die Dornenkrone. Sie zählt zur Gattung der Seesterne, kann eine Größe von bis zu 60 cm erreichen und besitzt dichte, weiche Stacheln. Die Dornenkrone stülpt sich über ganze Korallenstöcke und saugt diese regelrecht aus. Während die Malediven bislang davon weitgehend verschont blieben, konnte man die verheerende Wirkung der Dornenkronen zuletzt Ende des vergangenen Jahrhunderts am Great Barrier Reef vor der Südküste Australiens beobachten.

**See- anemonen**  Eine faszinierende Art sind die ebenfalls zur Gattung der Nesseltiere gehörenden Seeanemonen. Man findet sie vorzugsweise in Korallenstöcken als dicht nebeneinanderwachsende Büschel. Am unteren Körperende besitzen sie einen Saugnapf, mit dem sie sich an den Korallenriffen festsetzen, am anderen befinden sich Nesseln, mit

Maritimes Stillleben mit Mördermuschel, Seestern und Spiralfederwurm

denen sie nicht nur kleine Fische fangen, sondern sich auch unliebsamer Besucher zu erwehren wissen. Interessanterweise leben sie in Symbiose mit den zu den Korallenbarschen gehörenden, gelbschwarzen **Clownsfischen**. Diese sind nämlich in der Lage, ein Sekret abzusondern, gegen das die Nesseln der Seeanemonen fast unwirksam sind. Deshalb können sich Anemonenfische absolut ungefährdet zur Ruhe in eine Siedlung von Seeanemonen zurückziehen.

Die Unterwasserwelt der Malediven zählt wegen ihrer Artenvielfalt zu den beeindruckendsten maritimen Gebieten der Erde. Der Verhaltensforscher und Zoologe Irenäus Eibl-Eibesfeldt zählte bei seinen Forschungsfahrten mehr als 400 verschiedene Fischarten. Sie leben im Flachwasser genauso wie in 50 m Tiefe. Geht es hinab in noch tiefere Meeresregionen sind nur noch wenige Arten anzutreffen.

**Fischarten**

Mit ihren muskulösen, gliedmaßenähnlichen Flossen können sich Anglerfische (Antennariidae) in verschiedenen Gangarten relativ dicht über dem Boden bewegen. Nur in seltenen Fällen sieht man sie frei schwimmend im Wasser. Die Färbung der einzelnen Arten ist variabel und sorgte lange Zeit für Verwirrung in der Systematik. Inzwischen geht man davon aus, dass es um die 40 Arten von Anglerfischen gibt, von denen einige auch in den Gewässern um die Malediven leben. Darunter findet man den Riesen-Anglerfisch (Antennarius commersoni), der seinen Namen eigentlich zu Unrecht trägt, da er nur bis zu 35 cm groß wird. Der erste Rückenflossenstrahl dient dem Anlocken von Beute. Anglerfische saugen ihre Beute übrigens schneller ein als jeder andere Fisch.

**Anglerfische**

Soldatenfische (Holocentridae) besitzen einen seitlich abgeflachten Körper, große Schuppen von mehr oder weniger rötlicher Färbung und charakteristische große Augen. Es gibt zwei Unterfamilien der Soldatenfische, die eigentlichen Soldatenfische (Myripristiane) und die Husarenfische (Holocentrinae). Erstere haben einen eher stumpfen Kopf und werden kaum größer als 25 Zentimeter. Husarenfische hingegen haben einen spitzen Kopf, zeigen oft Längsstreifen und erreichen Körperlängen bis 45 Zentimeter. Der Orangene Soldatenfisch (Myripristis vittata) hält sich tagsüber in mehr oder weniger großen Gruppen an geschützten Standorten auf und erreicht eine Körperlänge von bis zu 20 cm. Charakteristisch für ihn sind die weißen Spitzen am oberen Ende der Rückenflosse. Der Violette Soldatenfisch (Myripnistis violacea) hält sich tagsüber in Gruppen in Höhlen oder unter Überhängen auf, die er nachts verlässt, um auf Jagd nach Planktonorganismen zu gehen. Diese Art ist relativ häufig und wird bis 20 cm groß. Der Riesenhusar (Sargocentron spiniferum) ruht tagsüber einzeln oder in kleinen Gruppen unter Überhängen. Mit einer Länge von bis zu 45 cm gilt er als der größte der Husarenfische.

**Soldatenfische**

# Die Riffe leiden

*Im Frühjahr 1998 kam es infolge einer relativ starken Erwärmung der Meere nahezu weltweit zu einem Ausbleichen und späteren Absterben vieler Korallenarten. Innerhalb weniger Wochen verschwand vielerorts die bunte und vielfältige Korallenwelt. Erstaunlicherweise hat sich die Unterwasserwelt seither wenigstens teilweise wieder erholt.*

Korallentiere zählen zu den sensibelsten Lebewesen überhaupt. In einem Jahr wachsen sie nur wenige Millimeter und das auch nur, wenn drei Faktoren gegeben sind: viel Sonnenlicht, ausreichend Plankton und strömungsreiches, richtig temperiertes Wasser.

## El Niño hat Schuld

Als sich 1998 das Meerwasser auf über 31 °C, mancherorts gar auf 34 °C erwärmte, wurden weite Teile der Riffe, die sich wie ein Ring schützend um die Malediven legen, nachhaltig geschädigt. Betroffen sind vor allem die Flachwasserbereiche rund um die Inseln. Hier war die Korallenwelt teilweise zu **ca. 75% abgestorben**. Besser ist die Situation am Rand der Atolle und in tieferen Meereszonen. Klimaforscher erklären das Korallensterben mit **El Niño**, einer warmen äquatorialen, regelmäßig auftretenden Meeresströmung. Im Jahr 1998 erhöhte sich die Meerestemperatur jedoch deutlich stärker als in anderen Jahren – vermutlich eine Folge der globalen Erwärmung.

## Verschiedene Theorien

Einige Meeresbiologen nehmen an, dass die einzelligen **Algen** (Zooxanthellen), mit denen die Korallen in enger Symbiose leben, auf die erhöhte Meerestemperatur mit einer stärkeren Fotosyntheseleistung und einer höheren Sauerstoffproduktion reagieren. Letzteres verträgt der Korallenpolyp nicht, er stößt dann die Algen ab. Andere Wissenschaftler wollen jedoch genau das Gegenteil erkannt haben. Die hohen Wassertemperaturen verhindern ihrer Meinung nach die Fotosynthese. Die Algen werden für den Korallenpolypen nutzlos, die Symbiose wird »aufgekündigt«. Nach einer dritten Theorie behindert die hohe Wassertemperatur den Polypen, seinerseits Nährstoffe an die Algen abzugeben, weshalb diese sich aus der Symbiose lösen. Die Auswirkungen sind unübersehbar: Durch den Verlust der Zooxanthellen bleichen die Korallenpolypen aus und sterben ab. Auf den Korallenskeletten lagern sich grünbraune Algen ab, die nachwachsenden Korallen den Lebensraum streitig machen.

Natürlich zeigt das Korallensterben auch **Auswirkungen auf die Fischpopulation**. Einige Algen fressende Arten vermehrten sich zunächst sehr stark. Riesige Schwärme von Papageifischen waren zu beobachten. Polypenfressern, wie den Kofferfischen, fehlte jedoch Nahrung. Ein gigantisches Fischsterben, wie ursprünglich prognostiziert, blieb jedoch aus.

Die faszinierenden Farben- und Formenspiele sind dahin und diese Korallen nur noch ein bleicher Haufen Kalk.

## Noch Hoffnung

Ein ähnliches Phänomen führte bereits 1987 im Indischen Ozean zu einer Korallenbleiche, der vor allem Geweih- und Tischkorallen zum Opfer fielen. Mitte der 1990er-Jahre hatten sich diese Arten wieder deutlich vermehrt, ein Grund zur Hoffnung. Schon jetzt ist zu beobachten, dass sich vor allem Weichkorallen recht gut regenerieren. Doch da die Steinkorallen extrem langsam wachsen, wird es wohl Jahrzehnte dauern, bis sich die Riffe wieder einigermaßen erholt haben.

Es gibt einzelne Projekte, die Riffe durch gezielte **Korallenzucht** wieder »aufzuforsten«. In Ägypten und Israel und auch auf einigen Inseln der Malediven wurden damit Erfolge verzeichnet. Das Problem des weltweiten Korallensterbens ist so aber sicherlich nicht in den Griff zu bekommen.

## Neue Katastrophe?

Weitaus weniger Schäden richtete übrigens der **Tsunami** an. Hatte man zunächst befürchtet, dass ganze Riffe der gewaltigen Kraft der Wellen erliegen würden, bewiesen Tauchgänge schon wenige Tage danach, dass sie ihnen doch bis auf wenige Ausnahmen standhielten und dadurch viele Inseln sogar vor der Überflutung bewahrten.

Das Gift des Skorpionfisches sitzt in seinen Flossen.

**Skorpion-fische** Die Mitglieder der Familie der Scorpaenidae sind **allesamt giftig**. Sie setzen ihre Waffen jedoch ausschließlich zur Verteidigung ein. Die Arten sind relativ bewegungsunfreudig, angefangen bei den Rotfeuerfischen, die noch mit spärlichen Flossenbewegungen über das Riff schweben, bis hin zu Stein- und Schaukelfischen, die in Anpassung an das Bodenleben ihre Schwimmblase reduziert haben. Der Antennenfeuerfisch (Pterois antennata) wird bis 20 cm groß. Er ist nachtaktiv und macht dann Jagd auf Krebstiere. Im Hautsaum der Brustflossen befinden sich dunkle Flecken. Rücken-, Bauch- und Afterflosse besitzen Gift führende Stachelstrahlen. Der Echte Steinfisch (Synanceia verrucosa) wird bis 35 cm groß und besitzt von allen Fischen das stärkste Gift, das auch Menschen gefährlich werden kann. Er ist bis in einer Tiefe von 50 m anzutreffen.

**Sägebarsche** Die Größe der Sägebarsche (Serranidae) reicht von den wenigen Zentimetern der Fahnenbarsche bis hin zu den stattlichen 3 m großen Zackenbarschen. Während die kleineren dieser riffgebundenen Fische wenig Scheu vor dem Taucher zeigen und oft in riesigen Schwärmen vorkommen, neigen sie mit zunehmender Größe mehr und mehr zum Einzelgängertum und dringen in größere Tiefen vor Der Juwelen-Zackenbarsch (Phalpholis miniata) ist mit bis zu 60 cm Länge zwar nicht sonderlich groß, dafür aber prächtig orangerot und mit blauen Punkten gefärbt. Der Sechsstreifen-Zackenbarsch (Cephalopolis sexmaculata) ist gut zu erkennen an den blauen Linien am Kopf. Er hält sich meist in Höhlen auf, wo er oft in Rückenlage schwimmt, mit der Bauchseite zur Wand oder Decke gerichtet.

Süßlippen (Haemulidae) ähneln in ihrem Körperbau den Schnappern, sind von diesen aber durch ihre wulstigen Lippen und das leicht unterständige Maul zu unterscheiden. Sie kommen selten einzeln, sondern überwiegend in großen Schwärmen vor. Ihren zweiten Namen **Grunzer** verdanken sie ihrer Fähigkeit, durch Aneinanderreiben ihrer Schlundzähne grunzende Geräusche zu erzeugen. Süßlippen ernähren sich

**?** *Fische auf einen Blick*

**BAEDEKER WISSEN**

Ein unverzichtbares Utensil ist eine wasserfeste Fischbestimmungstafel, die selbst Taucher mit langjähriger Erfahrung mit sich führen. Tafeln für das Meer um die Malediven gibt es in jedem Souvenirshop und in allen Tauchbasen.

von am Meeresboden lebenden wirbellosen Tieren, die sie mit der erstaunlichen Kraft ihrer dicken Lippen packen. Die Orient-Süßlippe (Plectorhinchus orientalis) kommt im Flachwasser sowie in einer Tiefe bis etwa 25 m vor. Tagsüber halten sich die Tiere meist in Gruppen unter Überhängen und Korallenblöcken auf. Die Gibbus-Süßlippe (Plectorhinchus gibbosus) wird bis zu 75 cm groß. Tagsüber steht sie ruhig an geschützten Stellen, unter Überhängen oder in Felsspalten. Sie lebt einzelgängerisch und bevorzugt eher Bereiche mit trübem Wasser. Die Harlekin-Süßlippe (Plectorhinchus chaetodonoides) erreicht eine Größe bis zu 60 Zentimeter. Jungtiere sind schokoladenbraun mit großen weißen Flecken.

Alle Mitglieder der Familie der Carangidae besitzen einen seitlich abgeflachten, spindelförmigen Körper mit einer tief eingeschnittenen Schwanzflosse. Die meisten Arten sind silbrig gefärbt, bisweilen kommen auch Goldtöne vor. Am Schwanzkiel vor der Flosse sitzt eine kleine Reihe Stacheln, denen die gesamte Familie ihren Namen verdankt. Die Dickkopf-Makrele (Caranx nobilis) hat ein auffallend steiles Kopfprofil und kann bis 170 cm Körperlänge erreichen. Sie schwimmt häufig in Schwärmen vor den Außenriffen. **Stachelmakrelen**

Diese etwa **120 Arten** umfassende Familie der Falterfische (Chaetodontodae) besteht aus größtenteils riffgebundenen Fischen. Der Verbreitungsschwerpunkt der Falterfische (Chaetodonfische) liegt im Indopazifik, einige Arten leben im Roten sowie im Arabischen Meer, nur etwa acht Arten haben den Atlantik erobert. **Falterfische**
Die meisten Falterfische schwimmen einzeln oder paarweise in Tiefen zwischen 1 – 3 m. Die Tiere zupfen aus dem Riff Korallenpolypen heraus, deren Schleim sehr nahrhaft ist. Der Schwarm-Wimpelfisch (Heniochus diphreutes) lebt, sein Name besagt es, stets in Schwärmen und gern in Riffnähe. Bennets Falterfisch (Chaetodon bennetti) wird bis 15 cm groß, die Art ist relativ scheu. Meyers Falterfisch (Chaetodon meyeri) schwimmt ebenfalls einzeln oder paarweise umher; auch er ernährt sich ausschließlich von Korallen-

polypen. Die Art wird bis 18 cm groß. Der Halsband-Falterfisch (Chaetodon collare) erreicht eine Größe von bis zu 16 cm und trägt einen auffallenden weißen Querstreifen am Kopf. Auch er ernährt sich vorwiegend von Korallenpolypen. Der Röhrenmaul-Pinzettfisch (Forciper flavissimus) zieht mit seiner pipettenartigen Schnauze Würmer, Kleinkrebse und andere Wirbellose selbst aus kleinsten Zwischenräumen heraus. Er wird bis 22 cm groß. Von den vielen weiteren Arten seien nur noch der Gelbkopf-Falterfisch (Chaetodon xanthocephalus), der von Ostafrika bis zu den Malediven und Sri Lanka verbreitet ist, und der Schwarze Pyramiden-Falterfisch (Hemitaurichtys zoster) erwähnt. Letzterer ist meist im freien Wasser vor Riffabhängen anzutreffen, wo er nach Plankton schnappt. Er bildet größere Schwärme und lässt Taucher dicht an sich heran.

**Riffbarsche**  Mit weltweit etwa **300 Arten** zählen die Riffbarsche (Pomacentridae) zu den artenreichsten Fischfamilien. Die überwiegende Zahl ist an Riffe gebunden, wo sie Unterschlupf und Nahrung finden. Algen fressende Arten bevorzugen die Riffplateaus, während Arten, die sich von Kleinlebewesen ernähren, die Riffkanten und -türme aufsuchen. Der Malediven-Anemonenfisch (Amphiprion nigripes) ist leicht an der Kombination aus den schwarzen Brust- und Afterflossen und dem weißen Kopfstreifen zu erkennen. Die Art lebt endemisch vor den Malediven und vor Sri Lanka. Clarks Anemonenfisch (Amphiprion clarkii) hat drei weiße Querbinden auf einer meist schwarzen Grundfärbung und wird bis 14 cm groß. Dieser relativ häufige Fisch geht Symbiosen mit zehn verschiedenen Anemonen-arten ein.

**Doktorfische**  Die Familie der Acanthuridae verdankt ihren Namen dem Skalpell, einem beweglichen **Dorn an der Schwanzwurzel**. Es wird nicht durch Muskelkraft aufgeklappt, sondern springt automatisch mit, wenn die Schwanzflosse in einem bestimmten Winkel gebogen ist. Die Arten verteilen sich auf zwei Unterfamilien, die Skalpelldoktoren (Acanthuirnae) und die Nasendoktoren (Nasinae). Der Weißkehl-Doktorfisch (Acanthurus leucosternon) schwimmt meist in Gruppen oder Schwärmen und ist häufig an Riffdächern anzutreffen. Der wendige Schwimmer weidet Algen von abgestorbenen Korallen und Gestein ab und wird bis 25 cm groß. Der ähnlich große Sträflings-Doktorfisch (Acanthurus triostegus) zieht typischerweise in größeren Gruppen oder dichten Schwärmen über das Riff und weidet Algen-bewuchs ab. Man sieht ihn ebenso im seichten Wasser wie auch in Tiefen bis etwa 90 Metern. Der Graue Doktorfisch (Acanthurus mata) wird bis 50 cm groß und tritt in kleinen Gruppen auf. Er kann rasch die Färbung von blass bis sehr dunkel wechseln. Jungtiere raspeln Algenaufwuchs ab, erwachsene Fische ernähren sich von Plankton. Die Fähigkeit, die Färbung zu wechseln, besitzt auch der

Leuchtende Farben und auffällige Muster zieren den Drückerfisch.

Blauschwanz-Nasendoktor (Naso hexacanthus), der bis 75 cm groß wird. Sein Farbenspektrum reicht von dunkelolivgrün bis weißlich-blau. Er kommt recht häufig vor und schwimmt einzeln oder in großen Schulen im freien Wasser, wo er nach Plankton schnappt. Der Indische Segelflossendoktor (Zebrasoma desjardinii) wird bis 40 cm groß. Er zieht paarweise oder in kleinen Gruppen durch Lagunen und an Außenriffen vorbei. Jungtiere sind gelblich gefärbt und haben sehr hohe Rücken- und Afterflossen.

Drückerfische (Ballistidae) sind mit ihrem großen Kopf, dem engen zahnbewehrten Maul und den wellenförmig schlagenden Rücken- und Bauchflossen unverwechselbar. Die kleine Schwanzflosse wird zur Verteidigung oder zu gelegentlichen Attacken eingesetzt. Mithilfe der ersten drei Rückenflossenstrahlen können sich die Tiere in Felsspalten einklemmen. Der Leoparden-Drückerfisch (Balistoides conspicillum) ist nicht selten, aber recht scheu. Die Jungtiere sind auch auf dem Rücken weiß gefleckt und leben unterhalb von etwa 15 m Tiefe. Der Orangestreifen-Drückerfisch (Balistapus undulatus) ist dagegen wenig scheu und daher häufig zu beobachten.

**Drückerfische**

Kugelfische (Tetradontidae) entgehen mit ihrem **raffinierten Aufblähmechanismus** den meisten Angriffen von Raubfischen. Bei drohender Gefahr saugen sie Wasser auf. Sie können dann zwar nicht mehr weiterschwimmen, doch bieten sie einen so eindrucksvollen Anblick, dass sich Raubfische nach kleineren Opfern umsehen. Der Schwanzfleck-Kugelfisch (Arothron nigropunctatus) hat eine sehr variable Grundfärbung von weißlich über gelb bis grün, trägt aber

**Kugelfische**

stets zahlreiche schwarze Flecken. Er ernährt sich überwiegend von Korallenpolypen. Der Mappa-Kugelfisch (Arothron mappa) ist mit bis etwa 60 cm Größe ein recht stattlicher Vertreter seiner Familie. Charakteristisch sind die strahlenförmigen Linien rund um das Auge. Der Sternen-Kugelfisch (Arothron meleagris) erreicht bis 50 cm Körperlänge. Er lebt als Einzelgänger vom Flachwasser bis in Tiefen von etwa 25 Meter.

**Füsiliere**  Füsiliere (Caesionidae) sind mit Schnappern eng verwandt, aber schlanker und wesentlich kleiner. Die mit nur etwa 20 Arten relativ kleine Familie ist ausschließlich im Indopazifik verbreitet. Die unermüdlichen Schwimmer bilden oft **riesige Schwärme**, die meist in Riffnähe anzutreffen sind. Der Neon-Füsilier (Pterocaesio tile) ruht nachts in geschützten Riffbereichen am Fels. Dabei weicht seine silbrige Farbe einem tiefen Rot.

**Meerbarben**  Alle Meerbarben (Mullidae) besitzen am Kinn zwei lange Bartfäden. Sie bilden Gruppen, die gerne von anderen kleinen Fischen begleitet werden. Denn wenn Meerbarben den Meeresgrund aufwühlen, fällt auch für sie meist ein Happen ab. Die Kurzstreifen-Meerbarbe (Parupeneus macronema) lebt über Sand- und Geröllgrund in Riffnähe. Sie kann die Farbe von sehr blass bis purpurrötlich wechseln.

**Feilenfische**  Die Schuppen der Feilenfische (Monocanthidae) sind mit kleinen Dornen besetzt, wodurch ihre Haut rau wie eine Feile ist. Außerdem besitzen sie einen **kräftigen Rückenstachel**, der aufgestellt werden kann. Der Palettenstachler (Oxymonacanthus longirostris) ist sehr farbenprächtig und hält sich typischerweise zwischen Acropora-korallen auf, von deren Polypen er sich ernährt.

**Büschel-barsche**  Büschelbarsche (Cirrhitidae) sind in typischer Lauerpose auf den Brustflossen aufgestützt zwischen den Zweigen von Fächerkorallen anzutreffen. Die Spitzen der Rückenflossenstacheln sind mit feinen Haarbüscheln, den Cirrhen, besetzt. Der Monokel-Büschelbarsch (Paracirrhites arcatus) erreicht bis 14 cm Länge. Die variable Färbung reicht von blass gräulich über kräftig rot bis dunkelgraubraun.

**Schnapper**  Schnapper (Lutjanidae) bewohnen fast alle Lebensräume des Meeres und sind sogar ins Süßwasser vorgedrungen, wo viele Arten ihre Jugendzeit verbringen. Schnapper sind geradezu sprichwörtlich bekannt für ihre **großen Schulen**, es gibt jedoch auch einzelgängerische Arten. Der Schwarze Schnapper (Macolor niger) wird bis 60 cm groß. Jungtiere sind Einzelgänger und schwarzweiß gefärbt, ausgewachsene Fische sind dunkelgrau bis schwärzlich. Der Gelbaugen-Schnapper (Macolor macularis) kann bis 55 cm groß werden. Er hat ein auffallend gelbes Auge und schwimmt oft in kleinen Gruppen.

Kaiserfische (Pomacanthidae) gehören zu den am auffälligsten    **Kaiserfische**
gefärbten und gezeichneten Fischen, die in einem Korallenriff
anzutreffen sind. Die extrem territorialen Fische dulden keinen Artgenossen in ihrem Revier, Eindringlinge werden aggressiv vertrieben.
Arten der Gattung Pomacanthus machen im Laufe ihrer Entwicklung
einen dramatischen Farbwechsel durch. Der Pfauenaugen-Kaiser-
fisch (Pygoplites diacanthus) wird bis 25 cm groß. Er lebt einzeln
oder paarweise, ist relativ häufig, aber scheu und verschwindet bei
der geringsten Beunruhigung in Riffspalten. Jungtiere haben einen
Augenfleck oberhalb der Schwanzwurzel.

Mit über **500 Arten** stellen die Labridae eine große Familie dar. Sie    **Lippfische**
gehören zu den zahlreichsten Bewohnern der Korallenriffe. Die
Spannbreite der Tiere reicht von wenige Zentimeter großen Zwerg-
formen bis hin zum Napoleonslippfisch mit **bis zu 2 m** Körperlänge.
Viele Arten sind Zwitter, die einen Geschlechtswechsel vom
Weibchen zum Männchen vollziehen. Der Sechsstreifen-Lippfisch
(Thalassoma hardwicke) wird bis 20 cm lang. Er ist weniger scheu,
schwimmt oft dicht an Taucher heran und lebt im seichten Wasser
ebenso wie in Tiefen von bis zu 20 Meter.

Der Indische Ozean rund um die Malediven ist auch reich an    **Großfische**
pelagisch, also im offenen Meer lebenden Fischen. Zu den zahlreichsten Vertretern gehören Thunfische (darunter die Bonitos),
Speerfische, der Blaue Merlin und viele Barscharten.

In kleinen Höhlen und Nischen leben **Muränen**, deren maledivische    **Jäger der**
Artgenossen eine Länge von bis zu 1,5 m erreichen können. Sie    **Nacht**
wagen sich meist nur im Schutze der Dunkelheit aus ihren Schlupf-
löchern heraus und begeben sich dann auf die Jagd, weshalb man sie
gern als »Jäger der Nacht« be-
zeichnet. Solange sich die Muräne    **Im Doppelpack noch gruseliger: Muränen**
nicht unmittelbar bedroht fühlt,
man ihr nicht zu nahe kommt
und damit den vermeintlich
einzigen Fluchtweg ins offene
Meer versperrt, ist sie für den
Menschen ungefährlich und zieht
es vor, in ihrem Schlupfloch zu
verschwinden.

Zu den ständigen Bewohnern der
maledivischen Gewässer gehören
natürlich auch Haie (▶Baedeker
Wissen, S. 176), von denen der bis
zu 2 m lange **Graue Riffhai** einer

Meist ohne Begleitung unterwegs: der Tigerhai

der häufigsten Vertreter ist. Man erkennt ihn an der hellgrauen bis weißlichen Bauchfarbe, am schwarzen Rand seiner Schwanzflosse und an der zweiten Rückenflosse, die bei erwachsenen Tieren ebenfalls schwarz ist. Grauhaie zählen zu den Haiarten, die dem Menschen gefährlich werden können – auch wenn sie streng genommen nur ihr Revier und sich selbst vor vermeintlichen Angriffen schützen wollen. Ein weiterer typischer Hai für die Malediven ist der **Weißspitzenhai**, der mit Körperlängen von maximal 2 m zu den kleineren Arten gehört. Imposantere Ausmaße erreichen **Schwarzflossenhaie**, die man vorzugsweise in strömungsreichen Kanälen zwischen den einzelnen Atollen findet. Schließlich gibt es auf den Malediven noch den **Tigerhai**, der eine Körperlänge von bis zu 10 m besitzt und bei drohender Gefahr zu den aggressivsten Haiarten zählt. Gefahr für Taucher besteht jedoch kaum, denn der Tigerhai bewegt sich ungern in ihrer Nähe. Es gehört also schon eine große Portion »Glück« dazu, ihn überhaupt zu Gesicht zu bekommen. Relativ häufig hingegen sind der **Ammenhai** und der **Walhai**. Letztere erreichen eindrucksvolle Körperlängen von bis zu 18 m. Sie sind gänzlich ungefährlich, denn sie ernähren sich ausschließlich von Plankton. Die bis vor einigen Jahren gepflogene Unsitte, Haie anzufüttern, um Tauchern eine »echte Attraktion« zu bieten, wurde zwischenzeitlich wieder aufgegeben.

**Rochen und Mantas**

Zu den eindrucksvollen Meeresbewohnern zählen die majestätisch wirkenden Rochen, zu deren Familie auch die Mantas gehören. Sie erreichen eine Spannweite von bis zu acht Meter. Der Riesenmanta kann bis zu zwei Tonnen schwer werden. Auch Rochen ernähren sich von Plankton, das sie mit dem Wasser durch ein breites Maul aufnehmen. Die Nahrung und der Sauerstoff werden herausgefiltert und das Restwasser dann durch die an der Körperunterseite liegenden Kiemen wieder ausgestoßen. Auf einigen Inseln sind Rochen beliebte Gäste, da sie – entsprechende Vorsicht vorausgesetzt – aus der Hand fressen.

Recht häufig sind Delfine, die zwischen den Inseln oft Tauchboote begleiten und dabei gut beobachtet werden können. Schließlich passieren bisweilen Herden von Walen auf ihrem Weg in die Antarktis den westlichen äußeren Atollrand der Malediven.

**Delfine und Wale**

Alle drei Jahre und dann auch **nur in Vollmondnächten** kommen Wasserschildkröten an Land, um ihre Eier abzulegen. Sie graben flache Kuhlen in den Sand, in die sie bis zu 200 Eier legen, um sie dann wieder mit Sand zu bedecken. Das Ausbrüten überlassen sie der Sonne. Auch wenn der nächtliche Landausflug der Schildkröten den meisten Malediven-Besuchern vermutlich entgeht: die Begegnung mit Schildkröten im Wasser gehört umso mehr zur Regel und zu den wirklichen Erlebnissen. Zu den auf den Malediven vorkommenden Arten zählen die vom Aussterben bedrohte Suppenschildkröte und die Karettschildkröte. Die Jagd auf Schildkröten ist auf den Malediven seit 1997 verboten.

**Schildkröten**

Auch bei den **Muscheln und Schnecken** ist die Artenvielfalt groß. Die bekannteste Muschelart ist die Kauri-Muschel, deren lateinischer Name Cypraea moneta darauf hindeutet, dass sie einst als Zahlungsmittel diente (▶Baedeker Wissen, S. 145). Eine der wenigen **gefährlichen Schneckenarten** ist die Conus textile, die zur Gattung der Kegelschnecken gehört. Sie besitzt einen hohlen, mit Widerhaken besetzten Zahn mit einer Giftdrüse, den sie blitzschnell hervorschleudern kann. Das Gift ist so stark, dass es binnen kürzester Zeit wirkt und selbst bei Menschen zum Tode führen kann.

**Auf dem Meeresboden**

Unter den Muschelarten findet man auch die Mördermuschel, die ihren furchterregenden Namen zu Unrecht trägt, weil sie für den Menschen völlig ungefährlich ist. Sie siedelt vorzugsweise auf Korallenstöcken und saugt sich mit ihrem Unterboden so fest, dass sie selbst stürmischem Seegang zu trotzen vermag.

Zu den Bewohnern des Meeresbodens zählen **Röhrenaale** oder Sandaale. Sie leben »ortsfest« in Kolonien zusammen. Die Tiere graben sich (senkrecht!) tief in den Sandboden ein. Nur zum Zweck der Nahrungssuche verlassen sie die Röhren, bei der kleinsten Störung ziehen sie sich blitzschnell in die Tiefe zurück. Sie ernähren sich von pflanzlichem und tierischem Material, das von der Wasseroberfläche herabsinkt.

Die **Seegurke** zählt zu den Bodenbewohnern, die sich durch ausgesprochene Trägheit auszeichnen. Fühlt sie sich jedoch angegriffen, wehrt sich die längliche Seegurke mit den sogenannten Cuvier'schen Schläuchen, die sich normalerweise im Körperinnern verbergen und bei drohender Gefahr durch den After herausgeschleudert werden. Das in ihnen enthaltene Gift ist für den Menschen zwar ungefährlich, löst jedoch manchmal unangenehm brennende Hautreizungen aus.

# Bevölkerung · Politik · Wirtschaft

**Die rund 400 000 auf den Malediven lebenden Menschen sind zum größten Teil Nachfahren arabischer, indischer und singhalesischer Einwanderer, die es im 5. und 4. Jh. v. Chr. auf die Inseln zog.**

## BEVÖLKERUNG

**Junges Volk**  Das Bevölkerungswachstum liegt heute bei 1,7%. Mit 1100 Einw./km² ist die Bevölkerungsdichte sehr hoch – kein Wunder, denn mehr als ein Viertel aller Malediver wohnt auf der Hauptstadtinsel Male'. Beachtenswert ist die Altersstruktur der Bevölkerung: 42,4% sind jünger als 15 Jahre, 54% sind 15 bis 64 Jahre alt und nur 3% sind älter als 65 Jahre. Die durchschnittliche Lebenserwartung beträgt 64 Jahre bei Männern bzw. 67 Jahre bei Frauen.

**Vielehe erlaubt**  Die meisten Malediver leben in **Großfamilien**, nicht selten wohnen bis zu drei Generationen unter einem Dach. Ein staatliches Versorgungssystem gibt es nur für wirklich Bedürftige, die in aller Regel auf die Hilfe der Familienmitglieder angewiesen sind.

Ein maledivischer Mann kann bis zu vier Eheverhältnisse gleichzeitig eingehen. Allerdings muss er sich seine Frauen auch wirtschaftlich leisten können. Dies ist vielfach ein Grund für **Scheidungen**, die in der Vergangenheit fast immer vom Mann ausgingen. Heute entscheiden sich zunehmend mehr Frauen zu diesem Schritt. Nach einer Scheidung hat der Mann weiterhin für die minderjährigen Kinder zu sorgen, die bis zum Alter von sieben Jahren in aller Regel bei der Mutter bleiben. Dann können sie entscheiden, bei welchem Elternteil sie leben wollen.

**?** BAEDEKER WISSEN

*Ein scheidungsfreudiges Volk*

Eine Scheidung dauert auf den Malediven nicht lang, und das ist auch der Grund dafür, dass es dort statistisch gesehen die weltweit höchste Scheidungsrate gibt. So genügt es, wenn der Ehemann beim Inselchef vorstellig wird und der Mann dreimal »Ich verstoße dich!« ruft. Es kommt übrigens recht häufig vor, dass ein Mann dieselbe Frau ein zweites oder gar drittes Mal heiratet.

**Inseln der Frauen**  Bei Besuchen von Einheimischeninseln sieht man fast nur Frauen und Kinder. Denn nur wenige Männer finden auf ihren Heimatinseln Arbeit als Bootsbauer, Fischer oder in der Kokosnussverarbeitung. Viele sorgen auf den weit entfernten Touristeninseln für den Unterhalt der Familie und kommen oft erst nach mehreren Monaten für einen Kurzurlaub nach Hause zurück. Die Frauen kümmern sich um Haushalt und Kinder, verrichten daneben häufig handwerkliche Tätigkeiten oder sind mit der Verarbeitung landwirtschaftlicher Produkte beschäftigt.

Kennzeichnend für ein **maledivisches Inseldorf** ist die breite Hauptstraße, die stets in der Hauptwindrichtung angelegt ist. Das sorgt zum einen für eine gute Belüftung der Insel, zum anderen aber auch dafür, dass die Malaria

Von Frauen geprägt: die Einheimischeninseln

bereits seit vielen Jahren so gut wie ausgerottet ist (Moskitos nehmen, vereinfacht gesagt, vorzugsweise den »direkten« Weg über bzw. durch eine Insel). Entlang dieser Hauptstraße, die so gut wie nie asphaltiert, sondern nur mit Sand bestreut ist, reihen sich die Häuser der Inselbewohner. Halbhohe Mauern aus Korallenblöcken verhindern den Blick allzu neugieriger Passanten.

Jeder maledivische Bürger hat das **Recht auf ein angemessenes Stück Land** mit einer Größe von 15 mal 30 m, das ihm vom jeweiligen Inselbürgermeister (Kathibu) gegen einen äußerst geringen Pachtzins zugeteilt wird. Die Genehmigung zur Errichtung eines Hauses ist jedoch mit der Auflage verbunden, dass der Bau binnen eines Jahres nach der Zuteilung zumindest begonnen sein muss. Deshalb sieht man häufig parzellierte Grundstücke, auf denen lediglich die Grundmauern eines begonnenen Hauses zu sehen sind.

Für die Gebäude ist noch immer **Korallenkalk der wichtigste Baustoff**, der vor den Inseln gebrochen und mit natürlichen Verbundstoffen oder Zement verarbeitet wird. Die **Dächer** werden traditionell mit Palmblättern gedeckt. Wer auf das »modernere« Wellblech ausweicht, bekommt ein Problem: Im Gegensatz zu den atmungsaktiven Wedeln sammelt sich hier Schwitzwasser unter dem Dach und sorgt dadurch für eine messbare Zunahme von Atemwegserkrankungen.

Durch eine schmale Holztüre gelangt man in das meist halbdunkle Gebäudeinnere, wo Küche und Wohnraum oft eine Einheit bilden. Gekocht wird auf einem Holzfeuer, vermehrt aber auch auf Gasherden, wobei Gas teuer ist. Nicht selten spielt sich das Familienleben in einem einzigen Raum ab. Wichtiger Bestandteil des Gebäudes ist daher der Innenhof mit einem oder mehreren Schatten spendenden Bäumen (Palmen-, Mango- oder Brotfruchtbaum). Hier findet man auch die maledivische Hängematte (Udhoali) oder zumindest einige Sitzgelegenheiten.

▶ **Republic of Maldives**
Schreibweise auf Dhivehi:

## Raajjeyge Jumhooriyyaa

 Lage:
**Indischer Ozean süd-
westlich der Südspitze Indiens**

 Fläche:
**ca. 90 000 km² Gesamtfläche, 298 km² Inselfläche**
auf 26 Hauptatollen mit offiziell 1196 Inseln;
entspricht etwa der Größe von Malta

 Einwohner (Schätzung 2013):
**394 000, davon ca. 134 000 auf Male'**

 Bevölkerungsdichte:
**1102 Einwohner/km²**
Vergleich Deutschland: 231 Einwohner/km²

▶ **Staat**

**Staatsform:** Präsidialrepublik
**Staatchef:** Abdulla Yameen (seit November 2013)
**Hauptstadt:** Male'

▶ **Flagge/Wappen**

Das Wappen trägt den arabischen Schriftzug
Ad–Dawlat Al–Mahald heebiyya: »Staat der tausend Inseln«

▶ **Tourismus**

Anteil der gesamten
Tourismusbranche am
BIP (1674 Mio. US-$):

Von den insgesamt
knapp 958 000 Gästen
in 2012 waren:

**30%**

**10 %** Deutsche
**3 %** Schweizer
**1,5 %** Österreicher

Derzeit ca. 110 Resorts
mit ca. 23 000 Betten

*4°10'*
nördlicher Breite

*Male'*

*Ausdehnung Nord-Süd: 871 km*

*Indischer
Ozean*

*73°30'*
östlicher Länge

*Höchste Erhebung: 2,4 m ü.d.M.
(Insel Vilingili, Addu-Atoll)*
▲

Ausdehnung
Ost-West: 120 km

# Sprachen

Dhivehi, Englisch
(Handelssprache)

# Religion

Sunnitischer Islam (Staatsreligion, keine Religionsfreiheit)

# Bevölkerung

**Herkunft:**
Sri Lanka, Indien, Arabien

**Bevölkerungswachstum:** 1,7%
(etwa 40% sind jünger als 20)

**Alphabetisierungsrate:** 99%

# Wirtschaft

Hauptwirtschaftszweige neben
dem Tourismus: Herstellung
und Export von Fischkonserven
(besonders Thunfisch) und
Kokosnussrohprodukten wie
Kokospalmenmark

# ▶ Malediven

Durchschnittstemperaturen

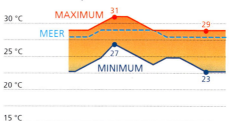

Niederschlag

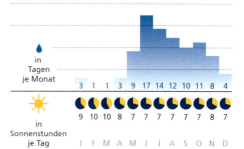

# Die künstliche Insel Hulhumale'

Male' hat mit 43 800 Menschen/km² die höchste städtische Bevölkerungsdichte der
Welt. Um Entlastung zu schaffen, wurde von 1997 bis 2002 eine rund 2 km² große
Insel 3 km nordöstlich aufgeschüttet. Ab 2020 soll sie 53 000 Menschen Platz bieten.

In Häusern der neueren Generation steht für die menschliche Notdurft eine einfache **Toilette** zur Verfügung, auf kleineren Inseln ist es jedoch wie eh und je üblich, diese an einem dafür ausgewiesenen, nach Geschlechtern getrennten Stück Strand zu verrichten und die Entsorgung den Gezeiten des Meeres zu überlassen.

**Sprachen** Auf den Malediven gibt es zwei Amts- und Geschäftssprachen: Englisch und Dhivehi. Maledivisch oder **Dhivehi** entwickelte sich aus der singhalesischen Sprache, nahm dann aber eine eigene Entwicklung. Zahlreiche Lehnwörter aus dem Arabischen, aber auch Hindiausdrücke und Begriffe aus dem Englischen wurden übernommen. Im Laufe der Jahrhunderte bildeten sich **verschiedene Dialekte** heraus, die z. T. so unterschiedlich sind, dass sich die Bewohner weit auseinander liegender Atolle nur noch schwer verständigen können.

Die Malediver schreiben in einer semitischen Schrift: **Thaana** wird von rechts nach links geschrieben, besteht aus 23 Schriftzeichen und gelangte wahrscheinlich durch arabische und singhalesische Kaufleute auf die Malediven. Seit 1977 gibt es eine Transkription in lateinischen Buchstaben, wobei es jedoch zu keiner Vereinheitlichung der Orthografie kam. Daraus erklärt sich die vielfach unterschiedliche Schreibweise von Wörtern und Eigennamen.

## RELIGION

**Staatsreligion** Die 1968 verkündete Verfassung schreibt den Islam zwingend als **Islam** Staatsreligion vor. Jedes Engagement im Hinblick auf eine andere Religion ist untersagt und wird strafrechtlich verfolgt. Die maledivischen Muslime bekennen sich zum **sunnitischen Islam**. Der Islam ist die jüngste der Weltreligionen. Er wurde von Mohammed Ibn Abdallah um das Jahr 607 begründet. Der **Prophet Mohammed** stammte aus Mekka (heute in Saudi-Arabien) und wurde dort als Sohn der Großfamilie der Koreischiten geboren. Während seiner Reisen mit Handelskarawanen lernte er verschiedene Glaubensrichtungen kennen. Daraus entwickelte er die monotheistischen Lehren des Islam, in denen sich deshalb auch Elemente des Judentums, des Christentums, der persischen Religionen, aber auch der Religionen arabischer Völker wiederfinden.

Die zentrale Botschaft des Islam ist die Lehre von der Einheit und der Einzigkeit Gottes (Allah). Diesem einen allmächtigen und allwissenden Schöpfergott steht der gläubige Mensch in völliger Abhängigkeit gegenüber. Das Wort Islam bedeutet denn auch nichts anderes als **»völlige Hingabe«** (Unterwerfung, Ergebung) an Gott bzw. dessen Willen. Das Schicksal des Menschen (arabisch: Kismet) liegt allein **in Allahs Hand**, es ist von ihm vorbestimmt und gestattet

Religiöse Tradition und Errungenschaften der Moderne

nicht die geringste Abweichung vom vorgeschriebenen Weg. Der Glaube an dieses Gesetz bewirkt in vielen Ländern, in denen der Islam als Staatsreligion gilt, einen gewissen Fatalismus: Da man sein Schicksal nicht beeinflussen kann, bleibt nur tiefe Demut.

Eine zweite fundamentale Aussage des Islam ist die Lehre von der Vermittlung der Aussagen und Gesetze Gottes durch den Propheten. Mohammed betrachtete sich als **von Gott auserwählt**, da dieser sich ihm offenbart hatte, um die Menschen von seinen göttlichen Prinzipien zu unterrichten. Als Propheten gelten aber auch Gestalten aus dem Alten Testament (Abraham, Isaak und Moses) sowie aus dem Neuen Testament (Jesus und Johannes der Täufer).

Gleichwohl gilt Mohammed als bislang letzter und zugleich wichtigster Prophet. Im Jahre 607 predigte er seine neue Lehre erstmals in Mekka, wo er jedoch auf den Widerstand seiner Stammesbrüder traf und im Jahre 622 nach Yathrib fliehen musste. Hier fand er recht schnell interessierte Zuhörer, die auch gleich ihre Stadt nach ihm benannten: Medinet en Nebi, die »Stadt des Propheten«, kurz Medina genannt. Das Jahr, in dem Mohammed fliehen musste, wird von den Moslems als Hedschra (Vertreibung) bezeichnet und gilt als Geburtsjahr des Islam und als Beginn der islamischen Zeitrechnung.

**Heilige Schriften** Der **Koran** ist die heilige Schrift des Islam. Er besteht aus 114 Abschnitten (Suren), die durch eine Handlungsanweisung (Sunna) ergänzt werden. Im Koran sind die göttlichen Offenbarungen festgehalten, die Allah dem Propheten Mohammed gegenüber durch den Engel Gabriel machte. Die Abschnitte sind nicht inhaltlich, sondern ihrer Länge nach geordnet und entbehren deshalb einer ordnenden Systematik. So findet man abwechselnd Lobpreisungen Gottes und Schilderungen der Hölle ebenso wie Regeln und Gebote für den Alltag eines Muslim.

Das Wort **Sunna** bedeutet im Arabischen »gewohnte Handlungsanweisung« oder auch »der Weg, den man beschreitet«. Die Sunna ist also eine umfangreiche Sammlung aus dem Leben des Propheten. Sie dient als Richtschnur für das Leben, das ein gläubiger Muslim führen sollte. Auch bei der Sunna handelte es sich zunächst nur um eine mündliche Überlieferung, die erst im 9. Jh. verschriftlicht wurde.

Die Sunna hat verschiedene Auslegungen erfahren. Diese wurden, wie der Koran auch, niedergeschrieben, und gemeinsam bilden Sunna und Koran nun die **Scharia, das islamische Recht**, die alle islamischen Staaten zur Grundlage ihres Rechtssystems gemacht haben. Aber auch das gesamte private und öffentliche Leben wird durch den Koran, die Sunna sowie die Auslegungen beider diktiert. Im Islam gibt es zwei Glaubensrichtungen, die **Sunniten und die Schiiten**. Der größte Unterschied zwischen beiden Auffassungen besteht darin, dass die Sunniten den Koran und die Sunna anerkennen, die Schiiten hingegen nur den Koran.

**Die Fünf Pfeiler** Aus dem Koran und der Sunna leiten sich fünf **Hauptgebote** des Islam ab, die auch die »Fünf Pfeiler« genannt werden. Es sind dies das Glaubensbekenntnis (Schahada), das Gebet (Salat), die Almosengabe (Sakat), das Fasten (Saum) und die Pilgerreise nach Mekka (Hadsch). Die zentrale Aussage lautet: »Es gibt keinen Gott außer Allah, und Mohammed ist sein Prophet!« Diese steht im Mittelpunkt der Gebete, die ein gläubiger Moslem täglich fünfmal verrichten sollte. Außerdem verwendet sie der Muezzin als Gebetsruf. Freitags muss zum **Gebet** eine Moschee besucht werden. Nachdem der Gläubige sich einer rituellen Fußwaschung unterzogen hat, betritt er den Gebetsraum, wo er sich in Richtung Mekka wendet und dabei nacheinander verschiedene festgelegte Körperhaltungen einnimmt.

Wer eine **Pilgerreise** in die heilige Stadt Mekka unternehmen kann, wird von den anderen Gläubigen hoch verehrt. Auch wenn streng genommen jeder Gläubige einmal in seinem Leben diese Reise unternehmen muss, fehlen doch den meisten die finanziellen Mittel. In Mekka ist die **Kaaba** das Ziel der Pilgerfahrt, die tunlichst im zwölften Monat des islamischen Jahres unternommen werden sollte. Bei der Kaaba handelt es sich um einen großen, schwarzen Meteoriten in kubischer Form, der sich im Innenhof der Großen Moschee von

# Allah ist mächtig …

*Der Islam ist Staatsreligion auf den Malediven. Die Ausübung aller anderen Religionen ist gesetzlich verboten. Wie in anderen islamischen Ländern hat diese Maßnahme Auswirkung auf das gesamte öffentliche und private Leben.*

Die Malediver leisten sich jedoch die eine oder andere Freizügigkeit. Ein gläubiger Muslim muss normalerweise täglich fünf Gebete verrichten, der Malediver belässt es in aller Regel bei zwei bis drei. Auch das Gebot, dass Frauen sich in der Öffentlichkeit nur verschleiert zeigen sollen, wird hier nicht strikt eingehalten.

## Sitte und Moral

Noch vor wenigen Jahren sah das bereits bei der Ankunft auf dem Flughafen anders aus. Westliche Zeitschriften, in denen nackte Haut zu sehen war, wurden von strengen Zollbeamten konfisziert. Der Bericht über eine Beamtin, die angeblich nackte Körperteile mit einem dicken schwarzen Filzstift übermalte und die Zeitschrift danach wieder aushändigte, gehört vermutlich eher in das Reich der Anekdoten. Nach wie vor gilt auf den Malediven aber das Nackt-

badeverbot, das von den Einheimischen auch streng überwacht wird. Manch erstaunter Tourist fand bei der Abreise auf seiner Rechnung einen Posten, der sich als Geldbuße für Oben-ohne-Baden herausstellte. Denn die Inselpächter sind offiziell verpflichtet, spürbare Strafen zu verhängen. Tun sie dies nicht, laufen sie Gefahr, ihre Konzession zu verlieren.

## Alkoholverbot

Auch der Genuss von alkoholischen Getränken ist gemäß den Bestimmungen des Koran strikt verboten. Bier, Wein und andere Alkoholika gibt es auf den Touristeninseln nur aufgrund einer eigens dafür erlassenen Ausnahmevorschrift. In den Hotels auf Male' wird nur alkoholfreies Bier ausgeschenkt. Weil es hier immer wieder Verstöße gab, wurde ein Dutyfreeshop in Male' kurzerhand wieder geschlossen.

# Willkommen im Alltag!

**Die Malediven einmal abseits von Strand und Luxus-Spa erleben und »ganz normale« Leute treffen – dazu einige Tipps von der Baedeker-Redaktion.**

### WIE DIE MALEDIVER SO LEBEN

Ziemlich zentral im Nord-Male'-Atoll liegt Himmafushi. Die Einheimischeninsel war eine der ersten, die für Touristen zugänglich war. Fast alle Resorts in der Nähe bieten Halbtagstouren mit dem Dhoni dorthin an. Zu sehen gibt es einiges, von der Moschee über die Inselschule bis hin zur Bootswerft, auf der die traditionellen Dhonis gebaut werden. Einkaufsmöglichkeiten für Souvenirs hat es dort natürlich auch.

### KOCHSHOW LIVE

Sie wollten schon immer mal wissen, was sonst hinter verschlossenen Küchentüren so abläuft? Auf Baros im Nord-Male'-Atoll ist das möglich! Und das Besondere daran: Die Gäste stellen ein mehrgängiges Wunschmenü zusammen, das dann vor ihren Augen zubereitet wird. Und zwar von einem der Chefköche höchstpersönlich, der sein ganzes fachliches Können aufbietet, während die Zuschauer bei einem Glas Wein im Restaurant Cayenne einiges aus der Trickkiste eines Kochprofis erfahren. Natürlich wird das Mahl anschließend gemeinsam verzehrt.
*www.baros.com*

## OBST- UND GEMÜSEMARKT AUF MALE'

Das meiste, was auf den Malediven gebraucht wird, muss importiert werden. Trotzdem ist das, was in den Hallen des Obst- und Gemüsemarkts schräg gegenüber der Fischmarkthalle angeboten wird, nicht gerade wenig. Außerdem ein ziemlich kunterbuntes Durcheinander: Kokosnüsse liegen neben den Malediven-Zigaretten, bei denen der Tabak in Zeitungspapier gerollt wird. Am besten, Sie besuchen den Markt noch vor Mittag, dann ist er am lebendigsten.

## KLEINER SNACK MIT FISCHERN

Rund um den Hafen von Male' gibt es einige kleine Restaurants, in denen sich die Fischer nach getaner Arbeit zum Plausch treffen. Man erkennt sie an der Aufschrift »Tea Shop«. Dazu gibt es Snacks nach maledivischer Art und kalte Getränke, aber, logischerweise, keinen Alkohol. Setzen Sie sich einfach dazu und nehmen Sie vom Tablett, was angeboten wird. Abgerechnet wird am Ausgang nur das, was Sie verspeisen.

## ABSEITS DER WEGE AUF MALE'

Für gewöhnlich bleibt dem Hauptstadtinselbesucher das normale Leben verborgen. Denn der Aufenthalt dort beschränkt sich schon allein wegen der Anreise auf wenige Stunden. Bleibt aber mehr Zeit, könnten Sie einen Bummel durch die Quartiere der Einheimischen unternehmen. Male' ist ja nicht groß, gehen Sie einfach los und lassen Sie den Touristenbetrieb hinter sich. Oft ist es erlaubt, einen Blick hinter die aus Korallensteinen gebauten Mauern zu werfen. Vielleicht sitzt gerade ein Malediver gemütlich an seiner Wasserpfeife rauchend im Innenhof …

**?** *Geisterglauben*

Die Malediver glauben auch an Geister, die sogenannten Jinnis. Ein böser Jinni kann – gottlob – problemlos durch das Rezitieren von Koransuren vertrieben werden. Zudem gibt es einen Geisterbeschwörer, den Master of Fanditha. Diese Fachkräfte sollen auch über heilende Kräfte verfügen und können böse Geister austreiben.

Mekka befindet. Die Kaaba wird von den Moslems als ein von Abraham und Ismael errichtetes Heiligtum betrachtet.

Eine wichtige Rolle im Leben eines gläubigen Muslim spielt auch der Saum, das **einmonatige Fasten** während des Ramadan. Dies ist der neunte Monat des islamischen Kalenders, weil in diesem der Engel Gabriel Mohammed erschienen sein soll. Das Fastengebot wird in allen islamischen Ländern streng eingehalten, gilt jedoch nur in der Zeit zwischen Sonnenauf- und -untergang. Ausgenommen davon sind nur Schwangere, Kinder und Gebrechliche. Am letzten Tag des Ramadan wird das Fastenbrechen begangen, was die Gläubigen zum Anlass nehmen, gemeinsam mit der Familie, aber auch mit Nachbarn und Freunden ein großes Fest zu feiern.

**Strenge Regeln**
Weitere religiöse Vorschriften, die das private und öffentliche Leben eines Muslim bestimmen, sind das Verbot des Alkoholgenusses, des Verzehrs von Schweinefleisch, des Glücksspiels und des Geldverleihs gegen Zins sowie das Gebot, nur Fleisch von geschächteten Tieren und keine Speisen, in denen Blut verarbeitet wurde, zu essen.

Koran und Sunna regeln schließlich auch das Verhältnis zwischen Mann und Frau, eine Gleichstellung gibt es nicht. Die Frau ist dem Mann untergeordnet, dieser jedoch darf sie nicht schlecht behandeln. Auch muss er sie beschützen und ernähren. Die Verschleierung von Frauen wird ebenfalls mit dem Koran gerechtfertigt, sie ist auch auf den Malediven in jüngster Zeit wieder vermehrt zu sehen.

## STAAT UND VERWALTUNG

1965 erlangte der Archipel seine Unabhängigkeit von Großbritannien, verblieb jedoch im Commonwealth of Nations. Mit der Verfassungsänderung von 1968 wurden die Malediven eine präsidiale Republik. **Staatsoberhaupt** ist der Präsident, der seit 1975 gleichzeitig als Regierungschef fungiert und die oberste Gerichtsinstanz im Lande ist. Nach dem mehr oder weniger freiwilligen Rücktritt des ersten demokratisch gewählten Regierungschefs Mohammed Nasheed Anfang 2012 bekleidete Mohammed Waheed Hassan bis zu den Neuwahlen im November 2013 das Amt. Aus dem ersten Wahlgang ging Nasheed als Sieger hervor, er verfehlte jedoch die absolute Mehrheit. Bei einem daraufhin notwendigen zweiten Urnengang blieben die Wahllokale jedoch durch Polizisten versperrt. Erst am 16. November fand der entscheidende Wahlgang statt, der zur Überraschung vieler von Abdullah Yameen, einem Halbbruder des langjährigen Autokraten Maumoon Abdul Gayoom, gewonnen wurde.

Das **Parlament** (Majlis) amtiert für die Dauer von jeweils fünf Jahren. Zu den 40 direkt gewählten Abgeordneten kommen acht hinzu, die vom Präsidenten selbst bestimmt werden. Eine Opposition ist auf den Malediven zwar offiziell bereits seit der Regierung des langjährigen Präsidenten Abdul Gayom im Jahre 2005 erlaubt. Diese fühlt sich jedoch seit jeher durch zum Teil erhebliche Repressionen und Einschränkungen in ihrer politischen Arbeit beeinträchtigt. Verschiedene mächtige und wohlhabende Familien üben trotzdem entscheidenden Einfluss auf Regierung und Staatsgeschäfte aus bzw. nutzen ihre politische Position für eigene Wirtschaftsinteressen.

Die maledivische **Staatsbürgerschaft** kann nur von Personen erworben werden, die sich zum islamischen Glauben bekennen und mindestens fünf Jahre auf den Malediven gelebt haben.

Die **Verfassung** garantiert jedem Staatsbürger das Recht auf freie Persönlichkeitsentfaltung. Sie lässt aber keinen Zweifel daran, dass dabei die von den Vorschriften des Islam gesetzten engen Grenzen zu beachten sind.

Eine eigene **Streitmacht** haben die Malediven nicht. Die öffentliche Sicherheit wird durch den etwa 2000 Mitglieder starken National Security Service gewährleistet, in dem seit 1989 auch Frauen zugelassen sind.

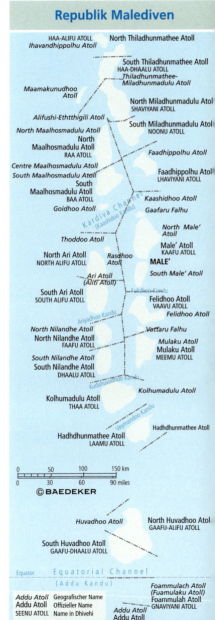

**Republik Malediven**

HAA-ALIFU ATOLL
Ihavandhippolhu Atoll
North Thiladhunmathee Atoll
South Thiladhunmathee Atoll
HAA-DHAALU ATOLL
Thiladhunmathee-
Miladhunmadulu Atoll
Maamakunudhoo Atoll
North Miladhunmadulu Atol
SHAVIYANI ATOLL
Alifushi-Eththigili Atoll
South Miladhunmadulu Atoll
NOONU ATOLL
North Maalhosmadulu Atoll
North Maalhosmadulu Atoll
RAA ATOLL
Faadhippolhu Atoll
Centre Maalhosmadulu Atoll
South Maalhosmadulu Atoll
Faadhippolhu Atol
LHAVIYANI ATOLL
South Maalhosmadulu Atoll
BAA ATOLL
Kaashidhoo Atoll
Goidhoo Atoll
Gaafaru Falhu
Kardiva Channel
(Kaadhidoo Kandu)
North Male' Atoll
Thoddoo Atoll
Male' Atoll
KAAFU ATOLL
North Ari Atoll
NORTH ALIFU ATOLL
Rasdhoo Atoll
MALE'
Ari Atoll
(Alifu Atoll)
South Male' Atoll
South Ari Atoll
SOUTH ALIFU ATOLL
Felidhoo-Kandu
Felidhoo Atoll
VAAVU ATOLL
Felidhoo Atoll
Ariyadhoo Kandu
North Nilandhe Atoll
Vattaru Falhu
North Nilandhe Atoll
FAAFU ATOLL
Mulaku Atoll
Mulaku Atoll
MEEMU ATOLL
South Nilandhe Atoll
South Nilandhe Atoll
DHAALU ATOLL
Kudahuvadhoo Kandu
Kolhumadulu Atoll
Kolhumadulu Atoll
THAA ATOLL
Veymandoo Kandu
Hadhdhunmathee Atoll
Hadhdhunmathee Atoll
LAAMU ATOLL

0    50    100    150 km
0    30    60    90 miles
© BAEDEKER

Huvadhoo Atoll
North Huvadhoo Atol
GAAFU-ALIFU ATOLL
South Huvadhoo Atoll
GAAFU-DHAALU ATOLL

Equator
Equatorial Channel
(Addu Kandu)
Foammulach Atoll
(Fuamulaku Atoll)
Foammulah Atoll
GNAVIYANI ATOLL
Addu Atoll   Geografischer Name
Addu Atoll   Offizieller Name
SEENU ATOLL  Name in Dhivehi
Addu Atoll
Addu Atoll
SEENU ATOLL

# Inselstaaten und Inselgruppen

*Auf der Erde gibt es 47 Inselstaaten. Nur ein Drittel davon besteht aus nur einer Insel. Der größte nach Einwohnerzahl und Fläche ist Indonesien, der kleinste das Pazifik-Eiland Nauru. Die Malediven belegen in dieser Rangliste Platz 43.*

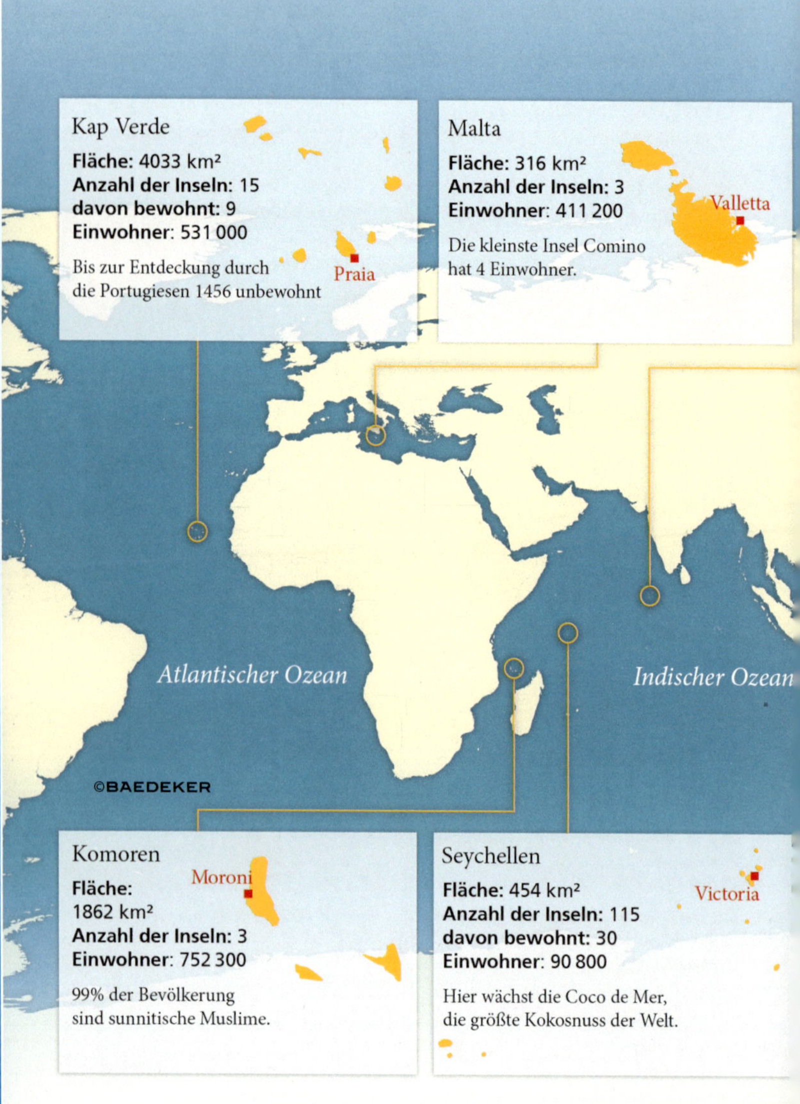

## Kap Verde

**Fläche:** 4033 km²
**Anzahl der Inseln:** 15
**davon bewohnt:** 9
**Einwohner:** 531 000

Bis zur Entdeckung durch die Portugiesen 1456 unbewohnt

Praia

## Malta

**Fläche:** 316 km²
**Anzahl der Inseln:** 3
**Einwohner:** 411 200

Valletta

Die kleinste Insel Comino hat 4 Einwohner.

Atlantischer Ozean

Indischer Ozean

©BAEDEKER

## Komoren

**Fläche:** 1862 km²
**Anzahl der Inseln:** 3
**Einwohner:** 752 300

Moroni

99% der Bevölkerung sind sunnitische Muslime.

## Seychellen

**Fläche:** 454 km²
**Anzahl der Inseln:** 115
**davon bewohnt:** 30
**Einwohner:** 90 800

Victoria

Hier wächst die Coco de Mer, die größte Kokosnuss der Welt.

## Malediven

**Fläche:**
298 km²
Inselfläche
**Anzahl der Inseln:**
26 Haupt-Atolle mit ca. 1190 Inseln
**Einwohner:**
394 000

87 Inseln werden ausschließlich touristisch genutzt.

Alle Einwohnerzahlen von 2013

Male

## Philippinen

**Fläche:**
299 764 km²
**Anzahl der Inseln:** 7107
**davon bewohnt:** 880
**Einwohner:**
105 720 600

82% der Bevölkerung sind katholisch.

Manila

## Indonesien

**Fläche:** 1 912 988 km²
**Anzahl der Inseln:** ca. 17 500
**davon bewohnt:** ca. 6000
**Einwohner:** 251 160 000

Größter muslimischer Staat der Erde

Jakarta

## Mikronesien

**Fläche:** 702 km²
**Anzahl der Inseln:** 332
**davon bewohnt:** 110
**Einwohner:** 106 100

Der gesamte Archipel umfasst 7 Mio. km².

Palikir

*Pazifischer Ozean*

## Bahamas

**Fläche:** 13939 km²
**Anzahl der Inseln:** 700 **davon bewohnt:** 30
**Einwohner:**
319 000

Kulisse für sechs James-Bond-Filme

Nassau

## Fidschi

**Fläche:** 18 367 km²
**Anzahl der Inseln:** 332 **davon bewohnt:** 110
**Einwohner:**
896 000

35% der Einwohner sind unter 25 Jahre alt.

Suva

## Tonga

**Fläche:** 13 939 km²
**Anzahl der Inseln:** 700
**davon bewohnt:** 30
**Einwohner:**
106 300

Erst 2008 gab der König seine absolute Macht auf.

Nuku´alofa

**Verwaltungs-gliederung**

Die 26 Atolle sind in 19 Verwaltungsbezirke gegliedert, die ebenfalls als Atolle bezeichnet werden. An deren Spitze steht ein vom Präsidenten ernannter Atollbeauftragter (Atoluveri). Jeder Einheimischeninsel steht der Bodu Kathib, etwa vergleichbar mit einem **Bürgermeister**, vor. Dieser schickt allabendlich einen Rapport über die Ereignisse auf der Insel an die Regierung nach Male', damit diese sich ein präzises Bild über die aktuelle Lage im Staat verschaffen kann. Der Stellvertreter des Bodu Kathib ist der Kuda Kathib. Beide werden von den jeweiligen Inselbewohnern der Zentralregierung vorgeschlagen, die diese dann offiziell ernennt. Außerdem gibt es auf jeder bewohnten Insel eine dritte Respektsperson: Der Mudimu hat die Aufsicht über die Inselmoschee.

## WIRTSCHAFT

**Reich und doch arm**

Die Malediven zählen zu den wirtschaftlich am wenigsten entwickelten Ländern der Welt. Trotzdem haben die Bewohner, zumindest statistisch betrachtet, eines der höchsten **Pro-Kopf-Einkommen** Südasiens. Dank des Tourismus lag dieses im Jahre 2012 bei 6675 US-$. Doch von den hohen Einnahmen im Tourismus profitiert vorrangig der Staat, der u. a. am Pachtzins für Touristeninseln sowie an Betten- und Flughafensteuer verdient. Lediglich ein paar wenige reiche Einheimischenfamilien sind Eigentümer von Touristeninseln.

Die Tatsache, dass alle Industrieerzeugnisse sowie nahezu alle Grundnahrungsmittel importiert werden müssen, führt zu einem hohen Handelsbilanzdefizit. Seit 1991 sind die Malediven nicht mehr in der Lage, die Ausgaben für den Warenimport durch Erlöse u. a. aus dem Tourismusgewerbe auszugleichen. Deshalb erhalten sie **Entwicklungshilfe**. Zu den größten Geberländern zählt Japan.

**Nur Nüsse und Fisch**

Die **Industrie** spielt auf den Malediven kaum eine Rolle. Lediglich auf einigen Inseln nördlich von Male' gibt es ein paar kleine Textilfabriken, die Unternehmen aus Singapur als »verlängerte Werkbank« dienen. Sie nutzen die geringen Löhne und Sozialabgaben, welche die unverhältnismäßig hohen Transportkosten der Halbfertigprodukte wieder wettmachen. Gering ist auch die Bedeutung der **Landwirtschaft**, auch wenn pro Jahr etwa **13 Millionen Kokosnüsse** geerntet werden und das Fruchtfleisch zu Kopra, einem wichtigen Grundstoff für die chemische und pharmazeutische Industrie, verarbeitet wird. Die sandigen und deshalb wenig fruchtbaren Böden auf den Inseln sind für den Anbau landwirtschaftlicher Produkte kaum geeignet. Nur auf einigen Inseln in den südlichen Atollen gibt es einen bescheidenen Anbau von Süßkartoffeln, Betelnüssen, Zwiebeln und Chili.

Bis heute ist für die einheimische Bevölkerung der **Fischfang** die wichtigste Einnahmequelle, etwa 20% der Malediver sind in diesem Wirtschaftsbereich beschäftigt. Trotzdem trägt er nur mit einem Achtel zum Bruttoinlandsprodukt bei. Gefangen werden fast 90% Thunfische, die in einer Fabrik im Baa-Atoll konserviert und in alle Welt exportiert werden. Da es auf den Malediven jedoch keine eigene Fischereiflotte gibt, hat die Regierung Fischereischiffen z. B. aus Frankreich, Spanien, Singapur, Japan und Thailand Fanglizenzen erteilt und erhält dafür eine Gebühr. Die Fische, die von den kleinen Dhonis oft nach mehrtägigen Ausfahrten spätnachmittags auf dem Fischmarkt von Male' angelandet werden, sind nahezu ausschließlich für den Eigenbedarf gedacht.

Seit der Ankunft der ersten europäischen Reisegruppe auf den **Tourismus** Malediven am 16. Februar 1972 entwickelte sich der Tourismussektor des Landes schnell. Heute stellen die Einkünfte aus dem Fremdenverkehr mit gut 30% den größten Teil des Bruttoinlandsprodukts dar. Er bietet etwa 22 000 Arbeitsplätze und ist damit der wichtigste Arbeitgeber der Inselrepublik.

Auffallend ist, dass nur rund 60% der auf den Touristeninseln arbeitenden Menschen Malediver sind. Die anderen, billigeren Arbeitskräfte kommen vor allem aus Sri Lanka, Bangladesch und Indien, was in der Vergangenheit für einige soziale Unruhen sorgte. Mittlerweile locken **etwa 110 Resorts** Touristen und damit Devisen ins Land. Weitere Touristeninseln befinden sich in Planung, auch wurden weiter entfernte Atolle erschlossen. Insgesamt gibt es der-

> **? BAEDEKER WISSEN**
>
> ### *Italiener waren die ersten*
>
> Als 1972 die ersten Touristen auf der notdürftig vorbereiteten Landebahn der Flughafeninsel Hulhule landeten, gab es auf der nahen Insel Vilingili nur eine Möglichkeit der Unterkunft. Diese Hotelanlage dient heute völlig anderen Zwecken, hier leben Malediver, die der Enge der Hauptstadt zu entfliehen suchen.

zeit rund 14 500 Betten. Bis zum Jahre 2020 sollen es fast doppelt so viele sein, bevorzugt werden nach dem Willen der Regierung die neuen Inseln als Luxusresorts der besten internationalen Kategorien eingerichtet. 71% aller Malediven-Besucher kommen aus europäischen Ländern, sie bleiben im Durchschnitt sieben Tage.

Interessant ist in diesem Zusammenhang auch, dass in jüngster Zeit vermehrt Einheimischeninseln freigegeben werden, um darauf weitere Unterkünfte – meist in Form von einfachen Gästehäusern – zu errichten. Mit dieser Maßnahme hob der frühere Ministerpräsident Nasheed ein lange Jahre gültiges Verbot auf.

# Früh entdeckt, spät erschlossen

**Wann besiedelten Menschen die Malediven und woher kamen sie? Sicher ist, dass die ersten Siedler Buddhisten waren und dass einige von ihnen ziemlich hart gelandet sind: Ihren Schiffen standen Korallenriffe im Weg …**

## VOM BUDDHISMUS ZUM ISLAM

| | |
|---|---|
| **2. Jh. n. Chr.** | Vermutlich erste schriftliche Erwähnung |
| **1153** | Mohammed Ibn Abdullah wird erster Sultan. |
| **1343 / 1344** | Ibn Battuta lebt auf den Malediven. |
| **1517** | Portugiesische Handelsstation auf Male' |

Die Frühgeschichte der Malediven liegt weitgehend im Dunkeln. Es ist bis heute nicht mit absoluter Gewissheit geklärt, wann die Inseln erstmals besiedelt wurden. Als relativ gesichert gilt, dass im 5. oder 4. Jh. v. Chr. **singhalesische Buddhisten** auf den Inseln lebten. Der griechische Astronom und Naturforscher **Claudius Ptolemäus** (um 100 – 160 n. Chr.) erwähnt in seiner achtbändigen »Geographia« 1378 Inseln bei Sri Lanka. Dabei handelt es sich sehr wahrscheinlich um die Malediven.
Im 8. und 9. Jh. bereisen die **Phönizier** auch den Archipel. Auf ihren Entdeckungsfahrten um den indischen Subkontinent werden die vorgelagerten Malediven-Riffe für sie zu einem ernsten Hindernis.

**Erste Siedler**

Funde des Norwegers Thor Heyerdahl (▶Berühmte Persönlichkeiten) belegen, dass vermutlich bis zum 11. / 12. Jh. der Buddhismus die vorherrschende Religion auf den Malediven ist. Mit zunehmender Einflussnahme der Araber, die den **Ostasienhandel** dominieren, gewinnt jedoch der Islam an Bedeutung. Erster Sultan wird im Jahre 1153 Theemugey Maha Kalaminja, der sich Mohammed Ibn Abdullah nennt. 1343 läuft das Schiff des arabischen Weltreisenden **Ibn Battuta** (▶Berühmte Persönlichkeiten) auf ein Riff. Battuta bleibt für zwei Jahre auf den Malediven. In seinen Aufzeichnungen finden sich die ersten Beschreibungen vom Leben auf dem Archipel.

**Die Araber kommen**

Vielleicht ist **Vasco da Gama**, der 1498 den Seeweg nach Indien findet, der erste Portugiese, der die maledivischen Inseln betritt. Historisch belegt ist, dass die Portugiesen 1517 die Erlaubnis

**Interesse der Portugiesen**

**Kabinettssitzung unter Wasser: Der damalige Präsident Nasheed unterschreibt eine Resolution zur Reduzierung des $CO_2$-Ausstoßes.**

erhalten, in Male' eine Handelsstation einzurichten, die sich allerdings nur kurz halten kann. Erst als der nach Indien emigrierte **Sultan Hassan IX.** im Jahr 1552 zum katholischen Glauben konvertiert, halten die Portugiesen ihre Zeit für gekommen und unterstützen den emigrierten Sultan. Dieser beansprucht für sich den maledivischen Thron. Hassan IX. nimmt den christlichen Namen Don Manuel an und wird formell zum Regenten der Malediven erklärt. Er muss jedoch im indischen Exil bleiben, da den Portugiesen die militärischen Mittel fehlen, um den Inselstaat anzugreifen.

## EROBERUNG UND KOLONIALZEIT

| | |
|---|---|
| **1558** | Der Archipel wird portugiesische Kolonie. |
| **1573** | Vertreibung der Portugiesen |
| **1752** | Indische Kriegsschiffe zerstören Teile von Male' |
| **1886** | Die Briten annektieren die Malediven. |

**Portugiesische Besatzung** Auf ihrem Weg zur Weltmacht setzen sich die Portugiesen auch auf den Malediven fest. Kapitän **Andreas Andre** erklärt 1558 im Auftrag der Regierung in Lissabon den Archipel zur portugiesischen Kolonie. Andre lässt sich zum Sultan ernennen und versucht, den Maledivern das Christentum mit Gewalt aufzuzwingen. Alle Moscheen werden zerstört.

Die Episode der Gewaltherrschaft unter Andreas Andre, der sich als Sultan Andiri Andirin nennt, währt 15 Jahre und sechs Monate. Nach einem mehr als acht Jahre dauernden Guerillakrieg wird er von **Muhammad Thakurufaann** (▶Berühmte Persönlichkeiten) vertrieben. Der Tag der Befreiung (der Überlieferung zufolge der 3. November 1573) gilt heute noch als Nationalfeiertag. Thakurufaann wird zum Sultan gewählt, während seiner zwölfjährigen Amtszeit bemüht er sich um wirtschaftliche und kulturelle Reformen und organisiert ein eigenes Militär, um künftig die Okkupationsversuche fremder Mächte abwehren zu können.

**Indische Begehrlichkeiten** Während der Regentschaft von **Sultan Muhammad Imaduddin I.**, der im Jahre 1620 den Thron besteigt, unternehmen die Portugiesen einen erneuten erfolglosen Versuch, sich der Malediven zu bemächtigen. Auch der indische Rajah von Canannore hat ein Interesse daran, auf den Malediven einen vorgeschobenen Stützpunkt für seine Truppen zu etablieren. Sultan Muhammad Imaduddin I. kann jedoch durch geschickte Verhandlungen den Abzug der Okkupanten erwirken. Seine weitere Amtszeit ist von Frieden und blühender Wirtschaft gekennzeichnet, auch auf der kulturellen Seite tut sich etwas: In Male' wird im Gebäude der Alten Moschee eine erste öffentliche Schule eingerichtet.

Ohne jede Vorwarnung erscheinen 1752 erneut **indische Kriegs-schiffe** vor der Hauptstadt; Male' wird nach kurzem Gefecht eingenommen und teilweise zerstört. Die Zeit der Besatzung währt allerdings nur drei Monate und 20 Tage. Dann kommen die Franzosen zu Hilfe, sie vertreiben die Truppen des Rajahs und erhalten zum Dank dafür das Recht, auf Male' eine Garnison zu stationieren.

Was weder Portugiesen noch Inder erreichten, gelingt den Briten in der zweiten Hälfte des 19. Jh.s. Als die Kontrolle über den Indischen Ozean fast völlig in ihren Händen liegt, fehlt ihnen nur noch das »Königreich der Tausend Inseln«. Doch der amtierende Sultan Muhammad Mueenuddin II. kann das Gesicht wahren: Die Briten lassen sich 1886 auf ein **Agreement** ein, das ihnen lediglich die Rolle eines Beschützers einräumt. Außerdem erklären sich die Briten einverstanden, sich nicht in die inneren Angelegenheiten der Malediven einzumischen. Die Anwesenheit der Briten auf den Malediven sollte bis 1976 währen, als sie endgültig ihren militärischen Stützpunkt auf Gan im Addu-Atoll räumen.

*Unter britischer Herrschaft*

## DER WEG IN DIE UNABHÄNGIGKEIT

| | |
|---|---|
| **1932** | Wechsel vom Sultanat zur Wahlmonarchie |
| **1953** | Sturz Amin Didis und Wiedereinführung des Sultanats |
| **1965** | Erklärung zur unabhängigen Republik |
| **1978** | Maumoon Abdul Gayoom wird zum Präsidenten gewählt. |

Unter der Regentschaft von Sultan Shamsuddin III. wird 1932 eine Verfassung erlassen, die aus dem Sultanat eine konstitutionelle **Monarchie** macht.

*Sultanat oder Monarchie?*

Nach achtjähriger Amtszeit entschließt sich Sultan Hassan Noor-Al Deen II. im Juni 1943 zur Abdankung. Für die folgenden Jahre bis 1953 nimmt ein Regentschaftsrat die Staatsgeschäfte wahr. Am 1. Januar 1953 verkündet **Amin Didi** (▶Berühmte Persönlichkeiten) die **erste Republik** der Malediven und lässt sich zum Präsidenten wählen. Zuvor schon hatte er als Inhaber verschiedener Ämter die Grundlagen für eine wirksame medizinische Versorgung gelegt sowie das Schulsystem ausgebaut. Amin Didi macht sich allerdings auch Feinde, als er die Reformen gegen den Widerstand konservativer Kräfte durchführt. Als er von einem Krankenhausaufenthalt in Colombo auf Sri Lanka zurückkommt, enthebt man ihn des Amtes und verbannt ihn auf die Insel Dunido. Am 21. August 1953 wird das Sultanat wieder eingeführt, neuer Regent wird Muhammad Farid. Der Versuch Präsident Amin Didis, sich am 31. Dezember in einer Rede an das Volk dagegen zu wehren, endet mit einem **Aufstand der Bevölke-**

**rung** von Male' gegen ihn. Er wird durch einen Schuss verwundet und stirbt wenige Tage später auf Kurumba, wo er auch begraben ist.

**Abspaltungs-** Im Jahre 1959 kommt es zum Versuch einiger Separatisten, die
**bestrebungen** beiden südlich der Hauptstadt gelegenen Atolle zu einer eigenständigen Republik mit dem Namen **»United Suvadavian«** auszurufen. Dieses Vorhaben wird jedoch durch die Regierung mit Waffengewalt niedergeschlagen. Dem Anführer Afif Didi, dem die auf der Insel Gan stationierten britischen Truppen ihre Hilfe versagen, gelingt die Flucht auf die Seychellen, wo er um politisches Asyl nachsucht.

**Schwerer** Als eines seiner letzten Protektorate entlässt Großbritannien die
**Weg zur** Malediven in die **Unabhängigkeit.** Am 26. Juli 1965 erklärt die
**Autonomie** Regierung in Male' die Selbstständigkeit der Republik und ersucht um Aufnahme in die Vereinten Nationen (UN).
**Ibrahim Nasir**, der sich schon bei der Niederschlagung des Separatistenaufstandes im Süden der Malediven als taktisch klug operierender Politiker hervortat, stürzt am 11. November 1968 Sultan Mohammed Farid I., proklamiert die zweite Republik der Malediven, erlässt eine neue Verfassung und lässt sich zum Präsidenten wählen. Während seiner Amtszeit gelingt es ihm vor allem, die touristische Infrastruktur zu begründen.
Nachdem sich herausgestellt hatte, dass Präsident Ibrahim Nasir über Jahre hinweg öffentliche Gelder veruntreut hatte, flieht er nach Singapur, freilich nicht ohne ein letztes Mal tief in die Regierungskasse gegriffen zu haben. Mit großer Mehrheit wird daraufhin **Maumoon Abdul Gayoom** (▶Berühmte Persönlichkeiten) 1978 zu seinem Nachfolger gewählt.

## TOURISMUS UND TUMULTE

| | |
|---|---|
| **1980** | Erster Putschversuch |
| **1981** | Flughafenausbau |
| **1988** | Zweiter Putschversuch |
| **2012** | Präsident Nasheed wird aus dem Amt geputscht. |
| **2004** | Ein Tsunami überspült Teile der Inselwelt. |
| **2008** | Mohamed (Anni) Nasheed wird Präsident. |

**Erster** Ausländische Söldner planen 1980, vermutlich im Auftrag von
**Putsch-** Ibrahim Nasir, einen Putsch, können jedoch bereits bei der Einreise
**versuch** auf die Malediven außer Gefecht gesetzt werden.

**Flughafen** Mit der Verlängerung der Startbahn kann der Flughafen auf der un-
**für Jumbos** weit von Male' gelegenen Insel Hulhule auch von Großraumflug-

zeugen angesteuert werden. Einem weiteren Ausbau der Malediven zur Touristendestination steht jetzt nur noch die restriktive Politik der Regierung entgegen. Die Zahl der Resorts steigt in den folgenden Jahren; in einem touristischen Masterplan wird die Erschließung weiterer Inseln auch in weiter entfernten Atollen beschlossen.

1988 scheitert auch ein zweiter Putschversuch, hinter dem man wieder Ibrahim Nasir sowie einflussreiche Geschäftsleute als Drahtzieher vermutet. Auf Ersuchen der maledivischen Regierung greifen **indische Elitetruppen** ein, landen auf Male' und schlagen die Putschisten in die Flucht.

**Erneuter Putsch**

Etwa 3 km nordöstlich der Hauptstadtinsel Male' begann 1997 die Aufschüttung einer neuen, 188 Hektar großen Insel, die den Namen Hulhumale' erhielt. Auf ihr sollen bis zum Jahre 2020 bis zu 53 000 Menschen ein neues Zuhause finden, die der drangvollen Enge auf Male' entfliehen wollen. Außerdem sind Flächen für Wohnungen, Geschäfte, Schulen, Industrie sowie ein Krankenhaus vorgesehen. Geplant ist auch die Schaffung von Grünflächen, eine 140 000 m² große Marina sowie der Bau eines Einkaufszentrums. Eine der beiden Moscheen, die auf der Insel vorgesehen sind, wurde bereits vollendet, in ihr finden bis zu 1500 Gläubige Platz. Zwischen Male' und Hulhumale' wird ein 1,3 km langer Damm aufgeschüttet, der beide Inseln verbindet.

**Eine neue Insel entsteht**

Am 12. August 2004 versammeln sich ca. **5000 Demonstranten** vor dem Polizeihauptquartier in Male'. Sie fordern die Freilassung von Hunderten politischen Gefangenen. Diese waren verhaftet worden, weil sie das Recht der freien Meinungsäußerung für sich in Anspruch nahmen. Die Demonstration wird am zweiten Tag durch Polizisten zerschlagen. Präsident Gayoom erklärt den **Ausnahmezustand** und lässt sämtliche Internetverbindungen kappen. Die Oppositionspartei MDP, die von Sri Lanka aus agiert, fordert aufgrund dieser Ereignisse Touristen auf, vorläufig nicht auf die Malediven zu reisen. Ein solcher **Boykott** würde die Wirtschaft hart treffen. Die MDP findet auch im Europäischen Parlament Unterstützung für ihre Forderungen.

**Kampf um Meinungsfreiheit**

Als verheerend auch für die Malediven erweist sich im Frühjahr 1998 das Klimaphänomen **El Niño**. Die plötzliche starke Erwärmung der Flachwassergebiete vor den Malediven führt zum teilweisen Ausbleichen der Korallenriffe (▶Baedeker Wissen, S. 28).
Drei Stunden nach einem Seebeben vor der indonesischen Küste am 26. Dezember 2004 erreicht der **Tsunami** auch die Malediven. Im Gegensatz zu anderen betroffenen Ländern wie z. B. Sri Lanka gibt es jedoch keine meterhohen Wellen, sondern »nur« einen mit bloßem Auge zu beobachtenden schnellen Anstieg des Meeresspiegels. Zuvor

**Gefahr durch die Natur**

war das Meer, so berichten Beobachter, plötzlich zurückgewichen und hatte große Teile der normalerweise unter Wasser liegenden Riffe ans Tageslicht gebracht. Der Tsunami richtet trotzdem auf zahlreichen Inseln erhebliche Verwüstungen an. Die Naturkatastrophe fordert nach offiziellen Angaben 108 Menschenleben. Rund 12 000 Personen verlieren ihr Obdach. 21 Touristenresorts müssen vorübergehend geschlossen werden.

**Expansionspläne** Im Dezember 2005 beschließt die Regierung, in den kommenden fünf Jahren 35 weitere Inseln zu Touristenresorts ausbauen zu lassen. Die 25 Jahre dauernden Pachtverträge werden im Bieterverfahren vergeben. Bevorzugt werden Investoren für kleine, luxuriöse Resorts. Weitere abgelegenere Atolle werden für den Tourismus erschlossen. Konkret handelt es sich um folgende Resorts: Alidhoo und Hoodafushi (Haa-Alifu-Atoll), Dholhiyadoo (Shaviyani-Atoll), Maavelavaru und Randheli (Noonu-Atoll), Kalhufahalafushi (Thaa-Atoll), Olhuveli (Laamu-Atoll), Funamadhua und Hadahaa (Gaafu Alifu-Atoll), Konotta und Lonudhuahutta (Gaafu Dhaal-Atoll) sowie Foamullah (Gnaviyani-Atoll). Auf Villingili im Addu-Atoll entsteht ein neues Shangri-la-Resort.

**Präsidentschaftswahl 2008** In der Wahl am 8. November 2008 treten gleich mehrere Parteien gegen die Partei des amtierenden Präsidenten Abdul Gayoom an. Nach dem ersten Wahlgang liegt dieser knapp in Führung. In der Stichwahl am 28. November obsiegt jedoch der Parlamentsabgeordnete und ehemalige politische Häftling **Mohamed (Anni) Nasheed**. Der neue Präsident und Mitbegründer der Maldivian Democratic Party kündigt eine weitere Öffnung seines Landes für Investitionen an.

**Kabinettssitzung unter Wasser** Um gegen den fortschreitenden Klimawandel zu demonstrieren und auf die besonders gefährliche Situation für die Malediven aufmerksam zu machen, bittet Präsident Nasheed im Oktober 2009 sein Kabinett zu einer spektakulären Aktion: Er und seine Minister tauchen rund 20 Bootsminuten von Male' entfernt ab, während der weltweit sicher einzigartigen, knapp halbstündigen Kabinettssitzung wird eine Resolution verabschiedet, die eine **Reduzierung des CO$_2$-Ausstoßes** und einen maximalen Temperaturanstieg der Erdatmosphäre von 1,5 °C verlangt.

**Innenpolitische Spannungen** Im Juni und Juli 2010 kommt es zu innenpolitischen Spannungen als Teile des Parlaments gegen den ihrer Ansicht nach zu großen Einfluss von Politikern mit eigenen wirtschaftlichen Interessen auf die Machtverhältnisse auf den Malediven protestieren. Auf Male' gibt es **größere Demonstrationen**, einige Anführer werden verhaftet. Nach der Festnahme des Vorsitzenden Richters des Strafgerichtshofs, Abdulla Mohamed, kommt es 2012 erneut zu Protesten. Mohamed wird u. a. die Bevorzugung von Oppositionsvertretern vorgeworfen, nachdem er angeordnet hatte, einen Regierungskritiker freizulassen. Der Oberste Gerichtshof fordert, ihn aus der Haft zu entlassen.

Im Jahre 2011 zerstörten religiöse Fanatiker ein Monument mit einem eingravierten Bild von Buddha und ein Jahr darauf etwa drei Dutzend unersetzliche buddhistische und hinduistische Artefakte im Nationalmuseum der Malediven in Malé. Das älteste stammte aus dem 6. Jh. vor Christus. Ali Waheed, Direktor des Nationalmuseums, zeigte sich erschüttert und erklärte, dass so die Sammlung gänzlich zerschlagen und die gesamte vorislamische Geschichte vernichtet worden sei. Unter den zerstörten Werken waren einzigartige Skulpturen, Statuen und eine künstlerisch einzigartige Abbildung des hinduistischen Wassergotts Makara. Zwei Statuen mit fünf Gesichtern wurden ebenfalls schwer beschädigt. Diese waren die einzigen verbliebenen archäologischen Beweise einer buddhistischen Ära auf den Malediven.

**Anschlag auf wertvolle Artefakte**

Nur eine Episode blieb die von der Regierung Nasheed angeordnete Schließung von Wellness-Centern in den Luxusresorts. Dies sei eine Reaktion auf Proteste gegen antiislamische Aktivitäten im Land, an der sich Tausende Malediver beteiligten und die von der Opposition initiiert wurden. Diese warf Nasheed vor, die Prinzipien des Islams zu untergraben. Die Wellness-Center blieben jedoch – wenn überhaupt – nur wenige Tage geschlossen, dann überwogen die wirtschaftlichen Interessen der Hotelinselbetreiber.

**Wellness kontra Islam**

Am 6. Februar 2012 kommt es zu einem Putschversuch gegen den Präsidenten. Demonstranten, aber auch meuternde Polizisten besetzen den staatlichen Rundfunk, Nasheed gibt darauf in einer Fernsehansprache seinen Rücktritt bekannt und wird unter Hausarrest gestellt. Ob die Demission freiwillig geschieht, bleibt ein Rätsel; Insider munkeln, er sei dazu gezwungen worden. Sein Stellvertreter Mohammed Waheed Hassan übernimmt die Amtsgeschäfte und kündigt für den September 2013 Präsidentschaftswahlen an. Nasheed erklärt seinerseits, er werde erneut kandidieren und gewinnt auch den ersten Wahlgang. Allerdings scheitert er an der notwendigen Mehrheit, worauf ein zweiter Wahlgang angesetzt wird. Dieser wird jedoch kurzfristig zunächst auf unbestimmte Zeit verschoben, die Wahllokale bleiben geschlossen und werden von der Polizei bewacht. Erst der Wahlgang am 16. November bringt eine Entscheidung, doch statt wie erwartet Nasheed gewinnt überraschend Abdullah Yameen, Halbbruder des langjährigen Autokraten Gayoom, die Wahl mit knapper Mehrheit.

**Erfolgreicher Putsch**

## IBN BATTUTA (1304 – 1368?)

Wenn die Bezeichnung Weltenbummler auf einen Mann des 14. Jh.s **Arabischer** zutrifft, dann auf den islamischen Rechtsgelehrten Ibn Battuta. Nicht **Weltreisender** zuletzt seiner Reiselust ist es zu verdanken, dass es über die islamische Welt und deren angrenzende Regionen einigermaßen verlässliche schriftliche und bildliche Überlieferungen gibt.

Ibn Battuta wurde im Jahre 1304 in Tanger (Marokko) als Sohn einer adligen Familie geboren. Nach einer juristischen Ausbildung an einer der renommiertesten Hochschulen der islamischen Welt verließ er im Alter von nur 21 Jahren seine Heimatstadt, um seine erste Pilgerfahrt nach Mekka zu unternehmen. Schon bald verzichtete er auf den Schutz der Karawanen und verließ die ausgetretenen Pilgerpfade, um sich allein auf gefährlicheren Routen zu bewegen. Im Spätherbst 1327 erreichte er Mekka, wo er sich etwa ein Jahr lang aufhielt.

Auf diese Reise folgten viele weitere. Diese führten ihn auch auf die Malediven, die er in seinen Berichten Dihabat al Mahal nannte. Hier soll er ein Jahr lang im Auftrag des Sultans als Richter amtiert haben. Ganz freiwillig war es zu diesem Aufenthalt wohl nicht gekommen, denn die Expedition, mit der Ibn Batutta unterwegs war, hatte vor der südindischen Küste Schiffbruch erlitten. Die Reiseberichte von Ibn Batutta geben einen Einblick in das Leben zur damaligen Zeit. Er verfasste sie gemeinsam mit dem Gelehrten Ibn Juzayy in der Form einer Rihla. Sie widmete sich vordergründig religiösen Themen, doch flossen immer wieder Reiseerlebnisse und Schilderungen von fernen Ländern ein.

Battutas Todestag ist nicht genau überliefert. Man vermutet, dass er im Alter von etwa 65 Jahren in seiner Heimatstadt Tanger starb.

## JACQUES COUSTEAU (1910 – 1997)

Seine größte Leidenschaft waren die Meere dieser Erde. Wenn seine **Meeres-** faszinierenden Reportagen aus der Über- und der Unterwasserwelt **forscher** im Fernsehen liefen, zogen diese einst ein Millionenpublikum in ihren Bann. Als Wissenschaftler war er weit über sein Geburtsland Frankreich hinaus beliebt, denn er verstand es, selbst komplizierte Themen auch Laien nahezubringen. Seine zahlreichen Expeditionen waren unter dem Titel »Geheimnisse des Meeres« über 13 Jahre hinweg auch im deutschen Fernsehen zu sehen.

Jacques Cousteau wurde am 11. Juni 1910 in Saint-André-de-Cubzax unweit von Bordeaux geboren. Schon im Alter von zehn Jahren unternahm er seine ersten Tauchversuche. Später ließ er sich bei der

Cousteau brachte Millionen Fernsehzuschauern die Unterwasserwelt nahe. Das Bild zeigt ihn im Jahr 1974.

Marine zum Ingenieur ausbilden. Der Berufswunsch Pilot ließ sich jedoch nicht verwirklichen, da er im Alter von 26 Jahren bei einem Autounfall schwer verletzt wurde.

Fortan waren die Meere sein Refugium. Cousteau entwickelte ein Presslufttauchgerät, mit dem der Mensch länger unter Wasser bleiben konnte als je zuvor. 1947 stellte er einen Weltrekord im Freitauchen auf, indem er bis auf eine Tiefe von 91,5 m hinabsank. Das war aber nur der Startschuss für seine Karriere, während der er sich im Wettstreit mit dem Österreicher ►Hans Hass befand. Mit der finanziellen Unterstützung durch eine irische Brauerei baute der erklärte Antialkoholiker Cousteau ein altes englisches Minenräumboot zu einem Forschungsschiff um, das er »Calypso« nannte. Mit diesem Schiff unternahm er eine Vielzahl von Expeditionen in alle Weltmeere. Diese führten ihn auch zu den Malediven. Und vielleicht waren es gerade seine Bilder, die fortan eine Vielzahl von Touristen auf die Inseln vor dem indischen Subkontinent lockten.

Aufsehen erregte Cousteau noch einmal zwei Jahre vor seinem Tod, als er 1995 die französischen Atomwaffenversuche im Südpazifik kritisierte und dabei keine Rücksicht auf seine persönliche Freundschaft mit dem französischen Staatspräsidenten Jacques Chirac nahm.

## MUHAMMAD AMIN DIDI (1892 – 1954)

**Politiker** Muhammad Amin Didi (eigentlich Muhammad Didi) zählt zu den schillerndsten Persönlichkeiten der maledivischen Geschichte. Auch heute noch genießt er bei einem Teil der Bevölkerung hohes Ansehen. Didi war der erste demokratische Präsident der Inselrepublik. Das politische Handwerk hatte er zuvor unter Sultan Abdul Madschid erlernt. In seine Regierungszeit fielen entscheidende Reformen und soziale Verbesserungen. Er begründete ein Gesundheitswesen, das im Vergleich zu anderen asiatischen Ländern vorbildlich ist. Besonders engagierte er sich für die Bekämpfung der Malaria. Außerdem richtete er auf zahlreichen Einheimischeninseln Schulen ein.

Weniger Beifall brachte ihm die Wiedereinführung der Scharia ein. In dem islamischen Gesetzbuch sind auch Körperstrafen, z. B. die Amputation einer Hand bei Diebstahl, vorgeschrieben. Als er den Maledivern aber auch noch das Rauchen verbieten wollte, fiel es seinen Gegnern leicht, die Öffentlichkeit gegen ihn zu mobilisieren. Sie nutzten im August 1954 eine Auslandsreise Didis für einen Aufstand. Nach seiner Rückkehr versuchte Didi die Gemüter in einer öffentlichen Volksansprache in Male' zu beruhigen. Dabei wurde er von einem Attentäter angeschossen und schwer verletzt. Seine Getreuen brachten ihn auf die heutige Touristeninsel Kurumba, wo er wenige Tage später den Folgen des Attentats erlag. Auf seinen Wunsch hin wurde er auf Kurumba beigesetzt.

## IRENÄUS EIBL-EIBESFELDT (GEB. 1928)

Der Verhaltensforscher Irenäus Eibl-Eibesfeldt wurde am 15. Juni 1928 in Wien geboren. Zwischen 1945 und 1949 studierte er Zoologie und Botanik an der Universität Wien. Danach legte er die Lehramtsprüfung für Naturgeschichte und Physik ab und promovierte zum Dr. phil. Anschließend ging er nach Altenberg in Niederösterreich zum privaten Institut für Verhaltensforschung von Konrad Lorenz. Mit diesem wechselte Eibesfeldt 1951 zur entstehenden Forschungsstelle für Vergleichende Verhaltensforschung am damaligen Max-Planck-Institut für Meeresbiologie in Buldern (Westfalen). Ab 1956 war er im Max-Planck-Institut für Verhaltensphysiologie in dem bayrischen Ort Seewiesen tätig, und ab 1963 lehrte er als Privatdozent an der Ludwig-Maximilians-Universität München. 1969 wurde er dort zum außerplanmäßigen Professor für Zoologie ernannt und 1996 schließlich emeritiert.

Auf zwei Reisen begleitete er den Zoologen und Meeresforscher Hans Hass 1957 auf dem Forschungsschiff Xarifa u. a. zu den Malediven, wo er wichtige Einsichten in die Entstehung und Funktion von Signalen im Dienste der inner- und zwischenartlichen Kommunikation gewann. Mit diesen Erkenntnissen machte er sich einen ausgezeichneten Ruf als Verhaltensforscher, der sich nicht zuletzt in zahlreichen Ehrungen erschöpfte. Eibl-Eibesfeldt, der selbst in vielen Riffgebieten tauchte, ist Verfasser mehrerer Bücher, u. a. jenes mit dem Titel »Die Malediven – Paradies im Indischen Ozean«, das heute noch als Standardwerk der Meeresbiologie gilt.

*Verhaltens-forscher*

## HANS HEINRICH ROMULUS HASS (1919 – 2013)

Taucher bis ins hohe Alter: Hans Hass

»Dem Menschen ist auch ein Jagdtrieb angeboren …« Dieses Zitat des Zoologen, Meeres- und Verhaltensforschers Hans Hass könnte auf ihn selbst gemünzt sein. Wie kaum ein anderer zuvor hatte er den Drang, die Geheimnisse der Meeresbewohner zu erforschen. Hans Hass wurde am 23. Januar 1919 in Wien geboren. Während einer Abiturreise an die französische Mittelmeerküste beschaffte er sich eine wasserdichte Brille und unternahm die ersten Tauchversuche. Noch im selben Jahr konstruierte er eine wasser-

*Zoologe und Meeres-forscher*

dichte Hülle für eine Kleinbildkamera und einen Taucherhelm. »Fischjagd im Meer« hieß sein erster Artikel in einer Zeitschrift für Angelsport. 1939 schließlich erwachte sein Interesse für die Korallenriffe der Tropen, er begegnete Haien und Barrakudas und erforschte deren Verhalten gegenüber dem Menschen. Die Fotoaufnahmen von seinen Tauchgängen gingen ebenso um die Welt wie sein erster Film (»Pirsch unter Wasser«) über die Korallenriffe der Karibik. 1941 wirkte er maßgeblich an der Entwicklung eines Sauerstoff-Kreislaufgerätes mit, das längere Aufenthalte unter Wasser ermöglicht. 1947 wurde sein viel beachteter Film »Menschen unter Haien« uraufgeführt, auf den dabei gewonnenen Erkenntnissen beruht auch sein populärstes Buch »Menschen und Haie«. 1948 entwickelte er die »Hans-Hass-Flosse«, den Vorläufer der heutigen Schwimmflossen. Weitere maßgebliche Erfindungen, die heute noch im Tauchsport verwendet werden, folgten ebenso wie Expeditionen in die verschiedensten Regionen der Erde. 1957 gelangte er mit dem Forschungsschiff »Xarifa« erstmals zu den Malediven. Seine Erlebnisse hielt er in dem Buch »Expedition ins Unbekannte« fest.

Später interessierte er sich nicht nur für das Verhalten der Tiere, sondern auch für das der Menschen. Hier arbeitete er eng mit dem Verhaltensforscher Irenäus Eibl-Eibesfeldt zusammen. Ihre gemeinsamen Filme fanden und finden große Beachtung. 1973 betonte er in einem Film die Notwendigkeit eines Verbotes der Unterwasserjagd. In einem Buch versuchte er, Sporttaucher für eine biologische Denkweise und die Probleme des Meeresschutzes zu sensibilisieren. 1977 wurde Hass Professor an der Universität Wien.

2005 erschienen seine Memoiren unter dem Titel »Erinnerungen und Abenteuer«. Und auch seine Leidenschaft zum Tauchen ließ ihn sogar im hohen Alter nicht los. So tauchte er im Januar 2005 im Alter von 86 Jahren(!) vor den Malediven, um die Auswirkungen der Tsunami-Katastrophe zu untersuchen.

## THOR HEYERDAHL (1914 – 2002)

**Zoologe und Ethnologe**

Thor Heyerdahl wurde am 6. Oktober 1914 in der norwegischen Hafenstadt Larvik geboren und studierte in Oslo Zoologie und Geografie. Sein ausgeprägter Forschergeist ließ ihn schon bald danach erste Erkundungsreisen unternehmen. Weltweite Aufmerksamkeit wurde ihm zuteil, als er 1947 mit dem Balsafloß »Kon-Tiki« mehrere Ozeanüberquerungen wagte, bei denen er sich von den Wind- und Meeresströmungen führen ließ. 1970 bezwang Heyerdahl auf dem 14 m langen Papyrusboot »Ra II« den Atlantik und bewies, dass Ozeanüberquerungen mit einfachen Schilfbooten möglich sind. Für Heyerdahl ist es eine Tatsache, dass es lange vor Kolumbus Kontakte zwischen Alter und Neuer Welt gab.

Thor Heyerdahl war vielleicht der letzte echte Abenteurer.

Im Jahre 1983 führte ihn eine Reise auf die Malediven, wo er eine überraschende Entdeckung machte: Auf der Insel Nilandu fand er bei zunächst eher zufälligen Ausgrabungen den steinernen Kopf eines überdimensionalen Buddha und weitere Reste, die auf eine buddhistische Tempelanlage aus dem 5. Jh. n. Chr. hinwiesen. Als ihr Erbauer sah Heyerdahl möglicherweise Menschen, die sich, schriftlichen Überlieferungen zufolge, aus Sri Lanka auf den Weg machten, die Korallenriffe vor der Küste Indiens zu erforschen und dabei den buddhistischen Glauben mitbrachten. Teile seiner Funde sind heute im Nationalmuseum von ▶Male' ausgestellt, andere befinden sich in norwegischen Museen. Heyerdahl forschte bis ins hohe Alter. Zuletzt machte er von sich Reden, als er auf der Kanareninsel Teneriffa eine Kultstätte aus vorspanischer Zeit zu entdecken glaubte: die Pyramiden von Güimar sind für den Forscher das Bindeglied zwischen den Pyramidenbauten von Ägypten und Südamerika – ein weiterer Nachweis also für transozeanische Kontakte lange vor Kolumbus.

## ISKANDER I. (1623 – 1687)

Sultan Iskander I. wird von der maledivischen Bevölkerung auch heute noch hoch verehrt. Während seines Sultanats kam es zu zahlreichen Reformen. Er führte ein erstes Bildungssystem ein und ersetzte das bis dahin gebräuchliche Zahlungsmittel, die Kauri-Muschel (▶Baedeker Wissen, S. 145), durch in Kupfer geschlagene Geldstücke. Auch galt er als großer Förderer der islamischen Staatsreligion. Auf ihn geht auch die grundlegende Renovierung der Hukuru Miski, der alten Freitagsmoschee auf Male', zurück.

Sultan

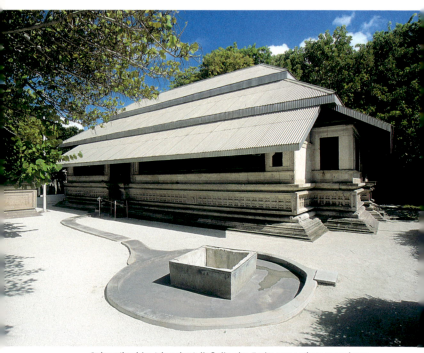

Sultan Ibrahim Iskander I. ließ die alte Freitagsmoschee renovieren.

Iskander I. starb, der Legende zufolge, keines natürlichen Todes. Er wurde im Jahre 1687 von seiner schönsten Sklavin mit Namen Mariyam vergiftet. Diese riss nach seinem Tode die Macht an sich und übte sie im Namen ihres Sohnes, einem Kind aus ihrer Beziehung mit Iskander, aus. Ihr Ende soll Mariyam so gefunden haben, wie sie lebte: Zu Ausschweifungen neigend, habe sie nach einer durchzechten Nacht eine Parade von Schiffen und Booten abgenommen, wobei beim Salut ein Funke in die königliche Barke gesprungen sein soll. Die Suche nach ihren sterblichen Überresten blieb erfolglos.

### MOHAMED NASHEED (GEB. 1967)

**Oppositions-politiker und Staats-präsident** Der sunnitische Muslim Mohamed Nasheed, genannt Anni, wurde am 17. Mai 1967 geboren und war von 2008 bis 2012 Staatspräsident der Malediven. Zunächst arbeitete er als Journalist, später dann absolvierte er ein Studium der Ozeanografie und folgte sodann Maumoon Abdul Gayoom nach, der das Land zuvor dreißig Jahre lang regierte. Nasheed ist Mitbegründer der Demokratischen Partei der Malediven, die 2005 erstmals als Opposition zugelassen wurde. Wie andere Oppositionspolitiker auch wurde Nasheed jedoch in seiner politischen Arbeit behindert und mehrfach verhaftet, so z. B. 2001 ohne die Gründe näher zu benennen. Amnesty International vermutete jedoch, dass die Festsetzungen Nasheeds politisch motiviert waren. Bereits 1996 wurde er als gewaltloser politischer Gefangener von der Menschenrechtsorganisation betreut. Später wurde er wegen seiner Betätigung als freier Journalist zu zwei Jahren Haft verurteilt. Im ersten Wahlgang erreichte Nasheed gegen Präsident Maumoon Abdul Gayoom als bestes Ergebnis von fünf Gegenkandidaten knapp ein Viertel der Stimmen. Gayoom erhielt nur 41 Prozent und verpasste damit die absolute Mehrheit. Im zweiten Wahlgang konnte sich Mohamed Nasheed bei einer Wahlbeteiligung von etwa 75 Prozent als einziger verbliebener Gegenkandidat mit 54 Prozent durchsetzen.

In seinem Wahlkampf versprach Nasheed die Bekämpfung der Korruption, eine Privatisierung staatlicher Handelsunternehmen und eine Verbesserung des Gesundheitssystems. Außerdem versprach er, den Präsidentenpalast in der Hauptstadt Male' in die erste Universität des Landes umzuwandeln. Nasheed hatte mit teils falschen Behauptungen zu kämpfen: Präsident Gayoom unterstellte ihm zum Beispiel, Muslime zum Christentum bekehren zu wollen. Im Gegenzug bezeichnete Nasheed den Präsidenten als Diktator, was bis dahin noch niemand öffentlich und schon gar nicht ungestraft tat. Nach der Wahl kündigte Nasheed an, dass er das Land ohne Beschränkung öffnen wolle. Er meinte damit Inseln, die von der einheimischen Bevölkerung bewohnt, aber für Touristen nicht zugänglich sind. Außerdem wolle er das Land stärker für ausländische Investitionen öffnen.

In medienwirksamen Aktionen versucht Präsident Nasheed, die Weltöffentlichkeit auf den drohenden Untergang seines Landes im Zuge der globalen Erwärmung aufmerksam zu machen. So initiierte er eine halbstündige Unterwassersitzung des maledivischen Kabinetts. Am 6. Februar 2012 kam es gegen ihn zu einem Putschversuch. Demonstranten und meuternde Polizisten hatten den staatlichen Rundfunk übernommen. Obwohl Nasheed tags darauf zurücktrat, um den Konflikt zu beenden, eskalierten die Spannungen, nachdem einen Monat zuvor Abdulla Mohamed, Richter am Staatsgerichtshof, festgenommen wurde. Dieser hatte angeordnet, einen Regierungskritiker freizulassen. Nasheed weigerte sich, vor Gericht zu erscheinen, worauf er am 8. Oktober 2012 unter dem Vorwurf des Machtmissbrauchs festgenommen wurde. Seither stand er unter einer Art Hausarrest, kündigte jedoch an, bei den für Oktober 2013 terminierten Neuwahlen erneut antreten zu wollen. Nasheed gewann den ersten Wahlgang, allerdings nicht mit der erforderlichen Mehrheit. Im zweiten unterlag er nur knapp seinem Kontrahenten Abdullah Yameen.

## MUHAMMAD THAKURUFAANU (1532 – 1585)

*Sultan und Nationalheld*

Muhammad Thakurufaanu gilt bis heute als Nationalheld auf den Malediven, weil es ihm 1573 gelang, die portugiesischen Besatzer zu vertreiben. Er wurde im Jahre 1532 als einer von drei Söhnen einer Fischerfamilie auf der Insel Utheemu im Haa-Alif-Atoll geboren. Thakurufaanu griff mit seinen Gefolgsleuten 1565 zunächst den Stützpunkt der Portugiesen auf der Insel Gan an. Unterstützt wurden die Aufständischen von indischen Händlern, die ein großes Interesse daran hatten, die portugiesische Konkurrenz zu vertreiben. Zum entscheidenden Schlag gegen die Portugiesen kam es 1573. Thakurufaanu nutzte die Abwesenheit eines großen Teils des portugiesischen Militärs, um auch Male' zu erobern. Dass er sich dabei der Hilfe marodierender Piraten bediente, tat seiner Beliebtheit unter der Bevölkerung keinen Abbruch. Er wurde nach seinem grandiosen Sieg über die Besatzer zum Sultan ausgerufen, als solcher gelang es ihm immerhin, zwei weitere Versuche der Portugiesen, die Insel für sich zurückzuerobern, abzuwehren. Muhammad Thakurufaanu starb 1585, sein Grab befindet sich in der Bihouazu Kamanaa Miskiiy, einer kleinen Moschee in der Neelafaru Magu auf Male'. Sein Geburtshaus auf Utheemu wurde zu einer Gedenkstätte eingerichtet. Alljährlich kommen viele Pilger, um dem Nationalhelden zu huldigen.

## HERWARTH VOIGTMANN (GEB. 1927)

*Tauchlehrer und Unterwasser-fotograf*

Herwarth Voigtmann kehrte schon im Alter von 14 Jahren seiner Geburtsstadt Reutlingen den Rücken zu und führte ein interessantes Leben mit vielen verschiedenen Stationen. 1956 verschlug es ihn in die DDR, wo er an der Deutschen Hochschule für Körperkultur (DHfK) in Leipzig eine Ausbildung zum Sport- und Skilehrer absolvierte. Doch schon bald zog es Voigtmann ans Rote Meer und dort nach Hurghada, wo ihn die Welt unter Wasser faszinierte. Einige Jahre später landete er zum ersten Mal auf den Malediven und dort auf der Insel Bandos im Nord-Male'-Atoll. Es war die Zeit, als die ersten Italiener als Touristen in dieses Inselparadies kamen. Was ihn selbst schon nach den ersten Spaziergängen unter Wasser faszinierte, war die einzigartige Welt unter Wasser, in die er interessierte Taucher einführte. In zahlreichen Tauchgängen, bei denen er unter anderem von der Regisseurin und Fotografin Leni Riefenstahl (1902 – 2003), dem Tauchpionier Hans Hass (1919 – 2013) und dem Verhaltensforscher Irenäus Eibl-Eibesfeldt (geb. 1928) begleitet wurde, gelang es ihm, nahe der Touristeninsel Maayafushi im Ari-Atoll Haie anzufüttern, um ihr Verhalten zu studieren. Als das aber einige andere Tauchlehrer aus schierer Lust am Spektakel nachmachten, beendete er diese Experimente.

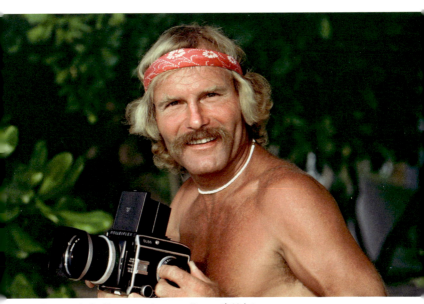

**Immer mit der Kamera unterwegs: Herwarth Voigtmann**

Voigtmann konzentrierte sich fortan auf die Unterwasserfotografie, heute umfasst sein Archiv mehr als 20 000 faszinierend schöne Bilder. Er endeckte einen bis dato unbekannten Riffhummer, der ihm zu Ehren Enoplometopus voigtmanni benannt wurde. Und die maledivischen Postbehörden würdigten seine Verdienste um die Unterwasserwelt, indem sie eine Briefmarke druckten, die ihn bei einer Begegnung mit einem Hai zeigt. Dennoch riskierte er ein Einreiseverbot auf die Malediven, nachdem 1989 in dem Männermagazin Playboy eine Fotostrecke von ihm mit recht spärlich bekleideten Mädchen unter Wasser vor Cocoa Island im Süd-Male'-Atoll veröffentlicht wurde. Heute lebt Herwarth Voigtmann wieder in Reutlingen.

# ERLEBEN UND GENIESSEN

Welches ist die richtige Insel für meinen Urlaub als Single oder mit Kindern? Was kann ich von der Speisekarte erwarten und welches sind die typischen Gerichte? Welche Souvenirs darf ich auf keinen Fall erstehen? Und welchen Fisch nicht essen?

# Essen und Trinken

# Frischer Fisch auf dem Tisch

»Mas« heißt in der Sprache der Malediver »Fisch«, und damit wäre eigentlich schon der hauptsächliche Inhalt einer Speisekarte in einem maledivischen Restaurant beschrieben. Auf den Touristeninseln ist das schon lange nicht mehr so. Hier haben maledivische Köche dazugelernt, was nicht zuletzt daran liegt, dass sie den oftmals europäischen Küchenchefs über die Schulter blickten.

Kulinarische Offenbarungen darf man – sieht man einmal ab von den Resorts der Spitzenklasse – freilich immer noch nicht erwarten. Die Frische der Produkte ist eben nur schwer zu gewährleisten, weil – mit Ausnahme von Fisch – alles, was im Kochtopf landet, importiert werden muss. So bleibt denn vieles der Kreativität und dem fachlichen Können der Köche überlassen. Es gilt der Grundsatz, aus dem, was zur Verfügung steht, das Bestmögliche zu machen. Interessant wird die maledivische Kochkunst auch, wenn sie sich der Ideen der indischen bzw. ceylonesischen Küche bedient. So findet man z. B. scharfe **Currys** mit Hühner- oder Rindfleisch nahezu auf jeder Speisekarte. Von den **europäischen Küchen** erfreut sich die italienische besonderer Beliebtheit. Pizza oder Spaghetti gibt es mittlerweile in fast jedem Coffeeshop.

*Kein Gourmet-Paradies*

Für den kleinen Hunger gibt es auf jeder Insel einen **Coffeeshop**, in dem zwischen den Hauptmahlzeiten kleine Gerichte wie Pizza, Spaghetti oder Sandwiches angeboten werden. Vielfach wird jetzt auch All-inclusive angeboten, dann sind sämtliche Speisen während des Tages sowie auf einigen Inseln auch alkoholische Getränke (z. B. der Tischwein zum Abendessen) im Preis enthalten. Sonderwünsche (z. B. Hummer) müssen jedoch extra bezahlt werden.

Das Frühstück wird zumeist in Form eines reichhaltigen Büfetts angeboten und entspricht den Essgewohnheiten der Gäste. Brot, Toast, Marmelade, Wurst, Käse und Eier in verschiedenen Variationen gehören zu den Selbstverständlichkeiten, Kaffee oder Tee und frisch gepresste Säfte ebenso.

*Frühstück*

Empfehlenswert sind die ausgezeichneten **Fischgerichte** nach maledivischen Rezepten, die gebraten, gegrillt oder gekocht serviert werden. Auf Dhivehi heißt ein solches Gericht dann mas finohu. Besonders beliebt ist der zur Familie der Thunfische zählende Bonito,

*Haupt-gerichte*

Keine 20 000 Meilen unter dem Meer, aber immerhin ein Unterwasserrestaurant: Ithaa auf Rangali

*Preiskategorien*

Restaurant (Preis für ein Hauptgericht):

| | |
|---|---|
| €€€€ | über 25 € |
| €€€ | 20–25 € |
| €€ | 15–20 € |
| € | unter 15 € |

der wegen seines häufigen Vorkommens regelmäßig auf der Speisekarte der Malediver zu finden ist. Eine Spezialität ist massuni, Tunfischsalat. Weitere schmackhafte Fischarten sind die Makrele, die Seezunge, der Rotbarsch und der Tintenfisch. Seit die Jagd auf Haie verboten wurde, werden Haifischsteaks nur noch selten angeboten; man sollte aus Gründen des Artenschutzes auch grundsätzlich darauf verzichten. Eine besondere Spezialität, die sich jedoch meist nur die wenigsten Einheimischen leisten können und die auf den Hotelinseln auch extra bezahlt werden muss, sind **Krusten- und Schalentiere**. Hummer, Langusten und Krebse werden nämlich zumeist aus Singapur oder Australien importiert und sind deshalb relativ teuer. Noch vor wenigen Jahren war **Schweinefleisch** absolut verpönt, dessen Verzehr vom Islam verboten und der Import untersagt. Offensichtlich war der Wunsch zahlreicher Malediven-Besucher jedoch stärker als alle religiösen Bedenken, und so wird auf einigen Inseln jetzt auch pork angeboten. Auf nahezu jeder Speisekarte findet man zudem Steaks vom **Rind** (beef), **Hähnchen** (chicken) gab es ohnehin schon immer (z. B. als köstliches scharfes Curry).

Als **Beilagen** werden gekochter Reis (handu) oder Süßkartoffeln (alui), seltener Teigwaren gereicht. Roschi ist ein maledivisches Fladenbrot, das als traditionelle Beilage zu Fischgerichten serviert wird.

**Pasta & Co.** Auf Inseln mit traditionell vielen italienischen Gästen gibt es natürlich stets eine reiche Auswahl an Pastagerichten. Spaghetti Bolognaise oder Lasagne und natürlich auch Pizzen erfreuen sich dort großer Beliebtheit.

**Deserts** Auch für Leckermäuler ist gesorgt: kastad ist ein stark gesüßter Pudding, der seinen Namen von der zugegebenen Vanillesoße (Englisch custard) erhielt. Und als Dessert oder auch zwischendurch isst man culhi bokibaa, einen süßen, mit vielen Gewürzen verfeinerten Kuchen oder keyku, einen süßen und locker gebackener Kuchen. Eine Spezialität sind frittierte Bananen im Teigmantel als Nachtisch, deren hohen Kaloriengehalt man freilich eher ignorieren sollte.

**Früchte** Bananen, Ananas, Papayas, Orangen, Mangos und die Brotfrucht gedeihen auch auf den Malediven und kommen deshalb meistens frisch in Form von hübsch angerichteten Obsttellern zum Frühstück auf den Tisch.

## GETRÄNKE

Das Wasser halbreifer Kokosnüsse (kurumba) ist ein beliebtes und köstliches Erfrischungsgetränk. Am besten schmeckt es eisgekühlt oder frisch von der Palme, man kann es auch direkt aus der Nuss trinken bzw. mit einem Strohhalm heraussaugen. Kenner löffeln anschließend das weiße Fruchtfleisch aus der Nuss. **Kokosnusswasser**

Trinkwasser gibt es überall, manchmal wird es sogar aus Europa, z. B. aus den französischen Alpen, importiert. Auf einigen Hotelinseln wird aus entsalztem Meerwasser ein durchaus akzeptables Tafelwasser hergestellt, das mit Kohlensäure versetzt ist. Coca-Cola, Pepsi Cola, Sprite, Mineralwasser und Tonic Water sind überall erhältlich. **Trinkwasser und Softdrinks**

Sai heißt Tee, er ist das **Nationalgetränk** der Malediver. Da Tee auf den Malediven jedoch nicht gedeiht, muss er importiert werden. Wie ihre Nachbarn in Indien und Sri Lanka trinken auch die Malediver gern schwarzen Tee. Als stark gesüßter Tee heißt er kalu sai. **Tee**

Alkoholische Getränke gibt es ausschließlich auf den Touristeninseln, da der Koran den gläubigen Einheimischen diesen Genuss untersagt. Auch die Hauptstadt Male' bildet davon keine Ausnahme. In Hotels und Restaurants wird zwar Bier ausgeschenkt, das ist allerdings alkoholfrei. Da es auf den Malediven keine Brauerei gibt, wird das **Bier** für die Touristen importiert. Ähnliches gilt auch für Spirituosen (Cognac, Whisky usw.), die allerdings recht teuer sind. Unter den **Weinen** findet man Sorten französischer, kalifornischer oder australischer Herkunft. **Alkohol nur für Touristen**

**Auf Hotelinseln der gehobenen Kategorie gibt es sogar klimatisierte Weinkeller, die in den Korallenstock geschlagen wurden.**

# Die Hauptzutat ist Fisch

*Mit der einheimischen Küche kommen Urlauber am ehesten in einem der Lokale auf der Hauptstadtinsel Male' in Berührung. Dort gibt es vor allem rund um den Hafen kleine Restaurants, bei denen man sich darauf verlassen kann, dass die Speisen hygienisch einwandfrei zubereitet werden. Eher selten gibt es typisch maledivische Gerichte auf den Hotelinseln, und wenn dort zum Beispiel ein »Maledivisches Büfett« angeboten wird, ist dieses so zusammengestellt, dass es auch europäischen Gaumen mundet.*

**Garudiya:** Diese Suppe, die aus verschiedenen gekochten Fischen besteht, könnte man etwa als maledivische Nationalsuppe bezeichnen. Die Würzung ist recht einfach: Der Fisch wird aus der Karkasse herausgelöst, klein geschnitten, unter Verwendung von Zwiebeln und einem Spritzer Zitrone gekocht und dann mit einer Roschi, dem maledivischen Fladenbrot, serviert.

**Mas Finohu:** Das ist eher eine Sammelbezeichnung für verschiedene Gerichte. Hauptbestandteil ist jedoch immer gekochter, gegrillter oder gebratener Fisch, der zusammen mit gekochtem Gemüse oder einer Portion Reis auf den Tisch kommt.

**Mas Riha:** Dass man ein Gulasch auch mit Fisch kochen kann, beweist dieses Gericht. Es kommt aber, weil es für Malediver relativ teuer ist, vor allem an Wochenenden oder hohen Feiertagen auf den Tisch. Die dazu verwendeten Gewürze entsprechen übrigens fast denen eines Gulaschs, wie man es von zu Hause gewohnt ist: Paprika ist ein absolutes Muss dabei!

Maledivisches Büfett für Touristen

Bild oben: Einheimische Frauen bereiten ihr Mittagessen zu.

**Riha:** Vermutlich stand bei diesem traditionellen Gericht die indische Küche Pate. Curry spielt nämlich hier die Hauptrolle, wobei die Würzung längst nicht jener der indischen Tradition (scharf!) entspricht. Ein maledivisches Curry ist eher mild, und gekochter Reis, der dazu serviert wird, nimmt auch noch einiges von der Schärfe. Curry ist übrigens kein eigenständiges Gewürz, sondern eine raffinierte Kombination aus einer individuellen Gewürzmischung, deren Rezeptur oft noch von Mutter zu Tochter vererbt wird.

**Massuni:** Darunter versteht man eine köstliche Zusammenstellung verschiedener Salate und getrocknetem, fein geraspeltem Thunfisch. Der Salat wird mit frischen Zwiebeln, Kokosflocken, etwas Chili und Öl vermischt. Massuni ist auf jeden Fall ein Bestandteil eines maledivischen Büfetts.

**Roschi:** Eine sehr beliebte Beilage ist Roschi, das typisch maledivische, oftmals noch traditionell im Steinofen gebackene Fladenbrot. Es schmeckt leicht salzig, wird gern lauwarm serviert und z. B. in Fischsuppen eingetunkt.

## Die Speisekarte auf Englisch

### Breakfast / Frühstück

| | |
|---|---|
| coffee (with cream / milk) | Kaffee (mit Sahne / Milch) |
| decaffeinated coffee | koffeinfreier Kaffee |
| hot chocolate | heiße Schokolade |
| tea (with milk / lemon) | Tee (mit Milch / Zitrone) |
| scrambled eggs | Rühreier |
| poached eggs | pochierte Eier |
| bacon and eggs | Eier mit Speck |
| fried eggs | Spiegeleier |
| hard-boiled / soft-boiled eggs | harte / weiche Eier |
| (cheese / mushroom) omelette | (Käse- / Champignon-) Omelett |
| bread / rolls / toast | Brot / Brötchen / Toast |
| butter | Butter |
| honey | Honig |
| jam / marmalade | Marmelade / Orangenmarmelade |
| yoghurt | Joghurt |
| fruit | Obst |

### Starters and Soups / Vorspeisen und Suppen

| | |
|---|---|
| clear soup / consommé | Fleischbrühe |
| cream of chicken soup | Hühnercremesuppe |
| cream of tomato soup | Tomatensuppe |
| mixed / green salad | gemischter / grüner Salat |
| onion rings | frittierte Zwiebelringe |
| seafood salad | Meeresfrüchtesalat |
| shrimp / prawn cocktail | Garnelen- / Krabbencocktail |
| smoked salmon | Räucherlachs |
| vegetable soup | Gemüsesuppe |

### Fish and Seafood / Fisch und Meeresfrüchte

| | |
|---|---|
| cod | Kabeljau |
| crab | Krebs |
| eel | Aal |
| haddock | Schellfisch |
| mackerel | Makrele |
| lobster | Hummer |
| mussels | Muscheln |
| oysters | Austern |
| plaice | Scholle |
| red snapper | Rotbarsch |
| salmon | Lachs |
| scallops | Jakobsmuscheln |
| shark | Hai |

| | |
|---|---|
| shrimps | Garnelen |
| sole | Seezunge |
| squid | Tintenfisch |
| tuna | Thunfisch |

## Meat and Poultry / Fleisch und Geflügel

| | |
|---|---|
| barbequed spare ribs | gegrillte Schweinerippchen |
| beef | Rindfleisch |
| chicken | Hähnchen |
| chop / cutlet | Kotelett |
| fillet | Filetsteak |
| duck(ling) | (junge) Ente |
| gammon | Schinkensteak |
| gravy | Fleischsoße |
| ground beef | Hackfleisch vom Rind |
| ham | gekochter Schinken |
| kidneys | Nieren |
| lamb | Lamm |
| liver (and onions) | Leber (mit Zwiebeln) |
| minced beef | Hackfleisch vom Rind |
| mutton | Hammelfleisch |
| pork | Schweinefleisch |
| rabbit | Kaninchen |
| rissoles | Frikadellen |
| sausages | Würstchen |
| sirloin steak | Lendenstück vom Rind, Steak |
| turkey | Truthahn |
| veal | Kalbfleisch |

## Vegetables and Salad / Gemüse und Salat

| | |
|---|---|
| baked beans | gebackene Bohnen in Tomatensoße |
| baked potatoes | gebackene Kartoffeln in Schale |
| cabbage | Kohl |
| carrots | Karotten |
| cauliflower | Blumenkohl |
| chips / french fries | Pommes frites |
| corn-on-the-cob | Maiskolben |
| cucumber | Gurke |
| fritters / hash browns | Bratkartoffeln |
| garlic | Knoblauch |
| leek | Lauch |
| lettuce | Kopfsalat |
| mushrooms | Pilze |
| onions | Zwiebeln |
| peas | Erbsen |

| peppers | Paprika |
| pumpkin | Kürbis |
| spinach | Spinat |
| sweetcorn | Mais |
| tomatoes | Tomaten |

### Dessert and Cheese / Nachspeisen und Käse

| apple pie | gedeckter Apfelkuchen |
| brownie | Schokoladenplätzchen |
| Cheddar | kräftiger Käse |
| cottage cheese | Hüttenkäse |
| cream | Sahne |
| custard | Vanillesoße |
| fruit salad | Obstsalat |
| ice-cream | Eis |
| pastries | Gebäck |

### Fruit / Obst

| apples | Äpfel |
| apricots | Aprikosen |
| blackberries | Brombeeren |

**Eisgekühlter Genuss: Kokosmilch-Drink**

| | |
|---|---|
| cherries | Kirschen |
| grapes | Weintrauben |
| lemon | Zitrone |
| oranges | Orangen |
| peaches | Pfirsiche |
| pears | Birnen |
| pineapple | Ananas |
| plums | Pflaumen |
| raspberries | Himbeeren |
| strawberries | Erdbeeren |

### Beverages / Getränke

| | |
|---|---|
| beer on tap | Bier vom Fass |
| cider | Apfelwein |
| red / white wine | Rot- / Weißwein |
| dry / sweet | trocken / lieblich |
| sparkling wine | Sekt |
| soft drinks | alkoholfreie Getränke |
| fruit juice | Fruchtsaft |
| lemonade | gesüßter Zitronensaft |
| milk | Milch |
| mineral water | Mineralwasser |

# Nur der Islam ist erlaubt

**Wie in allen islamischen Ländern spielt der Mondkalender eine wichtige Rolle bei der Datierung der religiösen Feiertage. Überhaupt ist der Islam Staatsreligion auf den Malediven, die Ausübung anderer Glaubensrichtungen ist per Gesetz verboten und wird mit strengen Strafen geahndet. Dazu zählen auch abschätzige Aussagen über den Islam, weshalb Sie sich davor hüten sollten.**

Die Malediver feiern, soweit es die Grenzen ihrer Religion erlauben, gern und oft. Der Islam ist ja per se keine festesfeindliche Glaubensrichtung. Das Problem für Malediven-Besucher ist ein ganz anderes: Wenn die Einheimischen feiern, sind die Touristen in aller Regel längst wieder auf ihren Hotelinseln, sodass diese nur wenig davon mitbekommen. Allerdings wird das Verbot, auf Einheimischeninseln Quartier zu nehmen und so einen direkten Kontakt zu den Insulanern herzustellen, seit kurzer Zeit immer mehr aufgeweicht. Jenseits der einst durchaus gewünschten Isolierung der Malediven-Besucher, ergibt sich nun vermehrt die Möglichkeit, auf Einheimischeninseln zu übernachten und damit auch am alltäglichen Leben, also auch an den Festivitäten teilzunehmen.

Der **Freitag** gilt – wie in allen islamischen Ländern – als Feiertag. Behörden und Geschäfte haben geschlossen. Letztere öffnen freilich vermehrt, nachdem die Besitzer die vorgeschriebenen Gebete in der Moschee verrichtet haben. Auf den Touristeninseln ist der Service freilich nur geringfügig eingeschränkt. **Religiöse Feiertage**

Der **islamische Kalender** schreibt außerdem mehrere Feiertage vor, die von Jahr zu Jahr variieren. So wird am ersten Tag des Mondmonats das islamische Neujahrsfest gefeiert. Die islamische Zeitrechnung Hidschra (n. H.) beginnt mit der Auswanderung des Propheten Mohammed von Mekka nach Medina im Jahre 622 n. Ch. Immer am zwölften Tag des dritten Mondmonats wiederholt sich der Geburtstag des Propheten Mohammed (Mevlid).

Während des **Ramadan**, dem neunten Monat des islamischen Kalenders, wird gefastet. Auf den Malediven heißt dieser Fastenmonat Roadha Mas. Dann wird zwischen Sonnenauf- und -untergang (»solange man einen weißen Faden noch von einem schwarzen unterscheiden kann«) weder gegessen noch getrunken; davon ausgenommen sind nur Schwangere, Kranke und Kinder. Bei Sonnen-

Familienfeste sind auch auf den Malediven die besten Gelegenheiten zum Feiern.

untergang bricht man traditionell das Fasten mit einer Dattel und einem Glas Milch. Der Fastenmonat endet am Id-ul Fithri, dem ersten Tag des zehnten Mondmonats, mit einem drei Tage dauernden Fest.

Wer sich die kostspielige **Pilgerfahrt** nach Mekka leisten kann, plant die Abreise für den Haij oder Hadsch, an Bodu Id, zwei Monate und zehn Tage nach dem letzten Tag des Ramadan (dem neunten Tag des zwölften Mondmonats). Am Abend zuvor wird mit Verwandten und Freunden ein großes Fest gefeiert. Wenn der Pilger aus Mekka zurückkehrt, ist dies Anlass für ein weiteres Fest. Sein Haus wird festlich geschmückt und mit arabischen Schriftzeichen bemalt, die darauf hinweisen, dass er die Strapazen der Wallfahrt auf sich genommen hat.

Tags darauf beginnt das **wichtigste islamische Fest**, das Eid-ul-tzha. Es ist für alle islamischen Glaubensrichtungen verbindlich. Dieses Opferfest dauert eine ganze Woche lang und alle Bewohner einer Insel laden ein und bewirten sich gegenseitig. Bei diesem Fest wird des Propheten Ibrahim gedacht, der einst die göttliche Probe bestanden hatte und bereit war, seinen Sohn Isaak zu opfern. Traditionsgemäß werden an diesem Tag auch Kinder und Arme neu eingekleidet.

**Familienfeste** Zu den Festen, die innerhalb der Familien gefeiert werden, zählt die traditionelle **Beschneidung** der Knaben zwischen dem sechsten und siebten Lebensjahr. Danach werden nicht nur die Knaben reich beschenkt; es ist auch Anlass für ein fröhliches Fest und ein opulentes Essen mit Freunden und Verwandten. **Hochzeiten** werden in arabischen Ländern längst nicht so ausgelassen gefeiert wie in westlichen. Die Trauungszeremonie, die vom örtlichen Imam vorgenommen wird, ist kurz, danach treffen sich die Familien des Brautpaares zu einem gemeinsamen Essen.

> ! **BAEDEKER TIPP**
>
> *Und abends Bodu Beru*
>
> Der Nationaltanz wird an Wochenenden, Feiertagen oder gern auch abends nach getaner Arbeit getanzt. Dabei begleiten Trommler einen Vorsänger, dessen Verse von einem Chor wiederholt werden. Einer der Männer tanzt in die Mitte. Nicht selten gerät er dabei in Trance.

Wesentlich aufwendiger sind die Feierlichkeiten, wenn ein Mensch das Zeitliche gesegnet hat. Nach der **Beerdigung**, die nicht zuletzt wegen der klimatischen Verhältnisse bereits am Sterbetag vorgenommen wird, schreibt der Islam die Einhaltung bestimmter Gebete vor, die sowohl im Hause als auch am Grab gesprochen werden müssen. Die Trauerfeierlichkeiten enden erst 40 Tage nach dem Todestag mit der »faatiha«, bei einer letzten Zeremonie wird der »maalud«, eine Lesung von Texten aus dem Koran, gesprochen. In vielen Familien wird die »faatiha« danach alljährlich und oft über Generationen hinweg wiederholt.

## Feiertagskalender

### ISLAMISCHE FEIERTAGE 2014

Mevlid (Geburtstag des Propheten Mohammed): 12./13. Februar
Roadha Mas (Beginn des Fastenmonats Ramadan): 28. Juni
Id ul Fithri (Fastenbrechenfest): 28.–30. Juli
Eid-ul-tzha (Opferfest): 4.–6. November
Islamisches Neujahr (1433 n. H.): 26. November
Ashura-Fest (Fasten- und Rettungstag des Propheten Moses): 5. Dezember

### 2015

Mevlid (Geburtstag des Propheten Mohammed): 2./3. Januar
Roadha Mas (Beginn des Fastenmonats Ramadan): 17. Juni
Id ul Fithri (Fastenbrechenfest): 17.–19. Juli
Eid-ul-tzha (Opferfest): 23.–26. September
Islamisches Neujahr (1433 n. H.): 14. Oktober
Ashura-Fest (Fasten- und Rettungstag des Propheten Moses): 23. Oktober

### SONSTIGE FEIERTAGE
### 1. und 2. Januar: Neujahr

Gesetzliche Feiertage; für die Touristen wird Neujahr ein bisschen gefeiert.

### 25. Januar: Huravee-Fest

Gedenkfest für den Nationalhelden Muhammad Thakurufaanu (►Berühmte Persönlichkeiten), der erfolgreich die Gegenwehr gegen die portugiesischen Besatzer organisierte.

### 12. Februar: Neujahr

Gedenken an den Tag, an dem die Malediven zum islamischen Glauben konvertierten.

### 27. Juli: Unabhängigkeitstag

An diesem Tag wird das Ende des Protektoratsvertrages mit England gedacht. Auf Male' gibt es eine Parade und allerlei Belustigungen sowie Feste auf den anderen Einheimischeninseln.

### 3. November: Tag des Sieges

Paraden und Umzüge zur Feier des Sieges über die Portugiesen

### 11./12. November: Tag der Republik

Ausrufung der Republik der Malediven im Jahre 1932

# Mit Kindern unterwegs

# Baden, Schnorcheln, Tauchen

**Das ganze Jahr über warmes, kristallklares und sauberes Wasser und Strände mit feinem Korallensand: Kinderherz, was willst du mehr? Die Malediven sind nicht nur ein ideales Urlaubsziel für Ruhe suchende Erwachsene, sondern auch für kleine und größere Wasserratten.**

Kinderermässigung bieten alle Reiseveranstalter an und in immer mehr Resorts gibt es spezielle Einrichtungen für Kinder fast aller Altersstufen, so dass man auch eine qualifizierte Betreuung für Kinder ab zwei Jahren hat. Aber möglicherweise genießen Kinder ab dem Schulalter die Ferien auf den Malediven mehr als Kleinkinder, denn die können sich auch mal alleine beschäftigen, lesen oder das umfangreiche Wassersportangebot ausprobieren. Es gibt allerdings auch Inseln, auf denen Kinder erst ab einem gewissen Alter als Gäste akzeptiert werden.

Ideal für den Urlaub mit Kindern sind größere Inseln mit mehr Angeboten und flachabfallenden Stränden mit wenigen Korallenstöcken (Badeschuhe mit fester Sohle nicht vergessen!) sowie dichtem Palmenbestand wegen des Sonnenschutzes. Auch ein Süsswasserpool wird manchmal von den Kids geschätzt. Kleine Leckermäuler wissen oft nichts mit der einheimischen Küche anzufangen, daher sollte man darauf achten, dass das Restaurant des Resorts auch andere Speisen anbietet.

**Kids Clubs** Die Teilnahme an sogenannten Kids Clubs, also Einrichtungen mit speziellen altersgerechten Angeboten für Kinder, ist entweder im Übernachtungspreis enthalten oder kostet eine geringe Gebühr. Zusätzliche Spiele und Spielzeug sollten sicherheitshalber von zu Hause mitgebracht werden.

**Wellness und Yoga** Eine **Schokoladenmassage** für Kinder? Wer seinen Nachwuchs derart verwöhnen lassen möchte, sollte sich im Inselspa erkundigen. Und für kleine Zappelphilippe gibt es auch die Möglichkeit, mit speziellen Yogaübungen zur Ruhe zu kommen.

**Ausflüge** Ausgesprochen Sehenswertes für Kinder gibt es freilich kaum. Auf jeden Fall sollten Sie aber einen Ausflug nach **Male'** mit dem Boot unternehmen. Ältere Kinder finden hier vielleicht Interesse am neuen Nationalmuseum mit Ausstellungsstücken aus der Geschichte der

**Riesengroße Sandkästen** sind die herrlich feinsandigen Strände auf den Malediven-Inseln.

Malediven. Mit jüngeren und älteren Kindern sollte man nachmittags unbedingt den Fischmarkt am Hafen besuchen, wo allerlei Meeresgetier zum Kauf angeboten wird. Und dann gibt es auch noch gleich gegenüber die großen Markthallen mit vielen exotischen Früchten, die gründlich gewaschen sogleich verspeist werden können.

Auch der Besuch einer **Einheimischeninsel** kann für Kinder attraktiv sein. Schon die Fahrt mit dem Dhoni dorthin macht Spaß. Und beim gemeinsamen Spielen im Sand und im Wasser können schnell mal Kontakte geknüpft werden.

**Sport**  Auf den Inseln selbst bieten sich natürlich Wassersportaktivitäten jeglicher Art an, z. B. Fahrten mit dem **Paddelboot** oder dem **Katamaran**. Einigermaßen standfeste Kinder ab etwa zehn Jahren könnten auch bei einem **Surfkurs** erste Erfahrungen auf dem Board machen.

Auf einigen Inseln wird auch lustiges **Bananenbootreiten** angeboten, wobei derjenige gewinnt, der sich am längsten auf dem von einem Motorboot gezogenen Gefährt hält.

Weniger feucht geht es beim abendlichen Volley- oder Fußballspiel zu, bei dem oft auch einheimische Mitarbeiter gerne mitwirken.

**Schnorcheln und Tauchen**  Unter Wasser wird es freilich richtig interessant. Die weltweit anerkannte Taucherorganisation PADI, nach deren Ausbildungsprinzipien die meisten Tauchbasen auf den Malediven unterrichten, bietet jetzt schon **für Kinder ab acht Jahren** die Möglichkeit, beim PADI Seal Team Grundfertigkeiten im Umgang mit Maske, Schnorchel und Atemregler zu erwerben. Das ist übrigens bereits im heimatlichen Schwimmbad unter fachgerechter Leitung eines Instruktors möglich. Mit zehn Jahren können sie dann den Junior PADI Open-Water-Diver-Kurs absolvieren, an dessen Ende eine kindgerechte Prüfung steht. Ab 14 Jahren steht ihnen die Aus- bzw. Weiterbildung zum uneingeschränkten Tauchspaß offen. Auf jeden Fall sollten Sie daran denken, dass von jeder verantwortungsbewussten Tauchbasis auch für Kinder ein tauchärztliches Gesundheitszeugnis verlangt wird.

Im Verlauf des Kurses erfahren Kinder viel Wissenswertes über die faszinierende Welt unter Wasser, aber auch zum Thema sorgsamer Umgang mit der maritimen Natur.

**Sonnenschutz**  Man sollte es eigentlich nicht betonen müssen: Bei Kindern muss man unbedingt an ausreichenden Sonnenschutz denken. T-Shirt und Kopfbedeckung beim Baden und Spielen am Strand sind unbedingt zu empfehlen, starke Sonnenschutzmittel mit höchstem Lichtschutzfaktor gehören auf jeden Fall ins Gepäck. Die Malediven liegen unweit des Äquators, an dem die Sonneneinstrahlung besonders intensiv und gefährlich ist.

## INSELN MIT KIDS CLUB

U. a. Lux* Maldives, Conrad Maldives, Club Med auf Kanifinolhui, Reethi Rah, Huvahendhoo, Anantara Maldives auf Dhigufinolhu

### Rehti Raa

Für Kinder ab bier Jahren bis zum Teenager von 17 Jahren bietet das Resort ein vielseitiges, altersgerechtes Programm. Dazu gibt es einen Kinderpool mit Süßwasser und im Meer eine Überwachung durch Rettungsschwimmer.

### Kanu Huraa

Im Kids Club können die Kleinen ab etwa vier Jahren Piratenspiele machen. Mittags gibt es ein spezielles Kindermenü.

### Bandos

Der Vorteil ist, dass keine weite Anfahrt vom Flughafen nötig ist. Betreuung wird dort ab dem Kindergartenalter geboten. Tolles Erlebnis: Nachtfischen.

### Lux* Maldives

Umfangreiches Programm für Kinder fast aller Altersstufen, u. a. Schatzsuche auf der Insel

## GUTE STRÄNDE

### Conrad Maldives

Sehr große Lagune mit Schwimm-möglichkeiten für Kinder ab etwa sieben Jahren

### Kanu Huraa

Herrliche, kindgerechte und weit-läufige Sandstrände, außerdem großer Süßwasserpool

## TAUCHANGEBOTE FÜR KIDS

### Club Med

Dazu spezielle Angebote für Kinder aller Altersstufen

### Lily Beach

Hier können auch Kinder ab 12 Jahren den Bubblemaker-Kurs nach dem PADI-Prinzip machen

**Wer mutig genug ist, kann schon früh anfangen zu tauchen.**

# Shopping

# Souvenirs muss man suchen

Souvenirjäger werden auf den Malediven nur selten fündig. Lediglich ein Bruchteil dessen, was in den Läden der Hauptstadt Male' und auf den Touristeninseln angeboten wird, kommt von den Malediven selbst. Das meiste wird importiert und trägt das Herkunftszeichen »Made in China« oder »Made in Thailand«. Die Qualität lässt vielfach zu wünschen übrig, außerdem sind die Preise hoch. Trotzdem muss der Koffer bei der Heimreise nicht leer bleiben.

Vieles von dem, was als Souvenir angeboten wird, unterliegt den strengen Regeln des Artenschutzabkommens: **Muscheln** jeder Art und Größe, **Korallen** (insbesondere schwarze!) und S**childkrötenpanzer** (auch Schmuckstücke aus **Perlmutt**) dürfen weder von den Malediven aus- noch nach Deutschland, Österreich oder in die Schweiz eingeführt werden. Wer einmal mit eigenen Augen gesehen hat, wie einer noch lebenden Meeresschildkröte der Panzer abgezogen wird, verzichtet nur allzu gern auf solche fragwürdigen Souvenirs. Seit 1998 gilt übrigens auch ein Fangverbot für Haie, ergo auch ein Ausfuhrverbot für die früher so beliebten **Haifischgebisse**. Unter den Schutz fallen auch die hübschen **Kauri-Schnecken**, die einst als Zahlungsmittel verwendet wurden. Leere Muscheln dienen übrigens Krebsen und anderen Kleintieren als Unterschlupf. **Artenschutz**

Man stelle sich nur vor, jeder der jährlich etwa 475 000 Besucher nimmt nur 100 Gramm Sand als Erinnerung an seinen Malediven-Urlaub mit. Hochgerechnet wären das 47 500 kg, die von der Natur in jahrhundertelanger Arbeit produziert wurden. Deshalb: Lassen Sie den Sand dort, wo er hingehört, auf den Malediven. **Sand**

Zu den beliebten Mitbringseln zählen T-Shirts, die oft hübsch von Hand bemalt oder auch bedruckt sind. Man sollte jedoch unbedingt auf die Qualität achten. Viele überstehen nach der Rückkehr nicht einmal den ersten Schonwaschgang. Beim Besuch einer Einheimischeninsel besteht die Gelegenheit, ein ibaas, das traditionell **bunt gefärbte Seidenkleid der Malediverinnen** zu kaufen. Es besitzt einen mit Gold- und Silberfäden bestickten Kragen. Dazu wird der kandi-ki, ein schwarzer Rock, getragen. Ansonsten stammen die meisten Textilien aus Fernost, wo man sie billig ein- und auf den Touristeninseln teuer verkauft. **Textilien**

Die Auswahl an Seidenkleidern und Stoffen ist groß – ein hübsches Souvenir für zuhause.

# Verehrte Kokospalmen

*Keine andere Baumart prägt das Bild tropischer Küsten wie die Kokospalme, die Assoziationen mit Inseln, Meer und Urlaub befördert. Kokospalmen, wie sie für die Malediven typisch sind, werden bis zu 30 m hoch. Für die Einheimischen sind sie unverzichtbar: Sie werden vom Stamm bis zur Krone wirtschaftlich genutzt.*

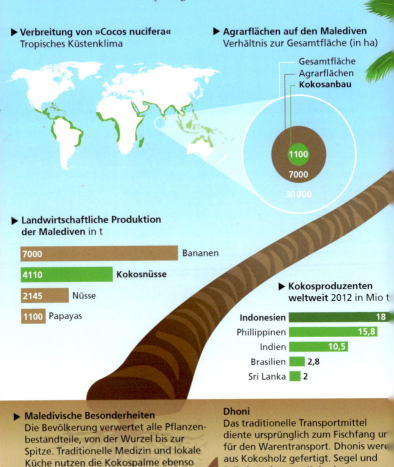

▶ **Verbreitung von »Cocos nucifera«**
Tropisches Küstenklima

▶ **Agrarflächen auf den Malediven**
Verhältnis zur Gesamtfläche (in ha)

Gesamtfläche
Agrarflächen
**Kokosanbau**

1100
7000
30 000

▶ **Landwirtschaftliche Produktion der Malediven** in t

| | |
|---|---|
| 7000 | Bananen |
| 4110 | **Kokosnüsse** |
| 2145 | Nüsse |
| 1100 | Papayas |

▶ **Kokosproduzenten weltweit** 2012 in Mio t

| | |
|---|---|
| **Indonesien** | 18 |
| Phillippinen | 15,8 |
| Indien | 10,5 |
| Brasilien | 2,8 |
| Sri Lanka | 2 |

▶ **Maledivische Besonderheiten**
Die Bevölkerung verwertet alle Pflanzenbestandteile, von der Wurzel bis zur Spitze. Traditionelle Medizin und lokale Küche nutzen die Kokospalme ebenso wie das maledivische Handwerk.

**Dhoni**
Das traditionelle Transportmittel diente ursprünglich zum Fischfang ur für den Warentransport. Dhonis wer aus Kokosholz gefertigt. Segel und Seile bestehen aus Kokosbast.

▶ **Nahrungsmittel**

**Zucker & Sirup**
aus Blüten

**Fruchtwasser**
Das Wasser der unreifen
Frucht ist ein guter Durstlöscher.

**Palmherzen**
Der Kern des Stamms
am oberen Ende gilt als
kulinarische Delikatesse.

**Kokosfleisch**

**Virgin Coconut Oil**
Das kostbare Öl wird durch
Kaltpressung gewonnen.

**Kokosmilch**

**Kopra**
(getrocknetes Kernfleisch)

**Kokosmehl**

**Kokosfett**

**Koprakuchen**
Das Abfallprodukt ensteht
bei der Kopragewinnung
und dient als Viehfutter.

▶ **Produkte**

**Blätter**

**Flechtwerk**

**Kokosfasern**

**Schale**
Die Schale wird
als Heizmaterial
verfeuert oder zu
Gebrauchsgegen-
ständen verarbeitet.

**Holz**
Kokosholz ist sehr hart, zugleich
aber elastisch und kommt im
Boots- und Häuserbau zum Einsatz.

**Joali**
Kokosholz und -bast genügen,
um die typisch maledivische
Hängematte herzustellen.

**Souvenirs**
Die Kokospalme prägt
auch das traditionelle
Kunsthandwerk.

**Schirm**
Die ursprüngliche
Bauweise beruht
auf der Verarbeitung
von Kokosholz und
Bedachungen aus
Palmblättern.

Shopping Malls gibt es nicht auf den Malediven, aber kleine Läden.

Auf einigen Touristeninseln gibt es auch Modeläden, in denen **Schneider** nach Maß gefertigte Damen- und Herrengarderobe herstellen. Die Qualität ist im Großen und Ganzen akzeptabel, meist werden aus Europa importierte Stoffe verwendet.

**Kunsthandwerk** Seit ein paar Jahren gibt es handgearbeitete Souvenirs (z. B. mit traditionellen Mustern versehene **Lackholzdosen** oder Fotoalben), die auf den Inseln selbst hergestellt werden. Auf einigen Inseln gibt es auch Handwerksbetriebe, in denen aus Balsaholz kleine **Bootsmodelle** gefertigt werden, die nicht geklebt, sondern zusammengesteckt werden. Schließlich erhält man in einigen Souvenirgeschäften auf Male' dekorative **Wasserpfeifen**. Und wenn Sie die Malediven im November besuchen, sollten Sie den alljährlich abgehaltenen zweiwöchigen **Kunstgewerbemarkt** in der Iskander-Schule auf Male' nicht versäumen.

**Schmuck** Auf einigen Touristeninseln gibt Schmuckgeschäfte, deren Besitzer zumeist aus Sri Lanka stammen. Vor dem Kauf sollte man die Qualität kontrollieren. Auf die Echtheit von Gold und Edelsteinen kann man sich hingegen in der Regel verlassen. Seriöse Schmuckhändler stellen auch ein Echtheitszertifikat aus.

Auf Male' gibt es einen einigermaßen reichhaltigen Markt, auf dem man günstig Gewürze (Cardamom, Koriander, Safran, Curry) sowie verschiedene fertige Gewürzmischungen kaufen kann. Manchmal gibt es auch einen englischsprachigen Zettel dazu, auf dem die richtige Zubereitung z. B. eines maledivischen Chickencurry beschrieben wird.

Toilettenartikel und Dinge für den täglichen Bedarf erhält man auf Male' in zahlreichen Geschäften rund um den Marine Drive. Wenn Sie dort sind, sollten Sie die Gelegenheit zum Einkauf nutzen, da diese Dinge in den Shops auf den Hotelinseln deutlich teurer sind.

Die Ladengeschäfte in der Hauptstadt Male' sind in aller Regel von 8.00 – 21.30 Uhr durchgehend geöffnet, manchmal auch kürzer oder länger. Es ist jedoch damit zu rechnen, dass man während der vorgeschriebenen Gebetszeiten vor verschlossener Türe steht (manchmal weist ein Schild mit der Aufschrift »Closed for praying time« darauf hin). Am Freitag, dem wöchentlichen islamischen Feiertag, öffnen Geschäfte – wenn überhaupt – erst ab 13 Uhr.

*Gewürzmarkt*

*Dinge für den täglichen Bedarf*

*Öffnungszeiten*

# Alle Inseln sind gleich?

**Nein, keine ist wie die andere. Immer gleich ist lediglich die Tatsache, dass es sich um eine kleine oder größere Sandanhäufung mit Palmen, Buschwerk und Strand handelt, die ringsherum von Wasser umgeben ist. Es ist also nicht ganz einfach, die richtige Malediven-Insel für den ganz persönlichen Traumurlaub zu finden. Aber einige Parameter sind dabei recht hilfreich.**

Eine erste Entscheidung trifft man bei der Wahl der Inselgröße. Es gibt kleine Inseln (z. B. Ihuru mit gerade mal 200 m Durchmesser), noch kleinere (z. B. Mirihi) oder große Inseln wie Kuramathi mit einer Länge von 2,5 km. Mehr Raum kann ein abwechslungsreicheres Angebot bedeuten. Das Einsame-Insel-Gefühl kommt dagegen eher auf den kleinen Inseln auf. Entscheidend sind aber vor allem Charakter und Ausstattung der Inseln.

*Größe*

Wenn Sie sich etwas Besonderes leisten möchten, sind Sie dort bestens aufgehoben. Der Service ist perfekt, das Personal hervorragend ausgebildet. Man residiert nicht in Bungalows, sondern in Villen, in denen es an nichts fehlt. Geht es nach dem Willen der Regierung, sollen künftig alle neuen bzw. neu verpachteten Inseln diesen Standard erreichen, um die Malediven so vorwiegend zu einem Ziel für Gutbetuchte zu machen. Luxuriös geht es u. a. auf Banyan Tree, Baros, Kuda Huraa, Huvafenfushi oder Gili Lankanfushi zu.

*Luxusinseln*

Wenn Sie Wert auf einen Urlaub mit möglichst viel Komfort legen und trotzdem auf den Preis achten, sind das Ihre Inseln. Die Zimmer sind ansprechend ausgestattet und verfügen über Klimaanlagen, Direktwahltelefon, WLAN, TV und andere Annehmlichkeiten wie eigene Sonnenterrassen oder Minibars. Die meisten Malediven-Inseln sind dieser Kategorie zuzuordnen.

*Komfortinseln*

Diese Inseln sind die ideale Wahl für Hobbytaucher, denen eine einfache Unterkunft für die Ruhe zwischen den Tauchgängen genügt. Viel wichtiger als ein Rundumservice sind die schnelle Erreichbarkeit attraktiver Tauchreviere und die Bar für das abendliche Taucherlatein. Unterwasserglück verheißen u. a. Vadhoo, Maayafushi oder Bathala.

*Taucherinseln*

**Auf Kunfunadhoo wurden die Villen in die dichte Vegetation hineingebaut. So bleibt man einigermaßen privat.**

**Robinson-inseln**

Akribisch wird hier die natürliche Ursprünglichkeit der Inseln bewahrt. Verstreut liegen die einzelnen Bungalows, die sich in die vorhandene Vegetation einpassen. Individualität wird großgeschrieben. Eingeladen sind alle Zivilisationsmüden, die ihren Urlaub in einer **authentischen Umgebung** verbringen wollen. Bestes Beispiel ist die Luxusinsel Soneva Fushi.

**Barfußinseln**

Diese Inseln, so meinen Malediven-Kenner, sind noch **die ursprünglichsten aller Touristeninseln**. Hier geht es außerdem relativ ungezwungen zu. So lösen T-Shirts und Shorts im Restaurant keine erstaunten Gesichter aus. Auch dauert es meistens nicht lange, bis man mit dem Tischnachbarn per Du ist. Feiner Korallensand bedeckt nicht nur die Wege, sondern auch die Böden in Restaurant oder Rezeption. »No news, no shoes!« damit werben einige Inseln: Die Schuhe werden bei der Ankunft abgestreift und erst bei der Abreise wieder angezogen. Ein Paar Badeschuhe sollte man trotzdem dabeihaben, um Verletzungen durch abgebrochene Korallen zu vermeiden. Barfußziele sind u. a. Bandos, Thulhaagiri oder Angaga.

**Halbpension oder All-inclusive**

Diese Frage stellt sich schon bei der Buchung. Halbpension meint Frühstück und Abendessen. Ein Mittagessen verursacht zusätzliche Ausgaben im Coffeeshop; auch Getränke sind extra zu bezahlen. Bucht man Vollpension, ist das Mittagsmahl meist in Form eines Büfett ebenfalls enthalten. Seit einigen Jahren wird auf vielen Inseln auch das beliebte All-inclusive angeboten. Man sollte sich jedoch vorher genau erkundigen, was im Preis enthalten ist und was nicht. Häufig kann man während des Urlaubs gegen Aufpreis auf eine andere Form der Verpflegung umbuchen.

Sportliche Aktivitäten wie Windsurfen, Parasailing oder Wasserskifahren kosten meistens extra und die Tauchkurse bzw. Tauchgänge sowieso, weil sehr viele Tauchbasen unter eigener Regie geführt werden.

## KREUZFAHRTEN

**Gegen den Inselkoller**

Wer während seines Urlaubs nicht nur auf einer Insel bleiben möchte, hat die Auswahl unter einer Vielzahl von Kreuzfahrtschiffen. Sie verkehren von Male' aus. Angeboten werden zumeist einwöchige Törns, in deren Verlauf Touristenresorts ebenso angesteuert werden wie Einheimischeninseln und unbewohnte Eilande. Besonders reizvoll sind Kreuzfahrten mit **Segelschiffen**. Auf diesen muss man zu Gunsten der Atmosphäre mit etwas weniger Komfort rechnen. Tauch- und Schnorchelgerät für die **Tauchsafari** sind freilich überall an Bord. Die Touren bucht man am besten im Voraus bei deutschen Reiseveranstaltern. Beim Fremdenverkehrsamt der Malediven (►Auskunft) gibt es eine Liste aller Anbieter.

**Argos Yachtcharter**
Ausgangshafen: Marina auf
Hulhumale'
Komfortable Katamarane als
Kabinencharter oder mit Crew
(Skipper und Koch)
Reviere: Nord-Male'-Atoll, Baa-
Atoll, Raa-Atoll, Ari-Atoll
www.argos-yachtcharter.de

**M/Y Four Seasons Explorer**
Ausgangshafen: Four Seasons
Resort (Kuda Huraa)
Kabinen: 12
Reviere: südliche Atolle
www.fourseasons.com

**Tauchsafariboot MY Sheena
(Motorjacht)**
Ausgangshafen: Medhufushi
Kabinen: 7
Reviere: südliche Atolle
www.wernerlau.com

**Tauchsafariboot M/Y Duke
of York**
Kabinen: 10
Reviere: nach Vereinbarung
Besonderheit: kleines Spa an Bord
www.luxuryyachtmaldives.com

**SY Maldives Siren**
Kabinen: 7
Reviere: zentrale und südliche
Atolle
Besonderheit: kleines Spa an Bord
www.aquaactive.de

**Schuhe braucht man nicht auf den Barfußinseln. Selbst die
Restaurants dort haben einen Sandboden.**

# Über, auf und unter Wasser

**Auf den Touristeninseln der Malediven steht selbstredend der Wassersport im Mittelpunkt aller sportlichen Aktivitäten. Das Angebot könnte kaum vielfältiger sein. Es reicht von Schwimmen und Tauchen bis zu Surfen und Jetski-Fahren und unterscheidet sich von Insel zu Insel kaum. Außerdem sind etliche landgebundene Sportarten möglich.**

Viele Inseln bieten die Voraussetzungen für das Segeln. Segelboote und insbesondere Katamarane (Doppelrumpfboote) sind häufig vorhanden. Neben der Möglichkeit, diese auszuleihen, werden auch Segelkurse angeboten. **Segeln**

Jachtcharter ist zwar grundsätzlich möglich, allerdings werden die meisten Boote vor Ort **nur mit einer einheimischen Crew** und einem ortskundigen Skipper verliehen. Das ist nicht unbedingt ein Nachteil, denn die Einheimischen kennen die Besonderheiten der Inselwelt und wissen, welche Inseln angesteuert werden dürfen. Die Touren führen in verschiedene Atolle und auf mehrere Inseln, übernachtet wird auf dem Katamaran. **Jachtcharter**
Bereits in Deutschland können komfortable Katamarane mit Besatzung (Skipper und Koch) bei Argos Yachtcharter & Touristik, gechartert werden (Tel. 0611 660 51, www.argos-yachtcharter.de).

Surfen zählt seit den Anfangsjahren des Malediven-Tourismus zu den beliebtesten Überwassersportarten. Auf jeder Touristeninsel werden Surfkurse angeboten, die im Regelfall eine Woche dauern und mit einer Prüfung abgeschlossen werden. Wellenreiten auf speziellen Boards ist ebenfalls möglich. **Surfen**

Auf den Malediven gibt es derzeit nur zwei Golfplätze, und zwar auf den Inseln Villingili im Addu-Atoll und Kuredu im Lhaviyani-Atoll. Beide weisen naturgemäß keine besonderen Schwierigkeiten auf und führen über eine Distanz von jeweils acht Löchern. Zurzeit im Bau ist allerdings ein ganz neuer 18-Loch-Golfplatz, der auf fünf künstlichen Inseln unweit der Hauptstadt Male' entsteht. Das ehrgeizige, etwa 350 Mio. US-Dollar teure Projekt soll den Namen Royal Indian Ocean Club tragen und 2015 fertiggestellt sein. **Golf**
Auf den Inseln, die teilweise auf dem Wasser schwimmen, entsteht auch ein **Fünf-Sterne-Luxusresort**. Das Besondere: Zwischen den Inseln gibt es keine Brücken, sondern gläserne Tunnel, durch die

Extraleicht und superschnell: Segelkatamarane

man die Unterwasserwelt im Vorübergehen beobachten kann. Auch das Clubhaus des Golfplatzes liegt unter Wasser. Das Projekt wird von einer niederländischen Firma realisiert, die sich auf schwimmende Bauten spezialisiert hat.

**Ballsport** Besonders auf den Touristeninseln der gehobenen Kategorie gibt es **Tennisplätze**, die fast immer mit Flutlichtanlagen ausgestattet sind. Allerdings handelt es sich fast überall um asphaltierte Hartplätze. Fast jedes Resort besitzt zumindest einen **Fußball- oder Volleyballplatz**, auf dem sich das einheimische Hotelpersonal sportlich betätigt. Gäste sind hier stets hochwillkommen, manchmal ergeben sich spontane Wettbewerbe. Wenn kein besonderer Platz für Ballspiele vorhanden ist, tut es auch ein Netz, das am Strand gespannt wird. **Tischtennis** ist dagegen fast überall möglich. Schläger und Bälle können überall an der Rezeption entliehen werden.

**Angeln** Der fast sprichwörtliche Fischreichtum in den maledivischen Gewässern ermöglicht bereits mit einer Handangel größere Fänge. Diese besteht aus einer genügend langen Leine mit einem Haken, an dem entweder ein Lebendköder oder ein Blinker befestigt wird. Selbst die Einheimischen vertreiben sich während der Fahrten zwischen den Inseln und Tauchplätzen so häufig die Zeit, indem der Haken während der Bootsfahrten einfach hinter dem Boot hergezogen wird.

Auf nahezu allen Touristeninseln erfreut sich das Abend- bzw. **Nachtangeln** großer Beliebtheit. Dazu fährt man in der Dämmerung mit einem Boot über das Hausriff hinaus. Auch hier reicht bereits eine Handangel für ein entsprechendes Erfolgserlebnis. Der Fang wird dann noch am selben Abend oder am nächsten Tag zubereitet. Wer zur Fischjagd blasen möchte, ist hier allerdings fehl am Platz: Bereits die Einfuhr von Harpunen auf die Malediven ist verboten und demzufolge auch das Harpunieren von Fischen.

## SCHNORCHELN UND TAUCHEN

Wer einen Urlaub auf den Malediven verbringt und nicht einmal mit dem Kopf unter Wasser war, hat die mit Sicherheit größte Sehenswürdigkeit des Archipels vor dem indischen Subkontinent verpasst. Das gilt auch nach den verheerenden Katastrophen der Korallenbleiche des Jahres 1998 wie auch nach dem Tsunami 2004. Nach wie vor besitzen die Malediven eine einzigartige, farbenprächtige Unterwasserwelt, die man als Taucher und Schnorchler auf einfache Weise erkunden kann. Auf den Malediven gilt eine **maximale Tauchtiefe von 30 m**, die eingehalten werden muss. Sogenannte Dekotauchgänge, die in größere Tiefen führen und während des Auf-

**Ideal zum Schnorcheln, die glasklare Wasserwelt der Malediven**

tauchens genau festgelegte Sicherheitsstopps zum Ausgleich des vom Körper aufgenommenen Stickstoffs (Dekomprimierung) erfordern, sind auf den Malediven verboten. Tauchlehrer sind verpflichtet, Gäste von weiteren Tauchgängen auszuschließen, wenn sie gegen diese Regel verstoßen. Erfahrene Taucher legen beim Auftauchen in einer Tiefe von ca. 3 m trotzdem eine kurze Pause ein, um dem Körper genügend Zeit zu geben, den aufgenommenen Stickstoff zu verarbeiten.

Auf jeder Touristeninsel gibt es eine Tauchbasis. Hier kann der PADI richtige und sichere Umgang mit Pressluftflasche, Atemregler und Rettungstarierweste gelernt werden. In den meisten Fällen findet der Unterricht nach dem PADI-Prinzip statt, das sich seit vielen Jahren bewährt hat und auf leicht erlernbaren Grundlagen basiert. Die erste Etappe stellt dabei der Lehrgang zum Open Water Diver dar, es folgen Aufbaukurse, die bis zum Dive Master und zum Dive Instructor, zum Tauchlehrer, führen. Für die Teilnahme an einem PADI-Tauchkurs ist ein Mindestalter von 15 Jahren erforderlich, für Kinder gibt es spezielle Kurse.

Bevor man den nicht ganz billigen Tauchkurs bucht, für den man knapp eine Woche einplanen sollte, empfiehlt sich die Teilnahme am oft **kostenlosen Schnuppertauchen**, das fast jede Tauchbasis anbietet. Hier kann man testen, ob man sich unter Wasser wohl fühlt.

**Tauchtaug-lichkeit** Als weitere Bedingung gilt die Vorlage einer Tauchtauglichkeits-bestätigung des Hausarztes (besser noch eines qualifizierten Tauch-mediziners), in dem die Tauglichkeit zum Tauchen bescheinigt wird. Jede seriöse Tauchbasis wird vor der Ausbildung oder vor dem ersten Tauchgang nach einem solchen Zeugnis fragen! Tauchtauglichkeits-zeugnisse gelten für Taucher im Alter von 18 bis 39 Jahre drei Jahre, wobei im Falle einer Erkrankung in der Zwischenzeit die Tauglich-keit neu festgestellt werden muss. Ältere Taucher müssen jährlich zum Arzt. Auf der Internetseite der Gesellschaft für Tauch- und Überdruckmedizin e. V. gibt es nicht nur ein Formular für diese Untersuchung, sondern auch nützliche Tipps: www.gtuem.de.

**Ausrüstung** Bis zur Erfindung von Atemgeräten für Tauchgänge in größere Tiefen und für längere Tauchzeiten genügte die sogenannte ABC-Aus-rüstung, bestehend aus **Schnorchel, Taucherbrille und Schwimm-flossen**. Auch heute noch sind diese drei Utensilien unverzichtbare Bestandteile einer jeden Tauchausrüstung.

Trotz der tropischen Wassertemperaturen empfiehlt sich das Tragen eines **Tauchanzuges**. In den Stahlflaschen, die ein Taucher auf dem Rücken trägt, befindet sich, außer beim Nitrox-Tauchen, hoch-komprimierte **Pressluft**. Die Atemluft wird mit Kompressoren ver-dichtet und in die Flaschen gepresst. Von dort gelangt sie über Schläuche in den sogenannten Atemregler, den der Taucher unter Wasser im Mund trägt. Aus Sicherheitsgründen trägt man eine **Tarierweste**. Dabei handelt es sich um eine aufblasbare Jacke mit mehreren Kammern, die ebenfalls mit der Luftflasche verbunden ist. Je nach Bedarf kann so Luft zugeführt werden, dann steigt der Taucher etwas auf, oder Luft abgelassen werden, dann sinkt er tiefer. Zu den sonstigen Utensilien, die man zum Tauchen benötigt, gehören ein **Tiefenmesser**, ein **Finimeter** (der die in der Flasche verbliebene Luftmenge anzeigt) und eine **Uhr** für die verstrichene Tauchzeit. Heute werden meist **Tauchcomputer** verwendet, auf denen man alle Angaben auf einen Blick ablesen kann. Zur Ausstattung gehört häufig auch eine Unterwasserlampe. In aller Regel kann man die gesamte Ausrüstung auf den Basen ausleihen. Tauchprofis haben jedoch ihre eigenen Geräte und leihen sich nur noch die Flasche und die Gewich-te aus.

**Nitrox-Tauchen** Seit einigen Jahren gibt es das sogenannte Nitrox-Tauchen, das mittlerweile auf vielen maledivischen Tauchbasen angeboten wird. Der Begriff Nitrox meint ein künstliches Gemisch aus Sauerstoff und Stickstoff, wobei der Sauerstoffanteil höher als 21% liegen muss. Der Vorteil dieses Gemischs liegt darin, dass sich durch den geringeren Stickstoffanteil der menschliche Körper nicht so schnell sättigt wie mit reiner Luft. Dieser Umstand ermöglicht **längere Tauchgänge** (eine Verlängerung der sogenannten Nullzeit, d. h. der möglichen

Tauchzeit ohne Deko-Stopp). Das Nitrox-Tauchen birgt jedoch auch Gefahren: Durch den höheren Partialdruck des Gemischs steigt die Gefahr einer Sauerstoffvergiftung. Außerdem verlangt das Nitrox-Tauchen höhere Qualitätsanforderungen an jedes Teil der Ausrüstung, das mit dem Gemisch in Berührung kommt.

Ganz neu ist das sogenannte Snuba Diving, das bislang jedoch nur von der Tauchbasis auf der **Insel Ihuru** im Nord-Male'-Atoll angeboten wird. Der Begriff setzt sich aus den Worten Snorkeling und Scubadiving zusammen und verbindet die Leichtigkeit des Schnorchelns mit der längeren Tauchzeit des Gerätetauchens. Der Taucher atmet dabei aus einem Atemregler, der aber nicht mit einer Pressluftflasche, sondern einem bis zu sechs Meter langen Schlauch verbunden ist, der von einem Schlauchboot an der Wasseroberfläche aus mit Luft versorgt wird. Auf einen Neoprenanzug wird ebenso verzichtet wie auf eine Tarierweste. **Besonders für Kinder ist das ein Riesenspaß**, Tauchen wird so etwa zu einem »Schwimmen unter Wasser«. Von dem Schlauchboot aus werden mehrere Taucher versorgt.

*Ganz neu: Snuba Diving*

Obwohl man es eigentlich vermuten könnte, sind die Malediven nicht unbedingt ein klassisches Ziel für Wracktaucher. Das mag daran liegen, dass es bereits seit Jahrhunderten einigermaßen zuverlässige Seekarten gab, die ein Auflaufen von Schiffen auf die Korallenriffe verhinderten. Und jene, die in früheren Zeiten trotzdem strandeten und sanken, waren zumeist aus Holz gebaut, das im Laufe der Zeit unter Wasser verrottete.

*Wracktauchen*

Wracks, die relativ gut erhalten sind, gibt es z. B. vor Male', hier ist es die Maldive Victory, die im Februar 1981 sank, im Addu-Atoll die British Loyalty. Dass es heute eine ganze Reihe von weiteren Schiffswracks gibt, die es zu betauchen lohnt, ist auch dem Umstand zu verdanken, dass in den vergangenen Jahren einige ausgemusterte Schiffe nach gründlicher Säuberung absichtlich versenkt wurden. Sie sind nicht nur lohnende Ziele für Wracktaucher, sondern erfüllen auch eine durchaus nützliche Aufgabe: Zum einen stellen sie einen Ersatz für manches gebrochene Korallenriff dar, zum anderen sind sie schon bald nach der Versenkung Heimstatt für Dutzende von Fischarten und andere Meeresbewohner. Beispiele hierfür findet man im Lhaviyani-Atoll nahe der Insel Felivaru. Hier liegen gleich zwei Schiffe auf Grund, wobei die Überreste der Skipjack II heute noch fast senkrecht aus dem Wasser ragen. Sie gehörten einst der Fischfabrik auf Felivaru, die Umstände ihres (absichtlichen?) Untergangs wurden nie ganz geklärt.

# REISEZIELE VON A BIS Z

Ein Meer voller Inseln: Wir porträtieren die Hotelanlagen, verraten die schönsten Tauchspots und stellen die besten Wellness- und Sportangebote vor.

# ADDU-ATOLL

**Lage:** südlich des Äquators  **Entfernung nach Male':** 480 km
**Nord-Süd-Ausdehnung:** 15 km  **West-Ost-Ausdehnung:** 18 km

**Das Addu-Atoll ist das südlichste Atoll der Malediven und nur wenige Kilometer vom Äquator entfernt. Es wird auch Gan- oder Seenu-Atoll genannt und besitzt eine Gesamtfläche von knapp 132 km². Davon entfallen rund 77 km² auf die Lagune und 9,41 km² auf die 23 Inseln. Die größten Inseln heißen Hithadhoo (3,6 km²), Gan (2,6 km²) und Meedhoo (2,1 km²).**

**Addu City**  Anfang 2011 wurden diese Inseln unter dem Kunstnamen Addu City zu einer Einheit verschmolzen. Damit sind Addu City und die Hauptstadt Male' die einzigen Orte auf den Malediven, die aus mehr als einer Insel bestehen. Etwa 20 Inseln sind unbewohnt, auf zweien befinden sich Hotelresorts. Das Besondere am Addu-Atoll sind die Dämme, mit denen die größten Inseln untereinander verbunden sind. Vergleichsweise üppig ist die Vegetation im Addu-Atoll, die meisten Eilande haben einen erstaunlichen Bestand an Kokospalmen. Bemerkenswert ist auch die Unterwasserpopulation, die sich schon aufgrund der Tatsache, dass sich der weitaus größere Teil des Tourismus bisher auf andere Atolle verteilte, über die Jahrzehnte hinweg größtenteils in ihrer ursprünglichen Form bewahren konnte.

**Das Addu-Atoll blieb vom Korallensterben weitgehend verschont. So kann man hier noch die schönen Steinkorallen-Polypen bewundern.**

Im Addu-Atoll fand der britische Kommissar der ceylonesischen Geschichte Kolonialverwaltung, H. P. C. Bell, **Spuren einer buddhistischen Frühkultur** auf den Malediven. Trotz höchst unzulänglicher und wenig systematischer Grabungsmethoden erkannte er von Menschenhand erschaffene Hügel, die vermutlich religiösen Zwecken dienten und in ihrer Anlage den Stupas und Dagobas auf Ceylon, dem heutigen Sri Lanka, ähnelten. Der eindeutige Beweis dafür, dass der Buddhismus auf den Malediven eine wichtige Rolle spielte, war jedoch der Fund des Kopfes einer überdimensionalen Buddhastatue, der im Nationalmuseum in Male' aufbewahrt wird. Während des Zweiten Weltkrieges spielte das Addu-Atoll eine wichtige Rolle als **Stützpunkt des britischen Militärs**. In diesen Jahren wurde der heute noch bestehende Flughafen angelegt, der auch von Großraummaschinen angeflogen wird. Die britische Luftwaffenbasis wurde

**BAEDEKER TIPP**

**!**

*Das Wrack der Briten*

Unweit von Gan liegt zwischen den Inseln Maradhoo und Hithadhoo in 33 m Tiefe das Wrack des im Zweiten Weltkrieg gesunkenen, 140 m langen und gut 20 m breiten Tankers British Loyalty. Er wurde am 9. März 1944 von einem japanischen U-Boot so schwer getroffen, dass er zwar nicht sank, die Besatzung das Schiff aber aufgeben musste. Erst nach dem Krieg wurde er von den Briten endgültig versenkt. Das Wrack ist auch für Tauchanfänger relativ leicht betauchbar. Die Begleitung eines Guides sollte man jedoch in Anspruch nehmen.

allerdings bereits 1971 geschlossen. Später spielte das Addu-Atoll eine besondere Rolle, als zwischen 1959 und 1963 das Atoll, gemeinsam mit dem Huvadu-Atoll und der Insel Fuvammulah, einen kurzlebigen separatistischen Staat, die Vereinigte Republik Suvadiva, bildete. Diesem Kunstgebilde fehlte freilich die internationale Anerkennung.

# Gan

✦ **D 23**

**Lage:** südliches Addu-Atoll
**Entfernung zum Flughafen:** 480 km
**Größe:** 5 x 3 km
**Transferzeit:** ca. 1½ Std. Flugzeug

**Gan ist im Vergleich zu anderen Touristeninseln sehr groß und deshalb ein gutes Ziel für Malediven-Besucher, die mit kleinen Inseln nichts anfangen können. Überdies kann man von dort die anderen drei dazugehörenden Einheimischeninseln mit dem Fahrrad erreichen, denn sie sind mit langen Straßendämmen verbunden.**

## Gan erleben

### HOTELANLAGE
*Equator Village* ⊚ ⊚
Tel. 689 87 21
www.equatorvillage.com
78 Bungalows, Restaurant, Coffeeshop, 2 Bars, Spa, Poo, Fahrradverleih

### TAUCHBASIS
*Diverland Gan*
www.diverland.com
Ausbildung: PADI-Prinzip
Sprachen: Deutsch / Englisch
Ausrüstungsverleih: ja
Nitrox-Tauchen: möglich

Eine Hotelanlage namens Ocean Reef gab es auf der Insel Gan schon seit vielen Jahren, sie stammt noch aus der Zeit, als Großbritannien hier einen Royal Air Force Militärstützpunkt unterhielt – diese musste allerdings nie in Kämpfe eingreifen. Seit 1999 steht das Hotel unter neuem Management und wird als Equator Village vermarktet. Anfang 2011 wurde die in die Jahre gekommene Anlage komplett renoviert und komfortabel ausgestattet. Was die Briten auch noch zurückgelassen haben, ist ein Golfplatz. Er war lange Zeit der einzige auf den Malediven.

**Ausstattung** Das Equator Village bietet 78 hübsch und ausreichend komfortabel eingerichtete Reihenbungalows mit Klimaanlagen und Süßwasserversorgung, über die auch der großzügig angelegte Pool mit Wasser gefüllt wird. Die Mahlzeiten werden entweder als Büfett oder als Tischservice im Hauptrestaurant serviert. Außerdem gibt es einen Coffeeshop und zwei Bars.

**Ausflüge auf zwei Rädern** Einzigartig ist die Möglichkeit, per Fahrrad oder Motorroller (Leihmöglichkeit im Resort), die drei über Straßendämme mit Gan verbundenen Einheimischeninseln zu erkunden. Die Entfernung zur Hauptinsel Hithadhoo beträgt immerhin stattliche 9 km, der ganze Parcours ist 16 km lang.

**Schnorcheln und Tauchen** Zum Schnorcheln eignet sich das Meer vor der kleinen Insel Bushy Island, die Tauchschule bietet täglich mehrere Transfers dorthin. Das **Hausriff** liegt etwa 30 m vor der Insel und stellt zugleich das Innenriff dar. Es ist über mehrere Einstiege direkt betauchbar und eignet sich für Anfänger ebenso wie für Fortgeschrittene. Rund um Gan gibt es außerdem eine **Vielzahl von Tauchrevieren** aller Schwierigkeitsgrade, von deren Unberührtheit selbst weit gereiste Taucher schwärmen. Am Mulikolhu Fara, auch Manta Point genannt, trifft man das ganze Jahr über auf Großfische wie Haie, Barrakudas und Mantarochen. Die Tauchschule des Equator Village veranstaltet täglich Ausfahrten.

## ** **Villingili**

B 17

**Lage:** östliches Addu-Atoll
**Entfernung zum Flughafen:** 480 km
**Größe:** 3 x 0,8 km
**Transferzeit:** ca. 1 ¼ Std. Flugzeug, weitere 8 Min. mit dem Schnellboot

**Shangri-La Island auf Villingili ist das erste Luxusresort im Addu-Atoll, es wurde mit einem Aufwand von 150 Mio. US-Dollar errichtet und 2009 eröffnet. Abwechslung ist hier garantiert, denn die Insel gehört zu den größten der Malediven.**

Die Lagune der Insel ist bis zu 78,6 m tief – eine weitere Besonderheit des Addu-Atolls. Außerdem befindet sich auf Villingili mit 2,4 m die höchste Erhebung der Malediven. Der Name Villingili bedeutet in der Landessprache übrigens **»Insel des Wohlgefallens«**. Und das sieht man an den kilometerlangen Stränden, die von nicht weniger als 17 000 Kokospalmen gesäumt werden sowie an der vielfach noch unberührten Unterwasserlandschaft.

**Internationale Spezialitäten bringen die Küchenchefs des Restaurant Dr. Alis auf den Tisch.**

## Villingili erleben

### ÜBERNACHTEN
*Shangri-La Island*
*Resort & Spa* ⊚⊚ – ⊚⊚⊚
Tel. 689 78 88
www.shangri-la.com
142 Villen, Restaurant, 4 Bars, Spa

### TAUCHBASIS
www.shangri-la.com
Ausbildung: PADI-Prinzip
Sprachen: Englisch
Ausrüstungsverleih: ja
Nitrox-Tauchen: möglich
UW-Kameraverleih: ja

**Ausstattung** Die 146 Villen verteilen sich über die gesamte Insel, einige wurden auf 3 m hohen Pfählen in der Art von Baumhäusern errichtet, andere als Stelzenbungalows in der Lagune. Alle Unterkünfte bieten jeglichen Komfort. Internetzugang ist in jeder Villa möglich und kostenlos. Das 16 700 m² große Spa Chi ist übrigens das größte auf den Malediven. Das Restaurant Dr. Alis bietet indische, arabische und südchinesische Spezialitäten, internationale Gerichte werden im Restaurant Relish sowie im Hauptrestaurant Javvu serviert.

**Schnorcheln und Tauchen** Im Addu-Atoll gibt es das größte zusammenhängende Korallenriff der Malediven, allein dieser Umstand bietet Liebhabern einer vielfältigen und weitgehend unbeeinträchtigten Unterwasserwelt ausgedehnte und erlebnisreiche Tauchgänge. Die inseleigene Marinestation kennt mehr als 25 interessante Tauchplätze und bietet einen **Unterwasserlehrpfad**, den ersten auf den Malediven überhaupt. Wracktaucher zieht es zu den Überresten der »British Loyality«, die in einer Tiefe von 33 m liegen. Im Addu-Atoll trifft man das ganze Jahr über **Mantarochen** mit einer Spannweite von bis zu 5 Meter. Zum Schnorcheln lädt die riesige Lagune ein; auf Wunsch wird man von einer Marinebiologin begleitet. Vor Gan gibt es den **»Turtle Point«**, an dem man viele Meeresschildkröten sehen kann.

**Sport** Geradezu üppig ist das Angebot an Wassersportmöglichkeiten, es reicht von Angeln über Katamaran-Segeln bis zu Windsurfen. Tennis mit Flutlicht ist ebenso möglich wie das Absolvieren eines täglichen Fitnessprogramms. Das kann man entweder im »Gym« oder auf einem der gut ausgeschilderten **Joggingtrails**. Der 9-Loch-Golfparcours ist einer von zwei Plätzen auf den Malediven, er ist allerdings wenig anspruchsvoll (Länge ca. 112 m, durchschnittlich Par 3).

**Unterhaltung** Für den Abendvertreib gibt es drei Bars. Eine davon liegt im Herzen der Insel und ist ein beliebter Treffpunkt. Im Angebot sind auch Ausfahrten zur Delfinbeobachtung sowie Nachtfischen. Die Mitarbeiter der Marinestation bieten gelegentlich **interessante Vorträge**.

# ARI-ATOLL

Nord-Süd-Ausdehnung: 96 km
West-Ost-Ausdehnung: 30 km

**Mit einer Fläche von etwa 2252 km² wird das Ari-Atoll (offizieller Name: Alifu-Atoll) nur noch vom fast parallel östlich davon gelegenen Male'-Atoll übertroffen. Der in einen nördlichen und einen südlichen Teil gegliederte Atollring umfasst insgesamt 105 Inseln.**

Lediglich 18 der Inseln des Atolls werden von Einheimischen bewohnt. 28 weitere sind Hotelinseln, die größtenteils bereits in den 1980er-Jahren für den Tourismus erschlossen wurden. Unübersehbar waren manche damals begangenen Tourismussünden, denn einige Inseln wurden vor der Bebauung fast völlig eingeebnet und danach neu bepflanzt. Allerdings sind die letzten noch sichtbaren Spuren im Laufe der Jahre verwachsen.
**Mahibadhoo**, die Hauptinsel, liegt an der Ostseite des südlichen Ari-Atolls. Auf ihr wohnen etwa 1800 Menschen, die in erster Linie in einer Fischkonservenfabrik beschäftigt sind, aber auch vermehrt vom Tourismus leben.

Nordöstlich des Ari-Atolls erstreckt sich das Rasdhoo-Atoll, das nur einen Durchmesser von 9 km hat und verwaltungstechnisch zum Ari-Atoll zählt. Aus diesem Grund werden die beiden Touristeninseln des Atolls, Veligandu und Kuramathi – Letztere ist eine der größten Hotelinseln der Malediven – in diesem Hauptkapitel zusammen beschrieben. **Rasdhoo-Atoll**

## ✱ Angaga

✦ B 7

Lage: südwestliches Ari-Atoll
Entfernung zum Flughafen: 85 km
Größe: 350 x 150 m
Transferzeit: ½ Std. Flugzeug

**Die spiegeleiförmige Insel Angaga zählt zu den kleineren Hotelinseln. Sie wurde 1989 für den Tourismus eröffnet und ist damit eines der jüngeren Resorts. Kenner schwärmen von Angaga als der »Insel der Verliebten«, die viel von ihrem ursprünglichen Charme behalten hat. Sie besitzt eine üppige tropische Vegetation.**

**Barfußinsel** Das maledivische Management legte bei der Konzeption der Anlage großen Wert auf die Verwendung einheimischer Baumaterialien. Zum Konzept gehört ferner, dass die Böden im Restaurant und in den Bars mit Sand bestreut sind, Angaga ist also eine »Barfußinsel«. Um die gesamte Insel zieht sich außerdem ein breiter Sandstrand, der zu den schönsten der Malediven zählt.

**Ausstattung** Trotz der relativ geringen Größe fand man Platz für 50 komfortabel ausgestattete, 2009 zuletzt renovierte Rundbungalows mit palmblattgedeckten Dächern. Alle Unterkünfte liegen nahe dem Strand, haben Klimaanlagen und eine kleine vorgelagerte Terrasse mit herrlichem Blick aufs Meer. Sehr gut ausgestattet sind die 2004 errichteten 20 Wasserbungalows in der Lagune mit direktem Zugang zum Meer. Die Mahlzeiten werden im seitlich offenen Restaurant als Büfett angeboten. Am Ende des Steges, der zu den Wasserbungalows führt, lädt die Sunset Bar zu Drinks ein.

**Schnorcheln und Tauchen** Das direkt betauchbare **Hausriff** vor Angaga zählt zu den am besten erhaltenen in dieser Region, allerdings hat es sich vom El-Niño-Warmwasserstrom noch nicht ganz erholt. Der Bewuchs besteht vornehmlich aus Stein- und Lederkorallen. Hier kann man oft imposante Drückerfische beobachten. Täglich werden weitere Tauchreviere von der inseleigenen Tauchbasis angesteuert. Auch Schnorchelexkursionen in der Lagune sind beliebt. Bis zu den interessantesten **Thilas** im Zentrum des Ari-Atolls, an denen sich die Großfische tummeln, ist es ebenfalls nicht weit.

**Sport und Unterhaltung** Angaga ist keine ausgesprochene Insel für Sportler. Dennoch ist das Angebot ausreichend. Zu den Sportmöglichkeiten zählen Angeln, Katamaransegeln, Windsurfen, Wasserski, Tischtennis, Volleyball, Badminton und Darts. Gelegentlich werden Ausfahrten zum Nachtfischen sowie zu anderen Inseln in der Umgebung angeboten. Außerdem gibt es Folklore- und Diskoabende.

## Angaga erleben

### HOTELANLAGE
*Angaga Island Resort* Ⓖ Ⓖ
Tel. 668 05 10
www.angaga.com.mv
50 Bungalows, 20 Wasserbungalows,
Restaurant, Coffeeshop, 2 Bars, Spa;
All-inclusive ist möglich

### TAUCHBASIS
*Subaqua*
www.sub-aqua.de
Ausbildung: PADI-Prinzip
Sprachen: Deutsch / Englisch
Ausrüstungsverleih: ja
Nitrox-Tauchen: möglich
UW-Kameraverleih: ja (digital)

# * Athurugau

⊹ B 6

**Lage:** Im Zentrum des Ari-Atolls
**Entfernung zum Flughafen:** 90 km
**Größe:** 280 x 100 m
**Transferzeit:** ½ Std. Flugzeug

**Die kreisrunde Insel Athurugau (auch Athuruga) wirkt mit ihrer üppigen tropischen Bepflanzung mit Palmen und Mangrovenbäumen sehr ursprünglich. Bemerkenswert ist auch der breite Sandstrand, der große Teile der Insel umgibt.**

Bringen Farbe in das Bild von Blau und Weiß: Segelboote und Surfbretter

## Athurugau erleben

### HOTELANLAGE
*Diamonds Athurugau*
*Beach Water Villas* ⊖⊖ – ⊖⊖⊖
Tel. 668 05 08
www.planhotel.com
46 Beach Bungalows, 25 Wasservillen,
2 Restaurants, 2 Bars, Spa; All-inclusive
obligatorisch

### TAUCHBASIS
*The Crab Diving Center*
www.idive.mv
Ausbildung: PADI-Prinzip
Sprachen: Deutsch / Englisch
Ausrüstungsverleih: ja
Nitrox-Tauchen: möglich

Die Anlage zählt zu den Luxusresorts der Malediven und wurde erst im Jahre 1990 eröffnet. Sie wird nach dem All-inclusive-Prinzip geführt; lediglich Champagner, Eiscreme und einige wenige sportliche Aktivitäten sind nicht im Preis enthalten.

**Ausstattung** Nur einer der Bungalows mit balinesischem Interieur liegt nicht direkt am Strand, der ist dafür für Familien ausgerichtet. Alle verfügen jedoch über ungewöhnlich großzügige Zimmer mit allem Komfort (Telefon, Klimaanlage, Ventilator, TV, Minibar u. a.). Außer dem Hauptrestaurant mit würziger und vielfach gelobter italienischer Küche gibt es ein Á-la-carte-Restaurant über Wasser. Für Gäste, die in den Wasservillen logieren, ist das Essen hier inklusive, die auf der Insel wohnen, zahlen extra. Indische Behandlungsmethoden kann man im Serena Spa genießen; diese kosten allerdings extra.

**Schnorcheln und Tauchen** Die Lage der Insel im Zentrum des Ari-Atolls bringt es mit sich, dass man das Außenriff erst nach einer etwa einstündigen Bootsfahrt erreicht. Das **Hausriff** ist nur 30 m vom Landungssteg entfernt, auf der gegenüberliegenden Seite erstreckt sich eine riesige Lagune für Schwimmer und Schnorchler. Die unter italienischer Leitung stehende Tauchschule organisiert täglich Ausfahrten mit dem Tauchboot. Bei Tauchern ist der sogenannte **Panettone** beliebt, ein Tauchplatz mit einer bis zu 20 m großen Höhle, an dem man während des Nordostmonsuns zahlreichen Mantas, Riffhaien und Meeresschildkröten begegnen kann.

**Sport und Unterhaltung** Sportfreunde können sich hier auch mit Windsurfen, Wasserski, Katamaransegeln, Kanufahren, Angeln, Volleyball, Badminton und Tischtennis vergnügen.
Die abendliche Unterhaltung findet in der Bar statt, manchmal werden Disko- und Livemusikabende veranstaltet oder das Personal tanzt einen Bodu Beru. Außerdem gehören Nachtfischen sowie Inselhüpfen zum regelmäßigen Ausflugsprogramm.

# Bathala

✦ C 5

**Lage:** nordöstliches Ari-Atoll
**Entfernung zum Flughafen:** 56 km
**Größe:** 270 x 150 m
**Transferzeit:** 1 ½ Std. Schnellboot, ½ Std. Flugzeug

**Die ovale Insel erhielt ihren Namen nach einer süßen Kartoffelart, die auf den Einheimischeninseln im Ari-Atoll angebaut wird. An einer Seite gibt es nur eine schmale Lagune. Hier wird die Insel von einem flach abfallenden Saum begrenzt, der schon nach wenigen Metern am Hausriff bis auf eine Tiefe von ca. 40 m abfällt.**

Bathala wurde 1983 erstmals für Besucher geöffnet und zuletzt 2012 einer kompletten Renovierung unterzogen. Auf der Insel zieht man sich die Schuhe am ersten Tag aus- und erst am letzten Tag wieder an – die Böden in Rezeption, Restaurant und Bar sind allesamt mit Sand bestreut. Die Tage auf Bathala, das vorwiegend im Programm von Tauchreiseveranstaltern zu finden ist, sind von Tauchaktivitäten und anschließender Geruhsamkeit geprägt. Darüber hinausgehende Unterhaltung oder gar Hektik sind hier Fremdwörter.

**Unterwasserfotografen haben eine Meeresschildkröte vor der Linse.**

## Bathala erleben

### HOTELANLAGE
*Bathala Island Resort* ⊖ ⊖ ⊖
Tel. 666 05 87
www.aaaresorts.com.mv
50 Bungalows, Restaurant, Bar;
All-inclusive ist möglich

### TAUCHBASIS
*Bathala Diving Center*
www.wernerlau.de
Ausbildung: CMAS-/PADI-Prinzip
Sprachen: Deutsch/Englisch
Ausrüstungsverleih: ja
Nitrox-Tauchen: möglich

**Ausstattung**  Alle Unterkünfte des Bathala Island Resorts sind in Hüttenform gestaltet und unter Verwendung landestypischer Baustoffe wie Korallensteine und Palmblätter errichtet. Die 2012 komplett renovierten Unterkünfte besitzen einen kleinen, halb überdachten Innenhof mit einer Dusche im Freien. Alle Bungalows sind mit Klimaanlage ausgestattet, die Süßwasserversorgung wird über eine Meerwasser-Entsalzungsanlage sichergestellt.

**\*Schnorcheln und Tauchen**  Das Meer um Bathala zählt zu den schönsten Tauchrevieren der Malediven, was an der exponierten Lage unweit des östlichen Außenriffs des Ari-Atolls liegt. Bereits wenige Meter vom Inselrand entfernt gibt es ein vielgestaltiges, strömungsreiches **Hausriff** mit einem bemerkenswerten Fischreichtum, das sich auch vorzüglich zum Schnorcheln eignet. Neben den nachtaktiven Ammenhaien werden auch hin und wieder Walhaie gesichtet. Regelmäßig, und zwar am frühen Abend, tauchen zur Freude von Tauchern und Schnorchlern einige Stachelrochen am Steg vor der Insel auf. Drei weitere hervorragende **Tauchreviere**, die als Meeresschutzgebiete ausgewiesen wurden, befinden sich in der Nähe: Fish Head, Maaya Thila und Onimas Thila. Der berühmte **Manta Point**, an dem sich regelmäßig zahlreiche Vertreter dieser imposanten Gattung versammeln, ist mit dem Boot der Tauchschule in kurzer Zeit erreichbar. Auch der fast schon legendäre **Shark Point**, an dem man fast immer auf zahlreiche Haiarten trifft, gehört zum Angebot für lizenzierte Taucher.
Unweit von Bathala finden Taucher außerdem drei **Wracks**, die spektakuläre Tauchgänge ermöglichen. Sie liegen vor ▶Fesdhoo, Halaveli und ▶Ellaidhoo.

**Sport und Unterhaltung**  Der Tauchsport ist zwar die unbestrittene Nummer eins auf der Insel. Zur Abwechslung kann man hier aber auch gut Schwimmen, Angeln oder Volleyball und Tischtennis spielen.
Ausflüge führen zu Einheimischeninseln in der Nähe oder nach Malé. Das Abendprogramm ist allerdings sehr spärlich. Eigentlich bleiben nur das gute Buch und die ausgewählte Flasche Wein.

# Dhidhufinolhu

✦ C 8

**Lage:** südwestliches Ari-Atoll
**Entfernung zum Flughafen:** 104 km
**Größe:** 1,8 x 0,2 km
**Transferzeit:** ½ Std. Flugzeug

**Die etwas eigenartig geformte, weil sehr lange Insel war früher unter dem Namen Ari Beach bekannt. Besonders bemerkenswert ist der herrliche, kilometerlange weiße Sandstrand, weshalb sich die Insel besonders gut für Familien mit Kindern eignet.**

Die Insel wurde 1988 für den Tourismus eingerichtet. Bei der Komplettrenovierung 2008 achtete man darauf, dass die vorhandene üppige Bepflanzung so wenig wie möglich beeinträchtigt wurde.

Die insgesamt 183 modernen Bungalows wurden teils in Doppel-bauweise errichtet und geschickt in die Umgebung eingefügt. Es gibt sieben Kategorien und die obligatorische Präsidentenvilla. Alle Unterkünfte liegen direkt am Strand oder sind auf Stelzen in die Lagune gebaut und ansprechend ausgestattet. Klimaanlage, Bad und IDD-Telefon gehören zum Standard. Für Frischvermählte gibt es

**Ausstattung**

Fast scheint es, als sei diese Wasservilla aus dem Meer gewachsen.

## Dhidhufinolhu erleben

### HOTELANLAGE
*Lux\* Resorts* ⊜ ⊜ ⊜
Tel. 668 09 01
www.naiade.com
96 Bungalows, 87 Wasserbungalows,
6 Restaurants, Coffeeshop, 4 Bars,
Nachtclub, Spa, Kids Club

### TAUCHBASIS
*Eurodivers*
www.euro-divers.com
Ausbildung: PADI-Prinzip
Sprachen: Deutsch / Englisch
Ausrüstungsverleih: ja
Nitrox-Tauchen: möglich

zwei **Honeymoon-Suiten**. Die Mahlzeiten werden als Büfett serviert, es gibt aber auch drei À-la-carte-Restaurants. Probieren sollten Sie unbedingt den Kaffee, denn auf Dhidhufinolhu leistet man sich eine eigene kleine Rösterei. Das inseleigene Spa genießt einen vorzüglichen Ruf und gehört zu den Schönsten der Inseln.

**Schnorcheln und Tauchen**
Das 400 m vor der Insel gelegene Innenriff stellt zugleich das **Hausriff** dar, zu dem mindestens einmal täglich ein Dhoni verkehrt. Es bietet gute Tauchmöglichkeiten. Hier kann man neben vielen kleinen auch größere und große Fische beobachten. Nicht weniger als **25 weitere Tauchreviere**, die von den Booten der Tauchschule regelmäßig angesteuert werden, liegen jenseits des nur 200 m entfernten Außenriffs. Hier können Taucher Rochen, Muränen und Schildkröten und während der Saison auch Walhaie beobachten.

**Sport und Unterhaltung**
Die große Lagune bietet gute Voraussetzungen zum Baden und Schwimmen, da kaum hinderliche Korallenstöcke existieren. Weitere Sportmöglichkeiten sind Windsurfen, Wasserski, Segeln, Kanufahren, Angeln, Radfahren, Volleyball, Fußball, Tennis, Badminton, Parasailing, Tischtennis, Billiard und Beach Yoga.

Das Resort kümmert sich besonders um den Nachwuchs und gehört deshalb zu den familienfreundlichsten der Malediven. Kindern zwischen drei und zwölf Jahren steht tagsüber der **Club Play** zur Verfügung, für Teenager gibt es das **Studio 17** mit altersgerechten Unterhaltungsprogrammen.

Eine der vier Bars mit kleiner Diskothek befindet sich teilweise unter freiem Himmel. Bisweilen werden Tanzabende veranstaltet, manchmal auch mit Livemusik.

---

**BAEDEKER TIPP** ❗

### Ein idealer Übungsplatz

Vor Dhidhufinolhu liegt ein künstlich versenktes Wrack: die 23 m lange »Randhi II«, ein ehemaliger Fischkutter. Sie wurde im Frühjahr 1997 in einer Tiefe von 18 bis 28 m künstlich auf Grund gesetzt. Da vor der Versenkung alle Hindernisse beseitigt wurden, eignet sich das Wrack ganz besonders als Übungsplatz für Anfänger.

# Dhiffushi

✦ C 8

**Lage:** südliches Ari-Atoll
**Entfernung zum Flughafen:** 97 km
**Größe:** 700 x 140 m
**Transferzeit:** 2½ Std. Schnellboot, ½ Std. Flugzeug

**Der ungewöhnlich großflächige Sandstrand an der Inselspitze und die große Lagune empfehlen Dhiffushi für einen Urlaub mit Kindern. Im Innern ist die Insel mit vielen hohen Kokospalmen, Hibiskus- und Scavolaebüschen üppig bewachsen, an den Längsseiten reichen die Büsche fast bis ans Meer.**

Auf dem Touristikmarkt ist die Insel besser unter ihrem neuen Namen Holiday Island bekannt. Die 142 modernen Unterkünfte sind in Einzel- oder Doppelbungalows untergebracht. Sie verfügen über ein hohes Maß an Komfort (Satelliten-TV, Minibar, Klimaanlage usw.). Leider verzichteten die Planer an vielen Stellen auf einheimische Baumaterialien, was dem Gesamteindruck etwas schadet. Die Mahlzeiten werden im Open-Air-Hauptrestaurant serviert, regelmäßig gibt es kulinarische Themenabende. **Ausstattung**

Dhiffushi besitzt ein Hausriff, das jedoch etwas entfernt von der Insel liegt. Die Tauchbasis steht unter deutscher Leitung und hat einige der schönsten Tauchgebiete des Ari-Atolls in petto. Allerdings sind alle interessanten Schnorchel- und Tauchplätze nur mit dem Boot erreichbar (regelmäßiger Dhonitransfer der Tauchbasis). Zeitweise lassen hohe Wellen am Außenriff Schnorcheln und Tauchen zu recht gefährlichen Unternehmungen werden. Am **Fenfushi Faru**, das mit einer Länge von 15 km das längste Einzelriff des Ari-Atolls darstellt, kann man mit großer Wahrscheinlichkeit Walhaie und andere pelagische Großfische sichten. **Schnorcheln und Tauchen**

## Dhiffushi erleben

### HOTELANLAGE
*Holiday Island* ⊜ ⊜ – ⊜ ⊜ ⊜
Tel. 668 00 11
www.villahotels.com
reservations@holiday-island.com.mv
142 Zimmer, 1 Restaurant, Coffeeshop,
2 Bars, Spa, Sauna, All-inclusive ist
möglich

### TAUCHBASIS
*Villadiving*
www.villadiving.com.mv
Ausbildung: PADI-Prinzip
Sprachen: Deutsch / Englisch
Ausrüstungsverleih: ja

**Sport und Unterhaltung**
Die Insel ist ideal für Surf- und Segelanfänger. Ferner sorgen Jetski, Parasailing, Wasserski, Tischtennis, Badminton, Tennis (mit Flutlicht), ein kleiner Fitnessraum, eine Sauna, Aerobic und organisierte Spiele für Abwechslung.
Gelegentlich werden Barbecueabende am Strand veranstaltet, regelmäßig gibt es Livemusik und andere Vergnügungen.

# Ellaidhoo

✕ C 5

**Lage:** östliches Ari-Atoll
**Entfernung zum Flughafen:** 42 km
**Größe:** 400 x 400 m
**Transferzeit:** 1½ Std. Schnellboot, ½ Std. Flugzeug

**Ellaidhoo zählt wegen ihrer vielfältigen Unterwasserwelt zu den schönsten Taucherinseln der Malediven. Sie ist fast vollständig von einem Sandstrand sowie einer großflächigen Lagune umgeben.**

**Ausstattung**
Die erst 2011 komplett renovierten Zimmer befinden sich teilweise in Bungalows direkt am Strand (Standardzimmer) sowie in etwas zurückversetzten doppelstöckigen Gebäuden (Luxuszimmer). Alle Zimmer sind groß und zweckmäßig eingerichtet, besitzen Klimaanlage, Minibar und IDD-Telefon sowie TV. Jedes Zimmer hat einen Balkon bzw. eine eigene Terrasse. In den beiden Restaurants gibt es maledivische und internationale Küche.

**Schnorcheln und Tauchen**
Die Lage Ellaidhoos am östlichen Rand des Ari-Atolls und ein fast vor der Haustüre liegendes Hausriff machen die Insel zu einem **Taucher-Eldorado**. Vom Inselrand bis zum jäh abfallenden Riff sind es maximal 20 Meter. Die Tauchschule wie auch das Sportcenter befinden sich auf der unbewohnten Nachbarinsel Magaa. Die Tauch-

## Ellaidhoo erleben

### HOTELANLAGE
*Chaaya Reef Ellaidhoo* ⊖⊖ – ⊖⊖⊖
Tel. 33 13 78
www.johnkeellshotels.com
88 Bungalows, 24 Wasserbungalows,
2 Restaurants, 2 Bars, Sportcenter, Spa

### TAUCHBASIS
*Dive & Sail Maldives*
www.diveandsailmaldives.com
Ausbildung: CMAS-/PADI-Prinzip
Sprachen: Deutsch/Englisch
Ausrüstungsverleih: ja
Nitrox-Tauchen: möglich

basis steht unter der Leitung von Alfons Straub, der als einer der intimsten Kenner der maledivischen Unterwasserwelt gilt. Ein besonders reizvolles Tauchgebiet, das etwa 250 m lange **Bodu Thila**, liegt unweit von Ellaidhoo vor der Insel Halaveli.

Unmittelbar vor der Küste von Ellaidhoo können Taucher das Wrack eines Bananenfrachters erkunden. Interessanter ist jedoch ein Tauchgang beim sogenannten **Halaveli-Wrack**. Das ehemalige Transportschiff wurde 1991 vor der von Ellaidhoo aus gut erreichbaren Insel Halaveli versenkt. Es liegt in einer Tiefe von bis zu 28 m in aufrechter Position. | **Wracktauchen**

Das sportliche Angebot besteht aus Surfen, Wasserski, Segeln, Jetski, Badminton und Tischtennis. Die Abende verbringt man in der Bar oder unter freiem Himmel am Strand. | **Sport und Unterhaltung**

# ✶✶ Fesdhoo

⟡ B 5

**Lage:** nördliches Ari-Atoll
**Entfernung zum Flughafen:** 72 km
**Größe:** 200 x 150 m
**Transferzeit:** ½ Std. Flugzeug

**Viele Jahre lang war die vor allem bei Tauchern beliebte Insel Fesdhoo (auch Fesdu) fest in deutscher Hand. Nachdem der Tsunami 2004 die Hotelanlage zerstörte, wurde die Insel an die Starwood-Hotelkette neu verpachtet und zu einem der schönsten Resorts der Malediven eingerichtet.**

»Whatever – Whenever – Whereever« – unter diesem Motto wirkt das perfekt ausgebildete und doch stets unaufdringlich agierende Personal. Auf Wunsch wird man per Du angesprochen, überhaupt ist die Inselatmosphäre locker und ungezwungen.

Die Unterkünfte zählen zu den größeren auf den Malediven; 50 sind als Wasserbungalows errichtet, 28 teils doppelstöckige stehen auf der Insel. Außer einem Pool gibt es ein Fitnesscenter und ein Spa. | **Ausstattung**

Fesdhoo ist schön bewachsen. Dominierend sind die zahlreichen hohen Palmen. Zur Beliebtheit der Insel trugen auch die breiten Sandstrände, die nahezu die ganze Insel umgeben, und das nur zwischen 15 und 100 m entfernte Hausriff bei. Zum Baden eignen sich besonders die Strände an der südlichen und südwestlichen Inselseite, im Westen erstreckt sich eine weitläufige Lagune. | **Palmeninsel**

## Fesdhoo erleben

### ÜBERNACHTEN

**W Maldives**
**Retreat & Spa** ◉◉◉◉
Tel. 666 22 22
78 Villen in fünf Kategorien, fast alle
mit privatem Infinitypool, Pool,
3 Restaurants, 3 Bars, Nachtclub/Disko-
thek, Wassersportzentrum, Fitnesscenter, Spa, Boutique

### TAUCHBASIS

Eigene Tauchbasis mit qualifizierten
Marinebiologen
www.wretreatmaldives.com
Ausbildung: PADI-Prinzip
Sprachen: Deutsch / Englisch
Ausrüstungsverleih: ja
Nitrox-Tauchen: möglich

**Schnorcheln und Tauchen**

Schon beim **Schnorcheln** kann man das Hausriff vor Fesdu leicht
erkunden. Dabei wird man auf Wunsch von einem Mitarbeiter der
Tauchbasis begleitet, der auf die Schönheiten der Unterwasserwelt
aufmerksam macht. Diese Erfahrungen
unter Wasser können in der inseleigenen marinebiologischen Station
unter der Anleitung von engagierten
Mitarbeitern vertieft werden.

Leicht erreichbar sind weitere
Tauchplätze in der näheren und
weiteren Umgebung, z. B. der legendäre **Fishhead**, 3 km südlich der
Insel Mushimasgali. Getaucht wird
hier bis zur erlaubten Maximaltiefe
von 30 m. Seit 1995 steht der
Fishhead unter Naturschutz, da die
Korallen- und Fischpopulation (v. a. Grau- und Riffhaie) durch die
vielen Taucher bedroht wurden. Ein weiterer Tauchspot ist das Maaya
Thila vor der nahe gelegenen Touristeninsel ►Maayafushi.

> **!** BAEDEKER TIPP
>
> *Fast alleine …*
>
> Wer es ganz individuell mag,
> reserviert einen Tag oder auch
> eine Übernachtung auf der
> winzigen Nachbarinsel Gaathafushi.
> Hier ist man völlig allein, abge-
> sehen vom dienstbereiten Butler
> und dem Koch, der auf Wunsch
> ein Barbeque zubereitet.

**\*Fesdu-Wrack**

Ein äußerst reizvolles Ziel für Wracktaucher ist das, allerdings nicht
ganz einfach zu betauchende, Fesdu-Wrack. Es handelt sich um einen
einst 30 m langen Fischtrawler, der in einer Tiefe von 29 m liegt. Im
Innern der von Korallen dicht bewachsenen Aufbauten hausen
kapitale Muränen, im Maschinenraum hat ein großer Zackenbarsch
sein Zuhause gefunden. Besonders reizvoll sind Nachttauchgänge, die
jedoch eine größere Taucherfahrung verlangen.

**Unterhaltung**

15Below ist der einzige **Nachtclub unter Wasser** auf den Malediven,
zu ihm führen 15 Stufen hinab, worauf sich der Name bezieht. Alle
drei Monate kommt ein neuer DJ, der Musik auflegt (dreimal pro
Woche von 21.30–2.00 Uhr). Außerdem gibt es mehrere Bars.

# Gangehi

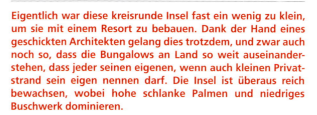

✦ B 4

**Lage:** nördliches Ari-Atoll
**Entfernung zum Flughafen:** 77 km
**Größe:** 400 x 400 m
**Transferzeit:** ½ Std. Flugzeug

**Eigentlich war diese kreisrunde Insel fast ein wenig zu klein, um sie mit einem Resort zu bebauen. Dank der Hand eines geschickten Architekten gelang dies trotzdem, und zwar auch noch so, dass die Bungalows an Land so weit auseinanderstehen, dass jeder seinen eigenen, wenn auch kleinen Privatstrand sein eigen nennen darf. Die Insel ist überaus reich bewachsen, wobei hohe schlanke Palmen und niedriges Buschwerk dominieren.**

Die Hotelanlage gibt es seit 1988; sie wurde zuletzt 2008 umfassend renoviert und dabei etwas erweitert. Den Charme der Insel machen die vorzugsweise verwendeten einheimischen Baumaterialien aus. Die Unterkünfte gibt es in vier Kategorien, wobei die Deluxe-Wasservillen am komfortabelsten ausgestattet sind. Darüber hinaus gibt es eine großzügige Villa, die besonders für Familien geeignet ist. Das Hauptrestaurant Veli bietet vorzugsweise internationale und hier ganz besonders italienisch orientierte Küche, oft in Form von Büfetts. In einem weiteren Restaurant mit dem Namen Thari am Ende des Stegs kann man á la carte speisen. Abends trifft man sich in der Bar, um bei einem Drink den Sonnenuntergang zu genießen. **Ausstattung**

Zum Schwimmen eignet sich die stellenweise von Korallenstöcken durchwachsene, riesige Lagune. Bis zum **Hausriff** und damit zu einem sehr vielfältigen und fischreichen Schnorchelrevier ist es nicht weit entfernt, man erreicht es sogar schon vom Strand aus. Etwas hinderlich sind die künstlich installierten Wellenbrecher, die als letztes Mittel gegen die fortschreitende Erosion der Insel freilich notwendig sind. Täg- **Schnorcheln und Tauchen**

## Gangehi erleben

### HOTELANLAGE
*Gangehi Island Resort* ⊖ ⊖ – ⊖ ⊖ ⊖
Tel. 666 05 05
www.gangehi.com
40 Bungalows, 8 Wasservillen,
2 Restaurants, Bar, Spa

### TAUCHBASIS
*Gangehi Diving Center*
www.gagehi.com
Ausbildung: PADI-Prinzip
Sprachen: Italienisch / Englisch
Ausrüstungsverleih: ja

lich gibt es Ausfahrten der Tauchbasis zu etlichen tollen Revieren unter Wasser, die man allerdings erst nach etwa einer halbstündigen Fahrt mit dem Dhoni erreicht. Am **Gangehi Kandu** trifft man unter anderem auf einige Haiarten sowie am **Malos Thila** auf imposante Mantas.

**Ausflüge** Tagsüber kann man eine Einheimischeninsel in der Nachbarschaft besuchen, auf der maledivisches Kunsthandwerk produziert wird, und abends kann man zum Nachtfischen hinausfahren.

# Halaveli

✳ C 5

**Lage:** nördliches Ari-Atoll
**Entfernung zum Flughafen:** 62 km
**Größe:** 600 x 240 m
**Transferzeit:** 1 ½ Std. Schnellboot, ½ Std. Flugzeug

**Betrachtet man die Insel Halaveli aus der Vogelperspektive, wirkt sie fast ein wenig verloren im Vergleich zu der riesigen Lagune, die sie rundherum umgibt. Das darauf befindliche Resort gehört zwar zu den ältesten der Malediven, genießt jedoch seit seiner Renovierung im Jahre 2008 den Ruf eines exklusiven Fünf-Sterne-Resorts. Die Insel ist herrlich bewachsen, die feinsandigen Strände sind auch für Kinder geeignet.**

**Ausstattung** Man sollte sich auf einen kleinen Fußmarsch einrichten, wenn man in einer Wasservilla ganz am Ende des langen Steges logiert. Zur Not gibt es aber auch Buggys, mit denen man auf Abruf die Restaurants, die Bar und das Spa auf der Insel bequem erreicht. Die Unterkünfte sind sehr ansprechend mit allen Annehmlichkeiten ausgestattet. Alle Villen besitzen eigene Infinity-Pools und kleine Sonnenterrassen. In den drei Restaurants, zwei davon á la carte, werden die Gäste bestens verwöhnt, im Spa kann man unter einer Vielzahl Anwendungen

## Halaveli erleben

### HOTELANLAGE
*Constance Halaveli*
*Maldives* ⊙⊙⊙⊙
Tel. 666 70 00
www.halaveli.constancehotels.com
86 Bungalows und Wasservillen,
3 Restaurants, Bar, Spa, Kids Club

### TAUCHBASIS
www.halaveli.constancehotels.com
Ausbildung: PADI-Prinzip
Sprachen: Italienisch / Englisch
Ausrüstungsverleih: ja
Nitrox-Tauchen: möglich
UW-Kameraverleih: möglich (digital)

wählen. Für Kinder ab drei Jahren gibt es einen eigenen Club, in dem sie tagsüber Programm haben.

Die Vielfalt an kleinen und größeren Fischen erlebt man als Schnorchler schon am **Hausriff**, im Blauwasser sind es dann kleine bis mittelgroße Schwarz- und Weißspitzenhaie, Mantas und Stachelrochen. Die Tauchbasis veranstaltet täglich mehrmals Ausfahrten zu mehr als zwei Dutzend Revieren. Eine ganztägige Ausfahrt führt zum **Manta Point**, einer bekannten Putzerstation für Mantarochen.

**Schnorcheln und Tauchen**

Vor Halaveli liegt in aufrechter Position und in einer Tiefe von 28 m ein ehemaliges Transportschiff, das 1991 absichtlich versenkt wurde. Das als Halaveli-Wrack bekannte Schiff, das mittlerweile schon reich mit Korallen bewachsen ist, eignet sich auch sehr gut für Anfänger im Wracktauchen.

**Wracktauchen**

## ✶✶ Huvahendhoo

✦ **C 7**

**Lage:** südöstliches Ari-Atoll
**Entfernung zum Flughafen:** 80 km
**Größe:** 600 x 110 m
**Transferzeit:** ½ Std. Flugzeug

**Die lang gestreckte Insel Huvahendhoo im südöstlichen Ari-Atoll wurde mit einer komplett neuen Hotelanlage bebaut und 2009 wieder eröffnet, wobei der fast schon traditionelle Resortname Lily Beach beibehalten wurde.**

Ein Teil der Unterkünfte wurde auf Stelzen in der Lagune errichtet, ein anderer fügt sich geschickt in die vorgegebene Natur der Insel ein. Alle Villen bieten jeden nur erdenklichen Komfort. Bei der Neugestaltung des Resorts wurden einige Sünden aus der Vergangenheit,

## Huvahendhoo erleben

### HOTELANLAGE
*Lily Beach Resort & Spa* ⊜ ⊜ ⊜
Tel. 668 05 52
www.lilybeachmaldives.com
63 Bungalows, 56 Wasserbungalows,
Restaurant, Bars, Spa, Pool

### TAUCHBASIS
*Oceanpro Diveteam*
www.oceanpro-diveteam.com
Ausbildung: PADI-Prinzip
Ssprachen: Deutsch / Englisch
Ausrüstungsverleih: ja
Nitrox-Tauchen: möglich

wie z. B. die unschönen Wellenbrecher vor der nördlichen Inselspitze, beseitigt. Auch die einst relativ spärliche Bepflanzung der Insel zeigt sich heute in Form einer dichten Flora. Lily Beach ist eine Barfuß- insel – man zieht die Schuhe am Tag der Ankunft aus und erst wieder an, wenn man die Insel verlässt.

**Ausstattung**  Zu den 63 Bungalows auf der Insel kommen 56 größere in der Lagune hinzu. In der Ausstattung gibt es jedoch kaum Unterschiede. Lily Beach zählt übrigens zu den auch auf den Malediven immer beliebteren All-inclusive-Resorts. Die Speisekarte im Restaurant gestaltet sich international, auf ihr findet man aber auch regelmäßig einheimische Spezialitäten.

Ein besonderes Angebot auf Lily Beach ist der **»Platinum Plan«**. Er beinhaltet nicht nur sämtliche Mahlzeiten und Getränke, sondern auch wassersportliche Angebote aller Art.

**Schnorcheln und Tauchen**  Für Schnorchler und Taucher ist das Meer rund um Huvahendhoo eines der besten Reviere des Ari-Atolls. Das **Hausriff** erstreckt sich zu beiden Seiten der Insel, es ist nur 25 m vom Ufer entfernt und über mehrere Einstiege einfach erreichbar. Die Tauchschule veranstaltet täglich Ausfahrten zu weiteren schönen Revieren im Ari-Atoll. Ein besonders schönes wird Huvahendhoo Corner genannt. Hier kann man außer zahlreichen Arten von Rifffischen bisweilen auch größere Fische wie z. B. die imposanten Stachelrochen beobachte. Angeboten werden auch **Kurse in Meeresbiologie**.

**Sport und Unterhaltung**  Zum Baden eignet sich hervorragend die relativ große Lagune. Wer dennoch Süßwasser bevorzugt, tummelt sich im Pool. Weitere Möglichkeiten zur aktiven Betätigung bieten sich beim Windsurfen, Segeln, Angeln, Volleyball, Tennis (mit Flutlicht) und Tischtennis. Abends schaut man in einer der beiden Bars vorbei. Ab und an werden hier auch Tanzabende veranstaltet.

# Kuramathi

✦ **C 4**

**Lage:** Rasdhoo-Atoll
**Entfernung zum Flughafen:** 70 km
**Größe:** 2,5 x 0,5 km
**Transferzeit:** 1½ Std. Schnellboot, ½ Std. Flugzeug

**Kuramathi war die erste große für den Tourismus erschlossene Insel der Malediven. Sie ist sehr dicht bewachsen, und auch die Tierwelt ist hier vielfältiger als auf anderen Inseln. Es gibt Schönechsen, eine große Anzahl von Flughunden und Reihern.**

Die ersten Touristen kamen bereits im Jahre 1977 nach Kuramathi. Dafür mussten übrigens deren Bewohner weichen, sie wurden auf die Nachbarinsel Rasdhoo umgesiedelt.

Ausgrabungen haben die Vermutung bestätigt, dass es hier ehemals ein **buddhistisches Kloster** gegeben hat. Die Fundstücke sind jedoch auf der Insel nicht mehr zu sehen; sie wurden ins Nationalmuseum in ►Male' gebracht.

Ursprünglich gab es auf Kuramathi drei verschiedene Hotelanlagen mit insgesamt 266 Zimmern. Mittlerweile wurden diese zu einem Resort zusammengelegt und grundlegend renoviert. Unterschiede gibt es freilich auch jetzt noch, was den Komfort, vor allem aber den Preis angeht. Die Zimmer der ersten Anlage sind in drei verschiedene Kategorien aufgeteilt und noch immer die günstigsten auf der Insel, aber auch die einfachsten. Etwas teurer sind die 36 komfortabel eingerichteten Zimmer sowie die 20 Stelzenbungalows in der Lagune. Die teuersten Zimmer schließlich sind die 33 Strand- und 50 Wasserbungalows des ehemaligen Kuramathi Cottage & Spa. Nicht weniger als sieben Restaurants stehen den Gästen zur Verfügung, darunter auch ein sehr gutes Thai-Restaurant.

Hier ist nicht Robinson zuhause, sondern die Tauchschule der Insel.

Nach wie vor gehören die Gewässer um Kuramathi zu den eindrucksvollsten Tauchrevieren der Malediven. Die exponierte Lage oberhalb des Ari-Atolls ermöglicht interessante Tauchgänge mit der hohen Wahrscheinlichkeit, Hammerhaien, Mantas, Adlerrochen und Barrakudas zu begegnen. Weithin berühmt ist ein Tauchplatz mit dem Namen **Rasdhoo Madivaru**, der direkt an der Südostkante der kleinen, gleichnamigen Insel liegt. Zum Schnorcheln eignet sich aber auch schon das Hausriff.

**Schnorcheln und Tauchen**

## Kuramathi erleben

### HOTELANLAGEN
**Kuramathi Island Resort**
🏨🏨 – 🏨🏨🏨
Tel. 666 05 27
www.kuramathi.com
Alle Gäste nutzen gemeinsam
7 Restaurants, Coffeeshops, 4 Bars,
den Kids Club sowie weitere
Einrichtungen der jeweils anderen
Hotels; All-inclusive ist möglich

### TAUCHBASIS
**Rasdhoodivers**
www.rasdhoodivers.com
Ausbildung: PADI-, CMAS-
und NAUI-Prinzip
Sprachen: Deutsch / Englisch
Ausrüstungsverleih: ja
Nitrox-Tauchen: möglich

**\*Eldorado für Wracktaucher** Wracktaucher finden vor Kuramathi ein vorzügliches Revier. Unweit des Anlegesteges liegen die Überreste eines maledivischen Dhonis mit Namen **»Tomton«**, das 1976 versenkt wurde. Etwas weiter außerhalb findet man in einer Tiefe von bis zu 18 m das Wrack eines gestrandeten Küstenfrachters. Übrigens gilt es als gesichert, dass es vor Kuramathi ein weiteres Wrack geben muss. Angeblich ist am 29. Mai 1868 die auf der Fahrt von Mauritius nach Galle auf Sri Lanka befindliche **»Reindeer«** hier auf Grund gelaufen. Bislang wurden jedoch noch keine Wrackteile gefunden, was angesichts der Tatsache, dass das Außenriff auf mehr als 200 m abfällt, nicht verwundert.

> **! BAEDEKER TIPP**
>
> *Einmal rum*
>
> Aufgrund der Größe der Insel kommen auf Kuramathi auch Spaziergänger auf ihre Kosten. Für eine Umrundung der Insel benötigt man immerhin rund 90 Minuten! Bei täglicher Umrundung bleibt man fit!

**Meeresbiologische Station** Auf Kuramathi gibt es seit Kurzem eine meeresbiologische Station, die ganzjährig mit einem qualifizierten Meeresbiologen besetzt ist. Hier erfährt man nicht nur Interessantes über den Lebensraum Meer, sondern auch über die Probleme, wie z.B. die Auswirkungen der Korallenbleiche und die Riffstrukturen. Die Teilnahme an den Veranstaltungen ist kostenlos.

**Sport** Die vielfältigen **Sportangebote**, unter anderem Windsurfen, Katamaransegeln, Wasserski, Tennis (mit Flutlicht) oder Badminton, können die Gäste aller drei Anlagen nutzen.

**Kids Club** Für Kinder aller Altersstufen gibt es den »Bageecha Club«, in dem der Nachwuchs zum Beispiel Piraten spielen kann. Auf spielerische Weise werden auch Themen wie Natur- und Umweltschutz behandelt.

In unmittelbarer Nachbarschaft befindet sich die Einheimischeninsel **Rasdhoo**, die dem Atoll seinen Namen gab. Von Kuramathi aus werden regelmäßig Fahrten dorthin organisiert. Auf Rasdhoo bestehen Einkaufsmöglichkeiten. Auf einer Werft kann man außerdem zuschauen, wie Dhonis nach traditioneller Art gebaut werden. — **Ausflüge**

# ✴ Rangali · Rangalifinolhu

✴ B 7

**Lage:** südwestliches Ari-Atoll
**Entfernung zum Flughafen:** 90 km
**Größe:** 600 x 300 m (Rangalifinolhu), 750 x 100 m (Rangali)
**Transferzeit:** ½ Std. Flugzeug

**Die Insel Rangali besteht eigentlich aus zwei, am südwestlichen Rand des Ari-Atolls in unmittelbarer Nachbarschaft gelegenen Inseln: aus dem größeren Rangalifinolhu und aus der schmalen Insel Rangali, die mit der Hauptinsel durch eine 500 m lange Brücke verbunden ist.**

Möglicherweise leitet sich der Inselname von der landessprachlichen Umschreibung der Korallenriffe ab: »Ran« heißt »Gold« und »gaa« etwa »Korallenstein«. Rangali wurde erstmals 1993 für Besucher geöffnet. 1997 übernahm Conrad Hotels & Resorts die beiden Inseln.

**Auf Pfählen gebaut: die Wasservillen auf Rangali**

**Ausstattung** Die noble Ferienanlage der Conrad Maldives Rangali Island wurde nach dem Tsunami 2004 mit hohem finanziellen Aufwand renoviert und teilweise neu gestaltet. Es entstanden 79 Beach Villas, bei deren Deluxe-Variante der private Pool selbstverständlich ist. Darüber hinaus hat man 50 neue und komfortabel ausgestattete Strandbungalows errichtet. Maximale Entspannung nach ganzheitlichem Ansatz bieten die sogenannten **Spa Villas**. Jede dieser Unterkünfte verfügt über einen eigenen Behandlungsraum, in dem man u.a. ayurvedische Anwendungen verabreicht bekommt. Wer Wellness mit Luxus kombinieren möchte, wird hier garantiert glücklich.

**! BAEDEKER TIPP**

*Die gierigen Blicke der Fische*

Auf Rangali wird ein einmaliges kulinarisches Erlebnis geboten. Sechs Meter unter dem Wasserspiegel bietet das 45 m² große und 175 t schwere Ithaa-Restaurant durch seine Acrylwände einen 180°-Blick auf die Unterwasserwelt. Was vor der Scheibe noch schwimmt, schmeckt dahinter bereits vorzüglich.

**Schnorcheln und Tauchen** Zum Tauchen eignet sich das nahe gelegene **Außenriff** ebenso wie das **Hausriff**. Letzteres ist auch für Schnorchler ein fantastisches Revier. Beide Riffe sind leicht betauchbar und für Anfänger geeignet. Nicht weit von Rangali entfernt liegen einige der spektakulärsten Unterwasserreviere der Malediven. Das **Bodu Thila** ist bekannt für Großfische aller Art. Haie und – von Dezember bis April – mit etwas Glück auch Mantas kann man am berühmten Tauchplatz **Madivaru**, auch Manta Point genannt, beobachten.

Einzigartig auf den Malediven ist das Mini-Unterseeboot Nemo mit gläsernen Kuppeln, mit dem bis zu zwei Personen in Begleitung eines Fahrers die Unterwasserwelt vor Rangali und Rangalifinolhu erkunden können.

**Wracktauchen** Wracktaucher finden in der nahen Umgebung gleich zwei versunkene Schiffe: So ist der Fischkutter »Randhi II« (►Dhidhufinolhu) auch von Rangali aus gut erreichbar. Direkt am Hausriff liegt außerdem die 15 m lange »Musthaari«, ein früheres Transportschiff.

**Sport** Baden kann man nicht nur im Meer, sondern auch in den beiden Süßwasserpools. Auch Surfen, Segeln, Angeln, Volleyball, Tennis (mit Flutlicht) und Tischtennis sind Sportarten, die man hier ausüben

## Rangali erleben

### HOTELANLAGE
*Conrad Maldives*
*Rangali Island* ⓒⓒⓒ – ⓒⓒⓒⓒ
Tel. 668 06 29
www.conradhotels.com
79 Strandvillen, 52 Wasservillen,
24 Spa-Villen, 7 Restaurants,
mehrere Bars

### TAUCHBASIS
*Subaqua*
www.sub-aqua.de
Ausbildung: CMAS- / PADI-Prinzip
Sprachen: Deutsch / Englisch
Ausrüstungsverleih: ja
Nitrox-Tauchen: möglich

kann. Wer sich indoor fit halten möchte, findet auf Rangali außerdem
ein gut ausgestattetes klimatisiertes Fitnesszentrum vor.

Für die Abende gibt es eine Diskothek und zwei gemütliche Bars. **Ausflüge und**
Tagesausflüge führen zu Einheimischeninseln in der Umgebung oder **Unterhaltung**
auch auf ein unbewohntes Eiland. Für Hochseefischer werden
Ausflüge ans Außenriff angeboten.

# Kudafolhudoo

✦ **B 4**

**Lage:** nördliches Ari-Atoll
**Entfernung zum Flughafen:** 74 km
**Größe:** 200 x 250 m
**Transferzeit:** 2 Std. Schnellboot, ½ Std. Flugzeug

**Kudafolhudoo, das auch unter dem Namen Nika bekannt ist,
zählt zu den Eilanden, die als erste im Ari-Atoll für den
Tourismus erschlossen wurden. Bereits 1983 kamen die ersten
Touristen hierher. Die Insel ist sehr üppig mit Kokos- und
Schraubenpalmen bewachsen, Schatten spendende Plätzchen
findet man deshalb überall.**

Ursprünglich besuchten fast ausschließlich Italiener die Insel. Erst im
Laufe der Zeit, vor allem aber seit einer 1998 durchgeführten grund-
legenden Renovierung, suchen hier auch Gäste aus vielen anderen
Ländern eine exklusive Unterkunft. Doch nach wie vor bilden
Italiener eine beachtliche Klientel.
Berühmt und namensgebend ist ihr 130 Jahre alter Nika-Baum, eine
Feigenart, in der Mitte der Insel. Seine kräftigen aber flexiblen Zweige
werden z. B. als Segelstangen für Dhonis verwendet. Auf der Insel gibt
es auch ein Schildkrötenaufzuchtprojekt.

## Kudafolhudoo erleben

### HOTELANLAGE
*Nika Maldive Resort* ☺ ☺ ☺
Tel. 666 05 16
www.nikaisland.com.mv
27 Bungalows, 10 Wasserbungalows,
eine Suite, Restaurant, 2 Bars,
Coffeshop, Spa, Souvenirladen

### TAUCHBASIS
www.nikaisland.com.mv
Ausbildung: PADI-Prinzip
Sprachen: Deutsch / Englisch / Italienisch
Ausrüstungsverleih: ja

**Ausstattung**  Trotz der Größe der Insel beschränkte man sich auf nur 27 Bungalows und 10 Wasserbungalows, die nicht nur über jeglichen Komfort (z. B. getrennte Wohn- und Schlafräume) verfügen, sondern mit einer Fläche von etwa 70 m² zu den größeren der Malediven zählen. Zu jeder Wohneinheit gehört ein eigener Privatstrand-Abschnitt.
Nika wird auf dem italienischen Reisemarkt angeboten, entsprechend ausgerichtet ist das kulinarische Angebot. Und manch einer schwärmt davon, dass die Frutti di Mare hier mindestens genauso gut schmecken wie auf Sizilien. Sicher liegt das auch daran, dass der Chefkoch sein Handwerk dort gelernt hat. Das Frühstücksbüfett ist reichhaltig und mittags und abends wird am Tisch serviert Bemerkenswert ist der überaus gut sortierte **Weinkeller**, der in den Korallenstock geschlagen wurde.

**Schnorcheln und Tauchen**  Auch wenn im Urlaubsalltag das legere Dolce Vita dominiert – in der Tauchschule geht es eher preußisch-pedantisch zu. Die steht nämlich unter deutscher Leitung und ist bekannt für die konsequente Einhaltung der offiziellen und inoffiziellen Unterwasserregeln. Tauch- und Schnorchelreviere gibt es reichlich, einige findet man schon am Hausriff. Ausfahrten zu anderen reizvollen Tauchrevieren in der näheren und weiteren Umgebung stehen täglich auf dem Kalender, z. B. zum **Gangehi Pass**, einem Kanal, in dem die Begegnung mit Großfischen fast schon selbstverständlich ist.

**Sport**  Die großflächige Lagune, die fast die gesamte Insel umgibt, bietet außerdem gute Voraussetzungen zum Baden und Schwimmen. Sportliche Abwechslung bieten Windsurfen, Wasserski, Segeln, Kanufahren, Angeln, Volleyball, Parasailing, Tischtennis und Tennis auf Kunstrasen.

**Ausflüge und Unterhaltung**  Unweit von Nika liegt die vor allem von Fischern bewohnte Einheimischeninsel **Bodufolhudhoo**, sie wird mehrmals in der Woche angesteuert (z. B. zum Einkaufen). Auf Nika selbst gibt es eine Bar, in der regelmäßig Veranstaltungen stattfinden.

# Maadogali

 B 5

**Lage:** in der Mitte des nördlichen Ari-Atoll
**Entfernung zum Flughafen:** 95 km
**Größe:** 250 x 150 m
**Transferzeit:** ca. 20 Min. Schnellboot

**Auf Maadogali, einer ovalförmigen Insel im nordwestlichen Ari-Atoll beschränkt man sich auf Bungalows auf der Insel, die nach traditioneller Malediven-Art mit Palmblättern gedeckt sind und ausreichenden Platz und Komfort bieten. Maadogali ist übrigens eine typische Barfußinsel: Man zieht die Schuhe bei der Ankunft aus und erst wieder bei der Abreise an.**

Die 65 einzeln stehenden Bungalows sind im Inneren mehr als ausreichend komfortabel ausgestattet. Zu den Annehmlichkeiten zählen TV, IDD-Telefon, Aircondition bzw. Ventilator sowie eine kleine Terrasse direkt vor dem Bungalow. Das Restaurant ist italienisch orientiert, da Maadogali in der Vergangenheit besonders bei Gästen vom Stiefel beliebt war. Das hat sich mittlerweile geändert, seither ist das Publikum eher internationaler Herkunft. Frühstück und Abendessen werden als Büfett angeboten. **Ausstattung**

Mehr als 30 abwechslungsreiche Tauchreviere gibt es rund um Maadogali, sie werden täglich in mindestens zwei Ausfahrten angesteuert. Zum Beispiel zum **Shark Point**, einem Treffpunkt verschiedener Haiarten oder zum **Manta Point**, wo sich wahre Giganten dieser Art versammeln. Zum Schnorcheln und zum Sammeln erster Erfahrungen unter Wasser eignet sich aber auch schon das **farbenprächtige Hausriff**, das nur wenige Meter vom Inselrand entfernt ist. Hier sieht man Rochen, Muränen, Riffhaie, Schildkröten, Papagei- und Napoleonfische und unzählige andere. Etwas weiter draußen schwimmen gelegentlich Delfine vorbei. **Schnorcheln und Tauchen**

## Maadogali erleben

### HOTELANLAGE
*Maadogali Resort & Spa* ☺☺☺
Tel. 666 05 81
www.maadogalimaldives.com
65 Bungalows, Restaurant, Coffeeshop, Bar, Spa, (kein Pool!)

### TAUCHBASIS
*Maadogali Diving Center*
www.maadogalimaldives.com
Ausbildung: PADI-Prinzip
Sprachen: Deutsch / Englisch
Nitrox-Tauchen: möglich

**Unterhaltung**  Abends geht es eher beschaulich und ruhig zu. Man trifft sich in der Bar auf einen Drink und zum Kennenlernen der anderen Gäste. Tagsüber werden Ausflüge, auch zu einer Einheimischeninsel, angeboten, und wenn man so will, ist die Ausfahrt zum Nachtfischen auch so etwas wie Unterhaltung.

# Maafushivaru

⟡ C 7

**Lage:** südliches Ari-Atoll
**Entfernung zum Flughafen:** 100 km
**Größe:** 500 x 500 m
**Transferzeit:** ca. 25 Min. Flugzeit

**Die einst unter dem Namen Twin Island bekannte Hotelinsel erfuhr Ende 2010 nicht nur eine Namensänderung, sie wurde auch komplett renoviert und dabei sichtlich aufgewertet. Die Insel ist sehr dicht bewachsen. Die komfortabel ausgestatteten Villen stehen zum Teil an Land und zum Teil auf Stelzen in der Lagune. Maafushivaru ist rundherum von einem breiten Sandstrand umgeben.**

**Ausstattung**  Das Resort bietet 26 vorwiegend aus einheimischen Baumaterialien erstellte Strand- sowie 22 Wasservillen, die mit reichlichem Komfort ausgestattet sind. Für Familien empfiehlt sich einer der beiden Beach Bungalows mit einem außergewöhnlich großen Platzangebot. Im Restaurant werden internationale Gerichte ebenso angeboten wie maledivische Spezialitäten, dies meist als Büfett. Regelmäßig gibt es ein maledivisches Barbeque. All-inclusive ist möglich und empfehlenswert. Für die Abende steht eine hübsche Bar zur Verfügung, die sich teilweise unter freiem Himmel befindet. Mehrmals pro Woche gibt es unterhaltsame Veranstaltungen.

## Maafushivaru erleben

### HOTELANLAGE
*Maafushivaru Maldives*
€ € – € € €
Tel. 333 20 00
www.maafushivarumaldives.com
50 Strand- und Wasservillen,
2 Restaurants, Bar, Pool (eigener Pool
für Kinder), Fitnesscenter, Spa

### TAUCHBASIS
www.maafushivarumaldives.com
Ausbildung: PADI-Prinzip
Sprachen: Deutsch / Englisch
Ausrüstungsverleih: ja
Nitrox-Tauchen: möglich

Zum Schwimmen muss man nicht weit hinauslaufen, die Lagune ist an manchen Stellen ausreichend tief. Etwas hinderliche Schutzmauern an einer Inselseite kann man problemlos überwinden bzw. um sie herumgehen. Das Hausriff liegt wegen des breiten Sandstrandes etwa 50 m entfernt vom Inselrand. Es bietet zahlreiche Arten von Rifffischen, manchmal trifft man auf Meeresschildkröten und kleine Haie. Die Tauchschule bietet täglich zwei Ausfahrten zu einigen schönen Unterwasserrevieren, etwas weiter entfernt findet man eine Stelle, an der mehr oder weniger regelmäßig Walhaie beobachtet werden können. Tauchsportanfänger werden behutsam eingeführt und ausgebildet. **Schnorcheln und Tauchen**

Ein- bis zweimal pro Woche führt ein Ausflug zur benachbarten Einheimischeninsel Dhangethi, die man mit dem Dhoni in etwa 20 Minuten erreicht. **Ausflüge**

# Maayafushi

✦ C 5

**Lage:** nördliches Ari-Atoll
**Entfernung zum Flughafen:** 63 km
**Größe:** 400 x 150 m
**Transferzeit:** 2 ½ Std. Schnellboot, ½ Std. Flugzeug

**Maayafushi, ein Klassiker des Malediven-Tourismus, ist vor allem durch den Tauchlehrer und Unterwasserfotografen Herwarth Voigtmann und seine spektakulären Fotos von angefütterten Haien in aller Welt berühmt geworden.**

Die Tauchbasis steht längst unter neuer (italienischer) Leitung. Doch der gebürtige Reutlinger Voigtmann, nach dem sogar eine kleine von ihm entdeckte Hummerart benannt wurde, hat der Insel, die bereits 1983 eröffnet und zuletzt 1999 gründlich renoviert wurde, seinen Stempel aufgedrückt. Sie ist immer noch eine Art Wallfahrtsort für

## Maayafushi erleben

### HOTELANLAGE
*Maayafushi Tourist Resort* ◉◉
Tel. 666 05 88
www.maayafushiresort-allinclusive.com
75 Zimmer, Restaurant, Coffeeshop,
Bar; All-inclusive ist obligatorisch

### TAUCHBASIS
*Maayafushi Dive Center*
www.maayafushidiving.com
Ausbildung: PADI-Prinzip
Sprachen: Deutsch / Englisch
Ausrüstungsverleih: ja

Tauchtouristen. Dabei hat diese viel von ihrem ursprünglichen Charme bewahren können. Bemerkenswert ist neben der dichten tropischen Vegetation, die fast bis ans Wasser heranreicht, die große und ziemlich flache Lagune im Westen der Insel. Sie eignet sich hervorragend zum Baden und Schwimmen. Die Insel Maayafushi ist nicht zuletzt deshalb Familien mit kleinen Kindern zu empfehlen.

**Ausstattung**  Auch nach der letzten umfassenden Renovierung hat Maayafushi den rustikalen Charakter behalten. Die 75 Zimmer sind ansprechend und zweckmäßig eingerichtet, jetzt auch mit Klimaanlagen ausgestattet und in Reihenbungalows mit jeweils vier Unterkünften angeordnet. Dem Geschmack der Zeit entsprechend wurden auch acht Bungalows in der Lagune errichtet. Die Küche ist bekannt für die gute Zubereitung vorzugsweise einheimischer Gerichte. Zu allen Mahlzeiten bedient man sich selbst am Büfett. Kleine Gerichte werden auch im Coffeeshop serviert.

**Schnorcheln und Tauchen**  Die durch das Korallensterben 1998 schwer geschädigte Unterwasserwelt hat sich erstaunlicherweise relativ rasch erholt. Die Fischpopulation am direkt betauchbaren Hausriff (ca. 30 m vor der Insel) ist nach wie vor bemerkenswert. Nur 15 Bootsminuten entfernt liegt das für seinen Fischreichtum berühmte **Maaya Thila**, an dem man sehr oft Grau- und Riffhaie und andere pelagische Fische beobachten kann. Weitere lohnende Tauchreviere sind der etwa 90 Bootsminuten entfernte legendäre **Fishhead** sowie das strömungsreiche **Ukulhas Thila**, an dem man während der Saison zwischen Dezember und April Mantas und Adlerrochen begegnen kann. Unweit von Maayafushi liegt das Fesdu-Wrack (▶Fesdhoo), ein weiteres nahes Tauchziel ist das Halaveli-Wrack (▶Halareli).

Wracktaucher vor Maayafushi

**Sport und Unterhaltung**  Das weitere sportliche Angebot besteht aus Windsurfen, Kanufahren, Katamaransegeln (kostenpflichtig), Wasserski, Parasailing, Badminton, Volleyball und Tischtennis.
Ausflüge zur unbewohnten Nachbarinsel Madivaru, zum Nachtfischen oder Hochseeangeln und Barbecue-Abende sind reizvolle Alternativen zum obligatorischen Tauch- und Badeprogramm. Wer möchte kann das Ari-Atoll auch aus der Vogelperspektive erkunden.

# Machchafushi

✦ C 7

**Lage:** südliches Ari-Atoll
**Entfernung zum Flughafen:** 95 km
**Größe:** 250 x 150 m
**Transferzeit:** 25 Min. von Hulhule zum Inlandsflughafen Maamigili ca. 30 Min. mit dem Flugzeug, dann weitere 15 Min. mit dem Schnellboot

**2011 zuletzt renoviert und aufgeputzt präsentiert sich diese Insel jetzt auf Fünf-Sterne-Niveau. Die Übernachtungspreise sind akzeptabel geblieben und der Service wird gelobt. Die meisten Unterkünfte stehen in der Lagune, woraus sich ein kleiner Nachteil ergibt: Sie sind so dicht aneinandergebaut, dass der ungehinderte Blick aufs Meer von den Strandvillen aus etwas getrübt wird. Dem Architekten blieb angesichts der geringen Inselgröße wohl kaum etwas anderes übrig.**

Erstaunlich geräumig sind die geschmackvoll eingerichteten Zimmer allemal. Und sie verfügen über jeglichen Komfort, wozu Flachbildfernseher und kostenloser WLAN-Zugang als Mindeststandard dazugehören. Jede Villa verfügt über eine eigene Terrasse, einige bieten sogar einen Jacuzzi oder einen kleinen Pool. Die Mahlzeiten werden in vier Restaurants serviert, neben einem für thailändische Spezialitäten gibt es auch einen Italiener. Im Hauptrestaurant, wird das Essen als Büfett angeboten. **Ausstattung**

Das Hausriff ist nur 50 m von der Insel entfernt, man erreicht den Einstieg über einen Steg. Hier trifft man bereits auf eine Vielzahl von Riffbewohnern. Manchmal schwimmt eine Meeresschildkröte vorbei, und kleine Haie tummeln sich in der Kinderstube des Meeres. Außerdem gibt es Scharen von Füsilieren, Drücker- und Wimpelfischen, **Schnorcheln und Tauchen**

## Machchafushi erleben

### HOTELANLAGE
*Centara Grand Island* ⊙⊙ – ⊙⊙⊙
Tel. 668 80 00
www.centarahotelsresorts.com
112 Strand- und Wasservillen in sechs verschiedenen Kategorien, 3 Restaurants, Bar, Swimmingpool, Kinderpool, Tennis, Fitnesscenter, Spa, Kids Club; All-inclusive ist empfehlenswert

### TAUCHBASIS
*Machchafushi Dive Center*
www.centarahotelsresorts.com
Ausbildung: PADI-Prinzip
Sprachen: Deutsch / Englisch
Ausrüstungsverleih: ja
Nitrox-Tauchen: möglich

bisweilen auch imposante Napoleons. Die Tauchschule bietet täglich zwei Ausfahrten zu Tauchzielen in der näheren und weiterer Umgebung, dabei gehören Mantas, Stachelrochen, Ammenhaie fast schon zu den Selbstverständlichkeiten. Die Ausbildung für Tauchanfänger findet, auch auf Deutsch, nach dem bewährten PADI-Prinzip statt.

**Wracktauchen** 1999 wurde vor Machchafushi die 52 m lange MV Kudhima versenkt, es ist **eines der größten Wracks vor den Malediven**. Das Schiff liegt in einer Tiefe von etwa 30 m etwas auf der Seite und eignet sich deshalb unter Berücksichtigung der üblichen Sicherheitsmaßnahmen auch für Anfänger im Wracktauchen. Der Schiffskörper ist naturgemäß noch nicht so reichhaltig bewachsen, das wird auch noch einige Jahre dauern.

**Ausflüge** Für Aktivitätensuchende gibt es ein Ausflugsprogramm, das u. a. auch zu einer unweit entfernten Einheimischeninsel führt.

# ✳ Mirihi

—————————————————————————— ✦ B 7

**Lage:** südwestliches Ari-Atoll
**Entfernung zum Flughafen:** 85 km
**Größe:** 350 x 50 m
**Transferzeit:** ¾ Std. Flugzeug

**Mirihi zählt zu den Kleinoden des Malediven-Tourismus und besticht durch einen schneeweißen Sandstrand an der südlichen Inselspitze, eine herrliche Lagune sowie die weitgehend naturbelassene üppige Bepflanzung. Die Hotelanlage der lang gestreckten Insel wurde 1989 eröffnet und zuletzt 2008 gründlich renoviert.**

**Um Mirihi entstanden die ersten Wasservillen der Malediven.**

## Mirihi erleben

### HOTELANLAGE
*Mirihi Island Resort* ⓖⓖ – ⓖⓖⓖ
Tel. 668 05 00
www.mirihi.com
36 Strandvillen, 30 Wasserbungalows,
2 Restaurants, Coffeeshop, Bar, Spa

### TAUCHBASIS
*Oceanpro Diveteam*
www.oceanpro-diveteam.com
Ausbildung: PADI-Prinzip
Sprachen: Deutsch / Englisch
Ausrüstungsverleih: ja
Nitrox-Tauchen: möglich

**Ausstattung**

Mit der Schwierigkeit, selbst eine so winzig kleine Insel wie Mirihi für den Tourismus zu erschließen, wurden die Planer auf seinerzeit originelle Art und Weise fertig: Die meisten der 30 geräumigen Doppelbungalows des Mirihi Island Resort wurden auf Pfählen in der Lagune errichtet – es waren mit **die ersten Wasserbungalows der Malediven**. Über den höchsten Komfort verfügen jedoch die Bewohner der sechs Strandvillen auf der Insel. Diese und auch die Restaurants sind gekonnt in die üppige tropische Vegetation eingebunden.

**Schnorcheln und Tauchen**

Das außerordentlich schöne Hausriff liegt nur etwa 40 m vor der Insel und ist durch mehrere Einstiege direkt betauchbar. Die Rochen der Insel wurden angefüttert und können schon beinahe als Haustiere gelten, denn sie sind bei Tauchgängen sehr zutraulich. Sie halten sich meistens an der Südseite des Riffs auf, an der Nordseite findet man schöne Korallenformationen. Tauchfahrten werden zu mehr als 40 interessanten Stellen wie dem strömungsreichen **Madivaru** (Manta Reef), einem weithin bekannten Treffpunkt von Mantas, unternommen. Vor der nahen Einheimischeninsel **Vakkarufali** gibt es ein weiteres schönes Hausriff.
Seit September 2000 ist Mirihi auch ein Ziel für **Wracktaucher**. Die »Madi-ge«, was vielversprechend mit »Haus der Rochen« zu übersetzen ist, wurde in 22 m Tiefe nahe dem Hausriff versenkt.

**Sport und Unterhaltung**

Sportive Abweechslung findet man bei Windsurfen, Wasserski, Katamaransegeln, Angeln, Volleyball, Fußball, Tischtennis oder im Fitnesscenter.
Mirihi ist so klein, dass sich die abendliche Unterhaltung auf eine in die Bar integrierte Diskothek und auf gelegentliche Abende mit Zauberern und Musikanten beschränkt. Ausflüge führen unter anderem auf eine Einheimischeninsel in der Nähe, außerdem wird Nachtfischen angeboten. Wer einen Tag auf einer winzigen unbewohnten Insel nahebei in trauter Zweisamkeit verbringen möchte, wird morgens hingefahren und abends wieder abgeholt.

# Mishimas Mighili

✦ C 5

**Lage:** nördliches Ari-Atoll
**Entfernung zum Flughafen:** 70 km
**Größe:** 210 x 80 m
**Transferzeit:** 25 Min. Flugzeug

**Einst gab es hier ein Resort, das zu den kleinsten und feinsten der Malediven gehörte. Dann wurde es von einem Konsortium übernommen, das bereits zwei Inseln gepachtet hat. Da die Insel sehr klein ist, entschied sich der neue Pächter, die neuen Unterkünfte auf Pfählen in die Lagune hineinzubauen.**

**Ausstattung**
Da die Hotelanlage erst im Jahre 2013 eröffnet wurde, sind alle 84 Unterkünfte auf dem neuesten Stand und ausreichend komfortabel ausgestattet. Klimaanlagen gehören zum Standard, ebenso IDD-Telefone und Großbildfernseher. Am besten wohnt man in den Wasserbungalows, die allerdings relativ dicht nebeneinander stehen. Bemerkenswert ist das überdimensionale Zeltdach über dem Hauptrestaurant in der Lagune, in dem die Mahlzeiten in Büfettform serviert werden. Vom vorigen Pächter wurden die für die Malediven typischen luxuriösen Dhonis übernommen, die tageweise oder auch zum Übernachten gechartert werden können. Bei einem Mindestaufenthalt von einer Woche ist eine Tagestour kostenlos enthalten.

**Schnorcheln und Tauchen**
Die Insel ist fast vollständig von einem herrlichen Sandstrand umgeben, zum Baden und Schwimmen lockt die Lagune. Das Hausriff an der östlichen Inselseite ist nur wenige Meter vom Inselrand entfernt und bietet eine Vielzahl von bunten Korallen, an denen sich viele kleine und größere Fische tummeln. Die Tauchschule bietet mindestens zweimal täglich Ausfahrten zu interessanten und abwechslungsreichen Revieren wie z. B. zum Fishhead.

## Mishimas Mighili erleben

### HOTELANLAGE
*Safari Island* ⊙ ☺
Tel. 660 07 27
Buchbar nur über verschiedene Reiseveranstalter
84 Bungalows (größtenteils als Wasserbungalows), Restaurant, Bar, Pool, Fitnesscenter, Spa; All-inclusive ist möglich

### TAUCHBASIS
www.safarisland.com.mv
Ausbildung: PADI-Prinzip
Sprachen: Deutsch / Englisch
Ausrüstungsverleih: ja
Nitrox-Tauchen: möglich

# Das Geld, das im Meer wuchs

*Rund 5000 verschiedene Muschel- und Schneckenarten bevölkern die maledivischen Riffe. Die berühmteste ist ohne Frage die Kaurischnecke. Schon der islamische Gelehrte Ibn Battuta, der im 14. Jahrhundert die Malediven bereiste, berichtete von ihr: »Das Geld der Insel besteht aus Wada. So heißt eine Muschel, die im Meer gesammelt wird.«*

Sie ist zwar nicht aus Gold, aber trotzdem war sie wertvoll.

Schon im alten China diente sie von etwa 1500 v. Chr. bis 200 n. Chr. als Währung. Arabische Händler brachten sie später von Indien in ihre Heimatländer und nach Westafrika, sodass im 19. Jh. über eine Entfernung von mehr als 20 000 Kilometern – von Polynesien bis Mauretanien – eine erstaunlich **weit verbreitete Leitwährung** bestand.

## Cypraea moneta

Tagsüber sieht man die oft fälschlich als Muschel bezeichnete, nachtaktive Kaurischnecke, von der es etwa **200 Unterarten** gibt, höchst selten. Wegen ihres ebenmäßigen creme-weißen Gehäuses mit drei verschwommenen grau-braunen Querbändern, das an Porzellan erinnert, sind die Schnecken sehr begehrt.

Bis zur Einführung von Metallgeld diente die Kauri auch auf den Malediven als gültiges Zahlungsmittel. Ibn Battuta berichtete weiter, dass es für sie regelrechte Maßeinheiten gab, ähnlich dem Klafter für Holzeinschlag in Deutschland. Es ist schlecht vorstellbar, dass solche Mengen Schnecken im Meer gesammelt wurden; wahrscheinlich wurden sie in großen Mengen gezüchtet.

## Weltreise

Besucher der Inseln des indischen Subkontinents brachten sie bis an den Zarenhof in St. Petersburg. Das Erstaunen der Archäologen war ebenfalls groß, als man die Kauri sogar in Finnland und im nördlichen Norwegen als Grabbeigabe fand. Der Handel mit den Schneckenhäusern florierte bis weit ins 17. Jahrhundert. So ist überliefert, dass eine Reisegruppe 1683 die Malediven mit **60 t Kauris an Bord** ihres Schiffes verließ!

Zudem sind diese Schneckenhäuser auch heute noch als Schmuckstücke begehrt. Kein Wunder also, dass die Kaurischnecken heute sehr selten geworden sind und sie unter die strengen Bestimmungen des Washingtoner Artenschutzabkommens fallen. Sie dürfen deshalb nicht mehr von den Malediven ausgeführt werden – daher Vorsicht beim Straßenkauf!

# Moofushi

✦ **B 6**

**Lage:** westliches Ari-Atoll
**Entfernung zum Flughafen:** 99 km
**Größe:** 350 x 100 m
**Transferzeit:** ¾ Std. Flugzeug

**Die Insel bietet nicht nur Wassersportlern genug Raum zur freien Entfaltung, auch Naturliebhaber finden hier ein Refugium, denn Moofushi ist bisher nur zu etwa einem Fünftel bebaut, dafür gibt es hier noch einen dschungelartigen Busch- und Baumbestand.**

Bis vor wenigen Jahren blieb Moofushi fast nur italienischen Gästen vorbehalten. Nach dem Wechsel im Management wurde es zudem für den deutschsprachigen Markt erschlossen, seither steht auch ein deutscher Manager an der Spitze.

**Ausstattung** Außer 24 mit Palmblättern gedeckten Bungalows auf der Insel selbst gibt es 86 weitere, die auf Stelzen in der Lagune errichtet wurden. Letztere besitzen eine eigene kleine Terrasse, von der aus man direkt in die Lagune hinuntersteigen kann. Komfort wird auf Moofushi groß geschrieben.

**Schnorcheln und Tauchen** Schnorcheln kann man bereits am nahe gelegenen Hausriff, für Taucher stellt der 1,5 km lange **Moofushi Kandu**, ein strömungsreicher Kanal im Süden der Insel, ein anspruchsvolles Tauchrevier dar. Die Tauchschule bringt ihre Gäste täglich zu den vielen Toptauchplätzen des westlichen und südwestlichen Ari-Atolls: Das **Emas Thila** gilt als guter Platz, um Mantas zu begegnen, am **Dega Thila** ist die Wahrscheinlichkeit, Riffhaie aller Größen zu sehen, sehr groß. Höhlentaucher zieht es zu den **Bulhalohi Caves**, die aus zahlreichen tieferen Höhlen und Riffüberhängen bestehen.

## Moofushi erleben

**HOTELANLAGE**
*Constance Moofushi Resort* ☺ ☺ ☺
Tel. 668 05 98
www.moofushiresort.com
24 Strandbungalows, 86 Wasserbungalows, 3 Restaurants, 2 Bars, Spa

**TAUCHBASIS**
*Moofushi Diving Center*
www.moofushiresort.com
Ausbildung: PADI-Prinzip
Sprachen: Deutsch / Englisch
Ausrüstungsverleih: ja
Nitrox-Tauchen: möglich

Sport und
Unterhaltung
Zum Schwimmen eignet sich die an vielen Stellen ausreichend tiefe
und riesige Lagune, welche die Insel umgibt. Über Wasser werden
Sportarten wie Windsurfen, Wasserski, Hochseefischen und
Katamaransegeln angeboten, an Land kann man sich beim Volleyball
vergnügen.
Tagsüber werden Ausflüge nach **Himendhoo**, einer Einheimischen-
insel, angeboten. Abends trifft man sich dann in der Bar. Ansonsten
sind Ruhe und Erholung angesagt.

# Nalaguraidhoo

✦ **B 8**

**Lage:** südliches Ari-Atoll
**Entfernung zum Flughafen:** 107 km
**Größe:** 1,6 x 0,4 km
**Transferzeit:** 2½ Std. Schnellboot, ½ Std. Flugzeug

**Wie das benachbarte ▶Holiday Island gehört Sun Island auch
zur Villa-Hotelkette; sie ist jedoch nahezu doppelt so groß. Die
1998 eröffnete Insel zählt zu den größten und komfortabelsten
und dennoch preiswerteren Resorts der Malediven. Vor der
Insel erstrecken sich eine große Lagune und ein weitläufiger
Sandstrand. Das Innere ist mit Kokospalmen und Buschwerk
dicht bewachsen.**

**Ausstattung**
Die 426 Zimmer an Land und auf dem Wasser bieten allen Komfort
und sind teils in Doppelbungalows, teils in Stelzenbungalows in der
relativ flachen Lagune untergebracht. Die Bungalows am Strand
verfügen über einen Innenhof mit einer Open-Air-Dusche, die
Wasserbungalows über eine großzügige Terrasse. Der Verzicht auf
einheimische Baumaterialien wirkt sich allerdings negativ auf das
Erscheinungsbild der Insel aus. Die Mahlzeiten im Hauptrestaurant
werden stets als Büfett serviert. Weiterhin gibt es **drei Spezialitäten-**

## Nalaguraidhoo erleben

### HOTELANLAGE
*Sun Island Resort & Spa* ☺ ☺ ☺
Tel. 668 00 88
www.villahotels.com
350 Zimmer (inkl. Wasserbungalows),
5 Restaurants, Coffeshop, 6 Bars, Spa;
All-inclusive ist möglich

### TAUCHBASIS
*Little Mermaid Diving Center*
www.diveoceanus.com
Ausbildung: PADI-Prinzip
Sprachen: Deutsch / Englisch
Ausrüstungsverleih: ja
Nitrox-Tauchen: möglich

*Zeit für neue Hobbys: Rennwagen-Simulator*

**Restaurants** mit italienischer, japanischer und thailändischer Küche sowie eine Grillterrasse. Ein rund um die Uhr geöffneter Coffeeshop sowie sechs Bars für jede Tageszeit komplettieren das Angebot.

Die Tauchbasis steht unter deutscher Leitung, je nach Saison gibt es bis zu 15 Tauchlehrer. Zu den Tauchgebieten zählen **die schönsten Reviere**, die das Ari-Atoll zu bieten hat. Während der Saison gilt diese Gegend als Treffpunkt von Mantas und Walhaien.

**Sport** Für Schwimmer ergibt sich die Qual der Wahl zwischen dem Meer und dem großflächigen Süßwasserpool. Ob Windsurfen, Katamaransegeln, Kanufahren, Jetski, Parasailing oder Wasserski, auf dieser Insel lässt sich das Meer auf viele Arten »beackern«. Vergnügen kann man sich auch bei Tischtennis, Badminton und Tennis (mit Flutlicht) oder in Fitnessraum und Sauna.

**Unterhaltung** Das Ausflugsangebot ist reichhaltig, besonders beliebt ist das Inselhüpfen. Barbecueabende werden am Strand veranstaltet. Hin und wieder gibt es Livemusik und andere Vergnüglichkeiten.

# Thudufushi

⬥ B 6

**Lage:** westliches Ari-Atoll
**Entfernung zum Flughafen:** 80 km
**Größe:** 300 x 150 m
**Transferzeit:** ½ Std. Flugzeug

**Thudufushi (manchmal auch Thundufushi), ist eine mit dichter Vegetation besetzte, kreisförmige Insel. Sie bildet den deutlich sichtbaren Endpunkt eines großen Riffkomplexes, worauf auch ihr Name zurückzuführen ist: »Thudu« bedeutet »Ecke« und »fushi« steht für »Insel«.**

Die Insel umzieht ein breiter Sandstrand, der an einer Inselspitze etwa 80 m weit in die große Lagune hineinreicht. Das markante Hausriff ist schon bei der Ankunft aus der Luft erkennbar. Das Resort

# Thudufushi erleben

### HOTELANLAGE
*Diamonds Thudufushi*
*Beach & Water Villas* ©©©
Tel. 668 05 83
www.diamonds-resorts.com
47 Beachbungalows und 25 Wasser-
villen, 2 Restaurants, 3 Bars, Spa;
All-inclusive ist obligatorisch

### TAUCHBASIS
*Idive Maldives*
www.idive.mv
Ausbildung: PADI-Prinzip
Sprachen: Deutsch / Italienisch / Englisch
Ausrüstungsverleih: ja
Nitrox-Tauchen: möglich
UW-Kamera-Verleih: ja
Auch für Taucher gibt es ein
All-inclusive-Paket!

wurde 1990 eröffnet und erwarb sich schon nach kurzer Zeit den Ruf eines ausgezeichneten und komfortablen Urlaubszieles. Die unter italienischem Management stehende Ferienanlage hat man im Jahre 2011 umfassend renoviert.

**Ausstattung**

Das Touristenresort wird nach den Regeln des »All-inclusive« geführt, das bedeutet, dass alle Mahlzeiten und Getränke sowie der größte Teil des sportlichen Angebotes im Gesamtpreis inbegriffen sind. Alle 49 Bungalows sind zum Meer hin ausgerichtet und verfügen von der schon fast selbstverständlichen Klimaanlage bis hin zur eigenen Terrasse über einen vorzüglichen Komfort. Auch die 25 in der Lagune stehenden Wasservillen sind ähnlich komfortabel ausgestattet, verfügen jedoch über große Terrassen mit direktem Zugang ins Meer. Die Mahlzeiten werden im palmblattgedeckten Hauptrestaurant eingenommen, kleinere Gerichte und Getränke werden tagsüber im Coffeeshop serviert. In der Inselboutique werden landestpische Souvenirs angeboten. Der Spa-Bereich verwöhnt mit ayurvedische Massagen und anderen Manualtherapien auf der Basis von Naturprodukten. Im »Bermudadreieck« der drei Bars sollten Sie versuchen, nicht zu versinken.

**Schnorcheln und Tauchen**

Das Hausriff, das die gesamte Insel wie ein schützender Ring umschließt, eignet sich an vielen Stellen zum Schnorcheln und Tauchen, u. a. schon direkt am Ende des langen Bootsstegs. Mit dem Dhoni der Tauchschule erreicht man in kurzer Zeit so berühmte Spots wie den **Kalhahandhi Kandu** oder das **Thudufushi Thila**, Letzteres mit einem Durchmesser von gut 1 km und einer Tiefe von bis zu 35 Meter. Während der Zeit des Nordostmonsuns gelten diese Tauchplätze als beliebte Sammelstellen von Riffhaien, Adlerrochen und Mantas. Zeitweise ist allerdings mit starken Strömungen zu rechnen.

Sport

Auch das übrige Sportangebot gibt sich in diesem Resort nicht gerade bescheiden. Windsurfen, Katamaransegeln, Kanufahren, Wasserski, Tischtennis, Volleyball u.v.m. sind möglich. Täglich gibt es unter Anleitung Aerobic und Wassergymnastik.

Ausflüge und Unterhaltung

Taucherlatein lässt sich am besten an der rustikalen Bar austauschen, ausklingen lassen kann man den Abend in einer kleinen Diskothek oder bei Livemusik. Ausflüge führen zu den umliegenden Einheimischeninseln (z.B. nach Innafushi) oder zu einer der unbewohnten Inseln (z.B. Eboodhoo). Der Fang vom Nachtfischen landet in aller Regel köstlich zubereitet am nächsten Tag auf dem Tisch im Restaurant.

# Velidhuu

✈ B 4

**Lage:** nördliches Ari-Atoll
**Entfernung zum Flughafen:** 80 km
**Größe:** 300 x 200 m
**Transferzeit:** 1½ Std. Schnellboot, 20 Min. Flugzeug

**Velidhuu war bisher bekannt als Avi Island. Die Insel wurde bereits in den 1980er-Jahren touristisch erschlossen und ist seitdem mehrfach erweitert worden. Nach einem Besitzerwechsel wurde die Hotelanlage komplett renoviert und 2010 wieder eröffnet. Das Eiland wird komplett von sehr schönen Stränden umgeben und besitzt eine geschützte Lagune.**

Ausstattung

Mittlerweile gibt es 100 durchaus ansprechend ausgestattete Zimmer, von denen 20 als Wasserbungalows auf Stelzen erbaut sind. Letztere besitzen einen besonderen Komfort und sind auch deutlich größer. Im Restaurant werden alle Mahlzeiten am Büfett angeboten, regelmäßig gibt es Spezialitätenabende.

## Velidhuu erleben

### HOTELANLAGE
*Velidhu Island Resort* € € – € € €
Tel. 666 05 95
www.velidhuu.com.mv.com
80 Strandbungalows, 20 Wasserbungalows, Restaurant, Coffeeshop, Bar

### TAUCHBASIS
*Eurodivers*
www.euro-divers.com
Ausbildung: PADI-Prinzip
Sprachen: Deutsch / Englisch
Ausrüstungsverleih: ja
Nitrox-Tauchen: möglich

Die inseleigene Tauchbasis steht unter schweizerischer Leitung. **Schnorcheln**
Während Schnorchler bereits am Hausriff in unmittelbarer Nähe die **und Tauchen**
Welt unter Wasser entdecken können, zieht es Taucher eher zu
Plätzen wie dem berühmten **Maaya Thila** vor der nicht allzu weit
entfernten Insel ▶Maayafushi. Hier keinem Hai zu begegnen, gehört
zu den Ausnahmen. Zum Außenriff, an dem man schon mal Mantas
von beeindruckenden Dimensionen sieht, benötigt man mit dem
Dhoni etwa eine Stunde. Im Angebot sind weiterhin Tagesausflüge,
die auch zum Wrack der »Maldives Victory« unweit der Hauptstadt
Male' führen.

Zum sportlichen Angebot zählen u. a. Windsurfen, Segeln, Volley- **Sport und**
ball, Badminton und Tischtennis. **Unterhaltung**
Wer an einem der beliebten Ausflüge zum Nachtfischen teilnimmt,
sollte anschließend noch einmal in der Strandbar einkehren, die stets
belebt ist. Zur Abwechslung kann man auch mit einer Krabbe das auf
vielen Malediven-Inseln beliebte Krabbenrennen starten.

# Veligandu

 **D 3**

**Lage:** Rasdhoo-Atoll
**Entfernung zum Flughafen:** 55 km
**Größe:** 600 x 150 m
**Transferzeit:** ½ Std. Flugzeug

**Das Eiland am Ostrand des Rasdhoo-Atolls hat noch viel
ursprünglichen Charme. Schmale Sandstrände säumen die
lang gezogene Insel. Nach Süden hin reicht eine 80 m lange
Sandzunge in die Lagune hinein, ein idealer Platz, um in der
türkisglitzernden Lagune zu baden. Insbesondere Flitter-
wöchner fühlen sich auf Veligandu wohl.**

## Veligandu erleben

### HOTELANLAGE
*Veligandu Island Resort* ☺☺☺☺
Tel. 666 05 19
www.veliganduisland.com
88 Bungalows, 10 Wasserbungalows,
2 Restaurants, Coffeeshop, Bar, Spa,
Pool; All-inclusive ist möglich

### TAUCHBASIS
*Ocean Pro Dive Team*
www.oceanpro-diveteam.com
Ausbildung: PADI-Prinzip
Sprachen: Deutsch / Englisch
Ausrüstungsverleih: ja
UW-Kameraverleih: ja
Nitrox-Tauchen: möglich

**Ausstattung** Die Hotelanlage zählt 88 Zimmer und zehn Wasserbungalows. Letztere sind die komfortabelsten Unterkünfte. Ganz neu sind die ebenfalls in der Lagune stehenden 64 Jacuzzi Water Villas. Sie haben als besonderes Feature ein teilweise offenes Badezimmer, ein Jacuzzi im Außenbereich und Stufen, die direkt ins Meer führen. Jacuzzis bieten aber auch zehn der Bungalows auf der Insel selbst. Alle Unterkünfte sind im modernistischen, etwas nüchtern wirkenden Stil eingerichtet. Die Speisekarte ist italienisch geprägt, Meeresfrüchte sind deshalb wohl besonders häufig vertreten.

**Tauchen** Die Lage Veligandus am Außenriff des Rasdhoo-Atolls ermöglicht interessante Tauchgänge in strömungs- und deshalb fischreichen Gewässern. **Steilwandtaucher** finden in Veligandu ebenso ihr Revier wie passionierte Unterwasser-Höhlenforscher. Manchmal werden auch Walhaie gesichtet. Bei Schnorchlern gelten bereits die beiden Hausriffe als lohnendes Ziel.

**Sport** Die große Sandbank, die vom Inselstrand weit in die Lagune hineinragt, eignet sich nicht nur besonders gut zum Schwimmen und Sonnenbaden, sondern auch als Ausgangspunkt zum Windsurfen oder Katamaransegeln. Wer seinen Urlaub aktiv verbringen möchte, findet hier ein vielfältiges Programm, unter anderem Kanufahren, Wasserski, Tennis und Aerobic.

**Unterhaltung** Die Abende in der kleinen Bar werden recht kurzweilig, wenn eine Liveband vorbeischaut. Die Einheimischeninsel **Rasdhoo** ist regelmäßig das Ziel von Bootsausflügen. Sie ist die Hauptinsel des Atolls und hat ca. 900 Einwohner. Die Insel ist schon seit über zwei Jahrhunderten bewohnt und ihr Ursprung geht auf die Zeit des Buddhismus zurück. Zu besichtigen sind dort eine Dhoniwerft am Ortsende, die noch traditionell baut. Ganz in der Nähe liegt auch ▶Kuramathi, das zweite Touristenresort im Rasdhoo-Atoll.

# Vilamendhoo

✦ C 7

**Lage:** südöstliches Ari-Atoll
**Entfernung zum Flughafen:** 80 km
**Größe:** 900 x 250 m
**Transferzeit:** ½ Std. Flugzeug

**Vilamendhoo ist eine relativ lange und dicht bewachsene Insel, deren Resort 2011 renoviert wurde. Vilamendhoo zählt zu den Inseln, die wegen der zahlreichen hervorragenden Unterwasserreviere vor allem Tauchsportbegeisterte anziehen.**

# Vilamendhoo erleben

## HOTELANLAGE
*Vilamendhoo*
*Island Resort* ✪ ✪ ✪ ✪
Tel. 668 06 38
www.vilamendhooisland.com
154 Bungalows und 30 Wasservillen,
2 Restaurants, Coffeeshop, 2 Bars, Spa;
All-inclusive ist möglich

## TAUCHBASIS
*Eurodivers*
www.euro-divers.com
Ausbildung: CMAS-/PADI-Prinzip
Sprachen: Deutsch/Englisch
Ausrüstungsverleih: ja
Nitrox-Tauchen: möglich
UW-Kameraverleih: ja

**Ausstattung** Die 141 geräumigen Zimmer befinden sich in Einzel- und Doppelbungalows. Sie verfügen über einen ausreichenden Komfort. Besser ausgestattet sind die 30 Wasservillen, sie bieten sehr geschmackvoll eingerichtete Zimmer und einen privaten Jacuzzi. Außer dem Hauptrestaurant gibt es einen Coffeeshop, in dem kleinere Gerichte und Snacks serviert werden. Die Mahlzeiten werden als Büfett angeboten, die Küche wird vielfach gelobt.

**Schnorcheln und Tauchen** Ein ausgezeichnetes Schnorchel- und Tauchrevier findet man bereits am nur 20 m von der Küste entfernten **Hausriff**, das über mehrere Einstiege direkt betauchbar und schon für Anfänger bestens geeignet ist. Im Norden befindet sich ein **Steilabfall**, der bis in eine Tiefe von ca. 30 m führt. Hier bestehen zeitweise recht starke Strömungen. Nicht weniger als 46 weitere Tauchspots wie der **Manta Point** vor der Insel ▶Rangali liegen ebenfalls nicht weit entfernt und sind täglich das Ziel der Taucherdhonis. Grauhaie, Weißspitzenhaie, Rochen und Schildkröten kann man hier fast zu jeder Tageszeit beobachten.

> **!**  **BAEDEKER TIPP**
>
> ### Ab zum Wrack
>
> Vor Vilamendhoo und in etwa 15 Bootsminuten erreichbar liegt in einer Tiefe von 33 m das künstlich versenkte, 60 m lange Wrack der Al Karim. Es ist zwischenzeitlich dicht von Korallen bewachsen und zur Heimat zahlreicher Fischarten geworden. Das Schiff ist ein tolles Ziel für Wracktaucher.

**Sport und Unterhaltung** Im sonstigen Sportprogramm sind die Standards Windsurfen, Katamaransegeln, Volleyball, Tischtennis und Badminton zu finden. Wer Abwechslung sucht, kann tagsüber die Inseln in der Nachbarschaft besuchen.

Für die abendliche Unterhaltung gibt es eine Bar, die mehrmals wöchentlich zur Diskothek wird. Manchmal kommt eine Folkloregruppe vorbei, die traditionelle maledivische Tänze wie den bodu-beru aufführt. Dazu bezaubern ab und an Magier das Publikum oder es kommen Feuertänzer aus Sri Lanka.

# Inselparadies in Not

*Die Malediven sind wegen ihrer fast meeresgleichen Lage existenziell von den Folgen der globalen Erwärmung bedroht, denn vier Fünftel der Inseln liegen weniger als 1 m über dem Meeresspiegel. Im Inselstaat selbst strengt man sich gewaltig an, eines der umweltfreundlichsten Länder der Welt zu werden. So möchte man beispielsweise bis 2020 $CO_2$-neutral werden.*

▶ **Drei Gefahren**

▶ **Die Atolle**
Der Inselstaat Malediven besteht aus 1196 Inseln, die sich in einer Doppelgirlande von 27 Atollen gruppieren.

**1 Stürme und Sturmfluten**
Während früher auf den Malediven nur alle 1–2 Jahre heftige Unwetter und/oder Sturmfluten registriert wurden, zählt man heute pro Jahr 2–3 schadenträchtige Extremwetterlagen.

**Naturkatastrophenrisiko auf den Malediven**

**Risiko**

niedrig ▬▬▬▬▬ sehr hoch

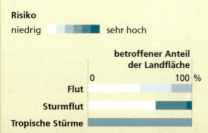

betroffener Anteil der Landfläche

| | 0 | 100 % |
|---|---|---|
| Flut | | |
| Sturmflut | | |
| Tropische Stürme | | |

**2 Korallensterben**
Korallen können bei einem nur sehr leichten Meeresspiegelanstieg mitwachsen. Intakte Korallenriffe wirken als Wellenbrecher und können vor Überflutungen schützen. Wenn die Meerwassererwärmung zu rasch fortschreitet, wie Ende der 1990er-Jahre, erkranken die Riffe an Korallenbleiche (Coral Bleaching). Dadurch sterben vor allem die Kalk produzierenden Steinkorallen ab.

**Bedrohung durch den steigenden Meeresspiegel**
Wesentliche Folgen des vom Menschen verursachten Treibhauseffekts sind die Wärmeausdehnung des Wassers und das Abschmelzen von Gletschern. Dadurch könnte der Meeresspiegel binnen 300 Jahren um 5 m ansteigen. Die Malediven würden versinken.

■ Überflutungen in Süd- und Südostasien bei einem Anstieg des Meeresspiegels von 5 m

▶ **Das am niedrigsten gelegene Land der Erde**

Die höchste Erhebung misst ca. 2,40 m.

Das Staatsgebiet umfasst rund 90 000 km², davon sind 298 km² Landfläche (0,33 % Inseln).

**Gesunde Korallen**
Korallenpolypen leben in Symbiose mit einzelligen Algen, von deren Stoffwechselprodukten sie sich ernähren.

**Korallenbleiche**
Korallenpolypen und Algen sind nur unterhalb einer Wassertemperatur von 30 °C lebensfähig und reagieren auf den Anstieg empfindlich. Sie sterben ab, die Korallenstöcke bleichen aus.

**Korallensterben**
Hält die hohe Wassertemperatur länger an und ist das Meerwasser versauert, setzt die Kalkbildung der Korallen aus. Riffe werden nicht mehr gebaut und zerfallen.

**③ Anstieg des Meeresspiegels**
Steigt der Meeresspiegel aufgrund der Erderwärmung weiterhin, wird die Inselgruppe in ca. 100 Jahren zum größten Teil überflutet sein.

**Meeresspiegelanstieg, gemessen auf den Malediven**

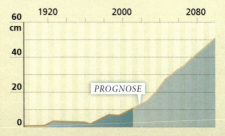

*PROGNOSE*

# BAA-ATOLL

**Lage:** 120 km nordwestlich von Male'
**West-Ost-Ausdehnung:** 50 km
**Nord-Süd-Ausdehnung:** 44 km

**Das Ende der 1990er-Jahre für den Tourismus erschlossene Baa-Atoll (Verwaltungsname: South Maalhosmadulu Atoll) ist mit einer Fläche von etwa 2200 km² etwas größer als das Süd-Male'-Atoll. Mit dem Dharavandhoo Airport auf der gleichnamigen Insel gibt es auch einen eigenen Flughafen, der im Inlandsverkehr von Male' aus angeflogen wird. Die Insel Thulhaadhoo ist für ihre Lack-Handwerkskunst bekannt.**

Aufgrund seiner ökologischen Bedeutung wurden Teile des Baa-Atolls im Jahre 2011 von der UNESCO zum ersten und bislang einzigen **Biosphärenreservat** der Malediven erklärt. Dies zum Schutz der selbst für die Malediven außergewöhnlich hohen Biodiversität, wie z. B. der großen Korallenriffe und der bedeutenden Populationen von Walhaien, Mantarochen und Meeresschildkröten.

**Obwohl die Rochen zutraulich wirken, können sie Menschen mit ihren Giftstacheln besetzten Schwänzen tödlich verletzen.**

Hinzu kommt eine große Vielfalt besonderer Riffformen, wie z. B. die Faro genannten **ringförmigen Korallenriffe**, die es in dieser Gestalt nur auf den Malediven gibt. Und an Land ist es der einst vom Aussterben bedrohte **Fregattvogel**, der auf der kleinen Insel Olhugiri einen von nur zwei Nistplätzen auf den Malediven unterhält. Er verdankt es dem besonderen Schutz, dass seine Population mittlerweile wieder auf mehr als 10 000 Individuen angewachsen ist.

Im Baa-Atoll gibt es rund 75 Inseln, davon sind 13 von Einheimischen besiedelt. Insgesamt leben etwa 10 000 Menschen im Baa-Atoll, deren **Hauptinsel Eydafushi** ist. Als erste Hotelinsel im Baa-Atoll wurde 1998 ▶Soneva Fushi eröffnet.

**Inseln**

Nördlich vom Baa-Atoll liegt das Raa-Atoll, in dem eine erste Hotelinsel im Sommer 2000 eröffnet wurde. Inzwischen sind weitere Resorts hinzugekommen.

**Raa-Atoll**

# ✱ Dhuni Kolhu

✧ C 6 / 7

**Lage:** südwestliches Baa-Atoll
**Entfernung zum Flughafen:** 124 km
**Größe:** 600 x 200 m
**Transferzeit:** ½ Std. Flugzeug

**Der Hotelbetrieb im Coco Palm Resort wurde 1998 aufgenommen und gehört zu den besten Resorts der Malediven. Der Insel, die ca. 5 km vom südlichen Außenriff des Baa-Atolls entfernt ist, wird fast komplett von einem breiten Sandstrand umgeben. Davor erstreckt sich eine großflächige Lagune. Die Hotelanlagen sind so geschickt in die üppige Vegetation eingebettet, dass sie vom Meer aus fast unsichtbar sind.**

## Dhuni Kolhu erleben

### HOTELANLAGE
*Coco Palm Dhuni Kolhu* ⊜⊜⊜⊜
Tel. 660 00 11
www.cocopalm.com
84 Bungalows, 14 Wasserbungalows,
3 Restaurants, Coffeeshop, 2 Bars, Spa

### TAUCHBASIS
*Dive Ocean Dhuni Kolhu*
www.dive-ocean.com
Ausbildung: PADI-Prinzip
Sprachen: Deutsch / Englisch
Ausrüstungsverleih: ja
Nitrox-Tauchen: möglich
UW-Kameraverleih: ja

Beim Bau der Anlage wurden vornehmlich einheimische Baumaterialien verwendet, außerdem achteten die Planer darauf, die vorhandene Natur, vor allem Palmen, in ihr Konzept mit einzubeziehen. Vom Meer her sind die Bauten so gut wie nicht zu sehen. Die internationalen Gäste des Resorts wissen dies zu schätzen.

**Ausstattung**

Das Coco Palm Resort bietet Fünf-Sterne-Komfort auf höchstem Niveau. Die meisten der 84 Unterkünfte auf der Insel wurden als **Rundbungalows** mit einer Fläche von 87 m² etwas zurückgesetzt vom Strand errichtet. Jeder besitzt einen kleinen Sitzpool sowie einen privaten Gartenbereich. Das Interieur wirkt stilvoll-dezent. Luxus pur bieten die 14 **Wasserbungalows**, ebenfalls mit privatem Pool, durch dessen Glasboden man vorbeischwimmende Fische beobachten kann, mit direktem Zugang zum Meer und eigenem Butlerservice. Die Mahlzeiten werden in drei Restaurants meist als Büfett oder in der eigenen Villa serviert. Zur Auswahl stehen dabei internationale Gerichte, asiatische Küche und am Strand das Grill-Restaurant.

**Schnorcheln und Tauchen**

Die Tatsache, dass das nur etwa 30 m entfernte Hausriff, aber auch das gut 110 m entfernte Außenriff durch die Auswirkungen von El Niño geschädigt wurden (▶Baedeker Special, S. 28) verlangt von Tauchern wie Schnorchlern eine gewisse Flexibilität. Die Mitarbeiter der Tauchschule kennen jedoch nicht weniger als **35 interessante Tauchgebiete**, zu denen sie täglich Ausfahrten mit dem Dhoni anbieten. Schnorchler finden am Hausriff eine bemerkenswert vielfältige Fischpopulation.

**Sport**

Auch das übrige Sportangebot kann sich sehen lassen: Geboten werden Windsurfen, Segeln (auch mit Katamaranen), Kanufahren, Wasserski, Volleyball, Tennis, Badminton, Tischtennis und Billard.

**Ausflüge**

Die Hotelleitung organisiert Ausflüge: Bootstouren zum Morgen- und Nachtfischen, Dolphinwatching, Sunsetfahrten und Ausflüge. Vor allem in den Morgenstunden tummeln sich vor Dhuni Kolhu zahlreiche Delfine. Man kann die Säugetiere gut von einem Boot aus beobachten, das von der Tauchbasis zur Verfügung gestellt wird. Bekommt man keine Delfine zu sehen, ist der Ausflug kostenlos. Abends ist in einer der Bars immer für Unterhaltung gesorgt: Diskoabende, südamerikanische Nächte und Diashows wechseln einander ab.

---

**!**

**BAEDEKER TIPP**

*Schatzkästchen*

Von Coco Palm Island sollte man unbedingt einen Abstecher nach Thulhaadhoo, der Insel der Holzschnitzer, machen. Hier werden die bekannten, schwarzrot lackierten Holzdosen hergestellt, die in fast allen Souvenirläden von Male' angeboten werden.

# * Fonimagoodhoo

**D 6**

**Lage:** nordöstliches Baa-Atoll
**Entfernung zum Flughafen:** 95 km
**Größe:** 600 x 200 m
**Transferzeit:** ¾ Std. Flugzeug

**Die Insel Fonimagoodhoo mit dem Reethi Beach Resort liegt nahe dem nordöstlichen Außenriff des Baa-Atolls. Eine dschungelartige Vegetation mit Palmen und dichtem Buschwerk lässt die halbmondförmige Insel vom Meer her zunächst unbewohnt erscheinen.**

Erst bei näherem Hinsehen entdeckt man die etwas zurückgesetzt vom Strand liegenden Unterkünfte. Das im Herbst 1998 eröffnete Resort ist vor allem bei Gästen aus Deutschland und der Schweiz beliebt, die den ausgezeichneten Komfort ebenso zu schätzen wissen wie den herrlichen Badestrand, der nahezu die ganze Insel umgibt.

Die Hotelanlage besteht aus 30 Komfortzimmern, 50 De-luxe-Villen und 30 Wasserbungalows. Die beiden erstgenannten Kategorien unterscheiden sich nur in der Größe der Zimmer, die Wasserbungalows sind etwas komfortabler eingerichtet. Den Gästen stehen fünf Restaurants, ein Coffeeshop und zwei Bars zur Auswahl, außerdem gibt es einen Süßwasserpool. **Ausstattung**

Bemerkenswert ist das **vielgestaltige Hausriff** vor Fonimagoodhoo, auch wenn es ebenfalls durch El Niño deutlich sichtbare Schäden erlitt. Es erstreckt sich über die ganze Westseite der Insel und setzt sich auf einer Länge von etwa 3 km in nordöstlicher Richtung fort. Das Hausriff fällt bis auf eine Tiefe zwischen 18 und 25 m steil ab, die Steilwand wird von zahlreichen Fischarten sowie von Weichkorallen bewohnt. Außerdem gibt es hier eine erstaunliche Menge von schwarzen Korallen, deren Kolonien strauch- oder federförmig angeordnet sind. Begegnungen mit Haien, Adlerrochen und Schildkröten sind an der Tagesordnung. Weitere Tauchreviere findet man vor allem an der Nord- und Ostseite des Baa-Atolls. Zu den absoluten **Highlights für passionierte Taucher** zählen Plätze wie Digali Haa, Kihaidhoo Faru Thila, Dhonfanu Thila und Dhigu Thila. **\*Schnorcheln und Tauchen**

**BAEDEKER TIPP**

**!** *Robinson für einen Tag*

Auf Fonimagoodhoo kann man sich für einen Tag wie die berühmte Romanfigur fühlen. Die Hotelleitung hat einige Inselchen in der Nähe erworben. Auf Wunsch wird man dorthin befördert und für ein paar Stunden alleingelassen.

## Fonimagoodhoo erleben

### HOTELANLAGE
*Reethi Beach Resort* ⊚ ⊚ ⊚
Tel. 660 26 26
www.reethibeach.com
80 Bungalows, 30 Wasserbungalows,
5 Restaurants, Coffeeshop, 5 Bars, Spa

### TAUCHBASIS
*Sea Explorer*
www.sea-explorer.net
Ausbildung: PADI-Prinzip
Sprachen: Deutsch / Englisch
Ausrüstungsverleih: ja
Nitrox-Tauchen: möglich

**Sport und Unterhaltung** Vielfältig ist das Angebot an Sportmöglichkeiten. Es gibt nicht nur Volleyball, Billard, Windsurfen, Parasailing, Katamaransegeln, Kitesurfen, Wasserski und Tischtennis, sondern auch eine Halle für Badminton und Squash.

# \* Horubadhoo

◈ C 6

**Lage:** östliches Baa-Atoll
**Entfernung zum Flughafen:** 118 km
**Größe:** 800 x 220 m
**Transferzeit:** ¾ Std. Flugzeug

**Horubadhoo – mit dem Kunstnamen Royal Island – wurde erst 2001 eröffnet und ist damit eines der jüngeren Resorts der Malediven. Eine dichte und üppige Vegetation sowie ein traumhaft schöner, umlaufender Sandstrand bestimmen das Bild der Insel. So ist das Baden sowohl bei Ebbe als auch bei Flut möglich. Horubadhoo liegt in unmittelbarer Nachbarschaft zum Luxusresort ▶Soneva Fushi und zur Hauptinsel des Baa-Atolls, Eydhafushi.**

Royal Island ist ein sichtbarer Beweis für die Bemühungen von Regierung und Landschaftsplanern, neue Touristeninseln so zu erschließen, dass die vorhandene Natur weitgehend erhalten bleibt. Etwas »unmaledivisch« sind allerdings die mit Betonplatten belegten Wege rund um die Insel.

**Geschichte** Die Insel ist auch in historischer Hinsicht bemerkenswert. **Reste von Gebäuden** (u. a. einer Moschee sowie einige Grabsteine) erinnern daran, dass sie bis vor ca. 300 Jahren von Einheimischen bewohnt war, die später aus unbekannten Gründen auf die unweit gelegene Insel Dhonfanu umsiedelten. Als man die Insel in neuerer Zeit durch-

# Horubadhoo erleben

**HOTELANLAGE**
*Royal Island*
*Resort & Spa* ⓔⓔ – ⓔⓔⓔ
Tel. 660 00 88
www.villahotels.com
148 Bungalows, 2 Restaurants, Coffeeshop, 4 Bars, Spa

**TAUCHBASIS**
*Delphis Diving Center*
www.delphisdiving.com
Ausbildung: PADI-Prinzip
Sprachen: Deutsch / Englisch
Ausrüstungsverleih: ja
Nitrox-Tauchen: möglich

kundete, stieß man außerdem auf die Reste eines Badebeckens aus
vorislamischer Zeit, das möglicherweise rituellen Reinigungsbädern
vorbehalten war.

148 Unterkünfte (davon zwei Präsidentensuiten) reihen sich entlang **Ausstattung**
des herrlich weißen und breiten Sandstrandes, der die gesamte Insel
umgibt. Sie sind durch dichtes Grün voneinander abgegrenzt und
wurden vorzugsweise mit einheimischen Baumaterialien erstellt und
verfügen über jeglichen Komfort, der selbst hohen internationalen
Maßstäben standhält. Außer dem Hauptrestaurant mit internationaler
Küche gibt es einen rund um die Uhr geöffneten Coffeeshop, vier
Bars sowie eine großzügige »Einkaufsmeile«.

Unterwassersportler reizt an Royal Island besonders das von der **Schnorcheln**
Innen- wie auch von der Außenseite direkt betauchbare Hausriff. **und Tauchen**
Schon beim Schnorcheln bekommt man hier einen guten Eindruck
von der Vielfalt des Lebens unter Wasser. Das Baa-Atoll ist reich an
neuen Tauchplätzen. Diese werden im täglichen Wechsel angesteuert.

Zum Baden eignet sich die große, kristallklare Lagune, die zum **Sport**
Schutz vor Überschwemmungen und Sandabtragungen mit künst-
lichen Wellenbrechern fast vollständig umgeben ist. Da sie jedoch
recht groß ist, ist dieser Umstand beim Schwimmen wenig hinderlich.
Wer mag, schwimmt im Süßwasserpool. Einige Sportarten wie
Volleyball auf dem Platz oder direkt am Strand und Darts sind
kostenlos, für andere (Billard, Squash, Tennis mit Flutlicht,
Windsurfen, Wasserski, Katamaransegeln und Kanufahren) wird eine
Gebühr verlangt.

In direkter Nachbarschaft von Royal Island liegt die Einheimischen- **Ausflüge und**
insel **Eydhafushi**, Ausflüge dorthin zählen zum regelmäßigen **Unterhaltung**
Angebot. Zu sehen ist dort eine große Thunfischfabrik (Anmeldung
erforderlich). In einer der Inselbars (teils unter freiem Himmel) kann
man den Tag dann gemütlich ausklingen lassen.

# ✳ Huravalhi

✦ C 6

**Lage:** nördliches Baa-Atoll
**Entfernung zum Flughafen:** 35 km
**Größe:** 490 x 280 m
**Transferzeit:** ½ Std. Flugzeug

**Das 2006 eröffnete Resort von Huravalhi zählt zu den feinsten der Malediven. Das ovale Eiland ist vollständig von einer großflächigen Lagune und herrlichen Sandstränden umgeben. Es befindet sich in einem fantastischen Tauchgebiet. Das Bild der Insel wird von hohen Kokospalmen und dichtem Pflanzenbewuchs dominiert. Die großzügigen und liebevoll eingerichteten Villen liegen entweder direkt am Strand oder sind auf Pfählen in die Lagune hineingebaut.**

**Ausstattung**  Jede der 55 Suiten (in sechs Kategorien) besitzt einen eigenen Pool, eine große Terrasse mit Sitzecke und ein Outdoor-Badezimmer mit übergroßen Badewannen. Vier Suiten verfügen zusätzlich über zwei Schlafzimmer, ein Esszimmer im Freien und ein Wohnzimmer. Besonders originell sind die Badewannen, deren gläserner Boden den Blick in die Lagune freigibt. Die Einrichtung spiegelt modernes Design mit einheimischen, indischen und marokkanischen Einflüssen wider und orientiert sich in ihrer Farbgebung an den umliegenden Korallenriffen. Die übrige Ausstattung ist perfekt: es gibt Satelliten-TV, CD- und DVD-Player, Internetzugang und Espressomaschine. Fünf Restaurants bieten einheimische und asiatische Küche. Im **Unterwasserrestaurant Sea** wird zweimal pro Woche ein tolles Meeresfrüchtebüfett geboten. Das Panoramafenster bietet Aussicht auf das, was gerade auf den Tisch kommt. Außerdem gibt es ein japanisches und ein italienisches Restaurant.
Eine Besonderheit ist das **Anantara Spa** mit sechs über dem Wasser stehenden Suiten und zwei Behandlungsräumen im Dschungeldesign mit Outdoordusche und kleinem Pool. Das Spa bietet ein reichhaltiges Verwöhnprogramm, auch Ayurvedakuren sind möglich. Der Nachwuchs wird tagsüber im Kids Club betreut. Shoppen kann man in einer Boutique, für Mußestunden gibt es eine Bibliothek mit Büchern und Filmen.

**Schnorcheln und Tauchen**  Vom Beginner bis zum Dive Master bietet die Tauchbasis alle Ausbildungsmöglichkeiten. Ausfahrten zu zahlreichen Unterwasserrevieren gehören zum täglichen Angebot, getaucht wird vorzugsweise individuell in kleinen Gruppen. Die Lage der Insel bringt es mit sich, dass die Begegnung mit **Großfischen** wie z. B. imposanten Walhaien fast schon an der Tagesordnung ist.

## Huravalhi erleben

### HOTELANLAGE
*Anantara Kihavah Villas* ⊜ ⊜ ⊜ ⊜
Tel. 660 10 20
www.kihavah-maldives.anantara.com
55 Wasservillen, 5 Restaurants, 2 Bars,
Spa, Kids Club

### TAUCHBASIS
*Anantara Dive Center*
www.kihavah-maldives.anantara.com
Ausbildung: PADI-Prinzip
Sprachen: Deutsch / Englisch
Ausrüstungsverleih: ja
Nitrox-Tauchen: möglich
UW-Kameraverleih: ja

**Sport** Das Resort verfügt über den derzeit größten Pool der Malediven. Das sportliche Angebot besteht aus Tennis, Kanu und Kajak fahren, Windsurfen und Segeln. Tiefseeangeln ist ebenfalls möglich. Wer mag, kann im Fitnessstudio überflüssige Pfunde abtrainieren.

# ** Kunfunadhoo

✦ **D 6**

**Lage:** östliches Baa-Atoll
**Entfernung zum Flughafen:** 97 km
**Größe:** 1,4 x 0,4 km
**Transferzeit:** ¾ Std. Flugzeug

**Kunfunadhoo, auch als Soneva Fushi bekannt, zählt zu den größeren Touristeninseln. Sie ist dicht bewachsen, worauf man glücklicherweise bei der Planung der Hotelanlage Rücksicht nahm. Großen Wert legte man auch auf umweltfreundliche Technik, wie etwa die Nutzung von Solarenergie. An einer Stelle der Insel wurde außerdem ein Gebiet abgegrenzt, in dem Meeresschildkröten ihre Eier ablegen können.**

**Eigene Inselzeit** Ihren ungewöhnlichen Kunstnamen »**Soneva Fushi**« verdankt die Insel dem Pächterehepaar, das einfach die eigenen Vornamen zusammenzog. Sono heißt der Mann und Eva die Frau – und das Wort »Fushi« steht in der maledivischen Sprache für »Insel«. Auch Soneva Fushi hat eine eigene Inselzeit. Damit die Gäste die Sonne täglich länger genießen können, werden die Uhren hier gegenüber der offiziellen Malediven-Zeit um eine Stunde vorgestellt.

**Ausstattung** Die Hotelanlage auf Soneva Fushi zählt zum Feinsten, was die Malediven derzeit zu bieten haben, was bereits Gäste wie der Ex-Beatle Paul McCartney zu schätzen wussten. Die 64 Unterkünfte in fünf verschiedenen Kategorien liegen etwas zurückgesetzt vom Strand und sind mit dem Fahrrad, das man gleich nach der Ankunft erhält, über Sandwege zu erreichen. Jeder Bungalow besitzt einen eigenen **privaten Strandabschnitt**. Wer es ganz besonders exklusiv, aber auch naturverbunden mag, wohnt in der Villa Suite with Pool & Treehouse. Hier gibt es neben der eigentlichen Villa mit einer Größe von 594 m² ein Baumhaus, in dem ebenfalls genächtigt werden kann. Auch die Ausstattung entspricht dem hohen Standard. Teils wurde sogar italienischer Marmor importiert und verbaut. Die Mahlzeiten im Hauptrestaurant werden à la carte serviert, außerdem gibt es ein Spezialitätenrestaurant und einen Coffeeshop. Ein Highlight ist der in den Korallenstock geschlagene Weinkeller, in dem regelmäßig Degustationen abgehalten werden.

**Schnorcheln und Tauchen**

Getaucht werden kann bereits am Hausriff. Zahlreiche schöne Tauchgebiete sind zudem nur wenige Minuten von der Insel entfernt, Mantas, Riffhaie und bisweilen auch ein imposanter Walhai geben sich hier ein Stelldichein. Nicht weit entfernt von der Insel lockt der **Schiffsfriedhof »Shipyard«**, wo Wracktaucher gleich zwei gesunkene Frachter vorfinden (▶Komandoo, S. 171).

Das Feinste auf Kunfunadhoo ist die Jungle Reserve mit ihren vier Schlafzimmern, dem Spa und Fitnessraum sowie Bibliothek und Pool.

## Kunfunadhoo erleben

### HOTELANLAGE
*Soneva Fushi*
*by Six Senses* ⊖⊖⊖⊖
Tel. 660 03 04
www.soneva.com
65 Bungalows, 4 Restaurants,
2 Bars, Spa

### TAUCHBASIS
*Soleni Diving Center*
www.soleni.com
Ausbildung: PADI-Prinzip
Sprachen: Deutsch / Englisch
Ausrüstungsverleih: ja
Nitrox-Tauchen: möglich
UW-Kameraverleih: ja

Das Angebot entspricht der Philosophie der Hotelbetreiber, ein Refugium für Ruhe suchende Gäste zu sein. Auf dem Programm stehen Surfen, Wasserski, Katama-ransegeln, Jogging, Tennis und Fahrradfahren. Außerdem gibt es ein Fitnesscenter und einen Boule-Parcours.

**Sport und Unterhaltung**

Wie wäre es mit einem Picknick mit Hummer und Champagner auf einer der unbewohnten Nachbar-inseln oder mit einer Sunset-Bootstour? Gelegentlich werden Ausflüge zur Einheimischeninsel Eydhafushi veranstaltet. Ein Traum ist das **Spa** der Insel. Es bietet von Meditation bis Aromatherapie alle nur denkbaren Möglichkeiten zur physischen und psychischen Entspannung. Die Abende verbringt man an der gemütlichen Bar.

> ! **BAEDEKER TIPP**
>
> *Mehr Luxus*
>
> Wer absolut privat bleiben möchte, kann auf Soneva Fushi den Butlerservice in Anspruch nehmen. Übrigens: Betuchte Zeitgenossen können die Insel gleich komplett mieten, der Preis für eine Woche liegt bei etwa 160 000 Euro.

# ✶✶ Landaa Giraavaru

✦ D 6

**Lage:** nördliches Baa-Atoll
**Entfernung zum Flughafen:** 120 km
**Größe:** 270 x 120 m
**Transferzeit:** ½ Std. Flugzeug

**Ein Schmuckstück ist das von der Four-Seasons-Hotelkette betriebene Resort auf Landaa Giravaaru im Nordosten des Atolls. 102 großzügig ausgestattete Villen verteilen sich auf der Insel und in der Lagune. Zehn Wasservillen bieten den Luxus eines eigenen Pools.**

# Landaa Giraavaru erleben

## HOTELANLAGE

*Four Seasons Resort*
*Landaa Giraavaru* ⊚ ⊚ ⊚ ⊚
Tel. 660 08 88
www.fourseasons.com/maldives
102 Villen, 4 Restaurants, 5 Bars,
4 Pools, Spa, Gym, Shop

## TAUCHBASIS

*Four Seasons Landaa Giraavaru*
*Dive Center*
www.fourseasons.com/maldives
Ausbildung: PADI-Prinzip
Sprachen: Deutsch / Englisch
Ausrüstungsverleih: ja
Nitrox-Tauchen: möglich

**Ausstattung**
Es fehlt wirklich an nichts, und wenn doch, helfen die gut ausgebildeten Mitarbeiter rasch ab. Flachbildfernseher, IDD-Telefon, Minibar, Kaffeemaschine und vieles mehr gehören zum Inventar aller Villen. Jede Wasservilla besitzt eine Terrasse mit Sichtschutz. Die Restaurants servieren z. B. italienische und arabischer Küche oder Spezialitäten vom Grill.

**Schnorcheln und Tauchen**
Erstklassige Tauchreviere erreicht man schon nach wenigen Minuten, das weiteste liegt kaum mehr als 40 Min. entfernt. Adlerrochen, Barrakudas und Haie sowie Wasserschildkröten gehören zu den ständigen Begleitern, manchmal sind auch Walhaie zu beobachten. Aber schon das nur wenige Meter von der Insel entfernte fast unberührte Hausriff ist ein **hervorragendes Revier für Schnorchler**.

**Marine Discovery Centre**
Im Marine Discovery Centre arbeiten Meeresbiologen an Projekten zum Schutz der Unterwasserwelt. Hier gibt es u. a. ein Fischzucht-Labor und Schauaquarien. Regelmäßig kommen hier ganze Schulklassen mit einheimischen Kindern zu Besuch, denen der Schutz ihrer eigenen Umwelt nahegebracht wird. Beispielhaft ist die Marinebiologische Station aber auch für ihre besonderen Bemühungen um verletzte Meeresschildkröten, die hier wieder aufgepäppelt werden.
❶ tgl. 9.00 – 18.00 Uhr

**Sport**
Jede Art Wassersport steht auf dem Programm, das man sich für jeden Tag individuell zusammenstellen kann. Katamaransegeln, Wasserski, Windsurfen, Kajakfahren und Reiten auf dem Bananenboot ist schon fast selbstverständlich. Alle nichtmotorisierten Sportarten sind im Übernachtungspreis enthalten.

**Unterhaltung**
Am Außenriff des Baa-Atolls ziehen regelmäßig **Delfinschwärme** vorbei, zur Beobachtung fährt man mit dem Schnellboot hinaus. Für Honeymooner und sonstige Verliebte gibt es ein privates Dinner auf einer unweit gelegenen Sandbank. **Einkaufsgelegenheiten** findet

man auf der ebenfalls nahe gelegenen Einheimischeninsel Kudarikilu. **Für Kinder gibt es ein spezielles Programm**, das unter anderem von den Mitarbeitern der Marinebiologie-Station gestaltet wird.

Für die Abende stehen fünf Bars zur Verfügung, eine davon, die Five Degrees North, ist nach ihrer geographischen Lage 5 Grad nördlich des Äquators benannt. Hier gibt es auch eine kleine Bücherei sowie Poolbillard und verschiedene Brettspiele.

# ** Mudhdhoo

✦ C 6

**Lage:** östliches Baa-Atoll
**Entfernung zum Flughafen:** 120 km
**Größe:** 680 x 340 m
**Transferzeit:** ½ Std. Flugzeug, anschließend 10 Min. mit dem Schnellboot

**Das Resort der tropfenförmigen und herrlich dicht bewachsenen Insel gehört zur thailändischen Hotelkette Dusit Thani. Es wurde erst im Dezember 2012 eröffnet und der Standard entspricht der Fünf-Sterne-Kategorie. Vom neuen Inlandsflughafen Dhavarandhoo sind es mit dem Boot nur noch zehn Minuten dorthin. Mudhdhoo ist groß genug, um Fahrrad zu fahren, z. B. von den Villen zu den Restaurants.**

Das Resort bietet 100 Villen in sechs Kategorien, davon 67 als Wasserbungalows. Die meisten sind mit einem Privatpool ausgestattet und wirklich alle sind komfortabel. Die Mahlzeiten werden in drei Restaurants angeboten, eines davon, das Benjarong, hat thailändische Spezialitäten auf der Karte, ein anderes, der Sea Grill, bietet vornehmlich Gegrilltes. Die zum Kochen benötigten Kräuter und andere Zutaten werden im inseleigenen Kräutergarten angebaut. Im Spa wird die ganze Palette wohltuender Anwendungen offeriert. Kinder werden tagsüber im Kids Club betreut, auch für sie gibt es Spa-Anwendungen.

**Ausstattung**

Die Insel ist fast vollständig von einem breiten Sandstrand umgeben, davor liegt eine mittelgroße Lagune, die vor allem im nordwestlichen Teil zum Baden gut geeignet ist. Sie fällt an ihren Rändern relativ steil als herrlich bewachsenes Hausriff ab und ist damit ein sehr schönes Revier für Schnorchler. **Vorsicht:** An einigen Stellen gibt es starke Strömungen, auf die jedoch hingewiesen wird. Taucher zieht es zu den immer noch fast unberührten Revieren in der näheren Umgebung, es gibt eine Tauchschule, die auch ausbildet. In der Saison von Juli bis November trifft man hier fast täglich auf Hunderte Walhaie, Mantas und viele andere Fischarten.

**Schnorcheln und Tauchen**

## Mudhdhoo erleben

### HOTELANLAGE
*Dusit Thani Maldives*
🪙🪙🪙 – 🪙🪙🪙🪙
Tel. 660 88 88
www.dusit.com
33 Beachvillen, 67 Wasservillen,
3 Restaurants, 2 Bars, Pool, Fitnesscenter, Tennis mit Flutlicht, Sauna,
Spa, Kids Club

### TAUCHBASIS
*Dusit Thani Maldives Dive Center*
www.dusit.com
Ausbildung: PADI-/CMAS-Prinzip
Sprachen: Deutsch / Englisch
Ausrüstungsverleih: ja
Nitrox-Tauchen: möglich

Ganz in der Nähe von Mudhdhoo liegt das **Biosphärenreservat Hanifaru Huraa**, das wegen der Einzigartigkeit und Vielfalt seiner Unterwasserwelt unter dem Schutz der UNESCO steht. Wassersportliche Aktivitäten, insbesondere das Befahren mit motorgetriebenen Fahrzeugen, unterliegen hier besonderen Beschränkungen.

**Sport**  Sportlich betätigen kann man sich im modern ausgestatteten Fitnessstudio, dazu werden alle üblichen Wassersportarten angeboten. Wer kein Salzwasser mag, schwimmt im 750 m² großen Pool. Wer abends Tennisspielen will, tut dies unter Flutlicht.

**Unterhaltung**  Zwei Bars, eine davon direkt am großflächigen Pool, laden tagsüber zu Erfrischungen und abends zum Sundowner. Schließlich gibt es ein paar kleine Läden, eine Inselbücherei und regelmäßig abendliche Veranstaltungen.

**Blaustreifenschnapper sind im Meer um die Malediven häufig anzutreffen.**

# LHAVIYANI-ATOLL

**Lage:** 135 km nördlich von Male'
**West-Ost-Ausdehnung:** 40 km
**Nord-Süd-Ausdehnung:** 35 km

**Das Lhaviyani-Atoll oder Faadhippolhu-Atoll, wie die offizielle Bezeichnung lautet, ist mit einer Größe von 700 km² eines der kleinsten Atolle der Malediven. Ein tiefer Meeresgraben trennt es vom Nord-Male'-Atoll. Trotz seiner verkehrsgünstigen Lage und einer größeren Zahl geeigneter Inseln wurde es erst in jüngster Zeit für den Tourismus erschlossen.**

Das Atoll umfasst rund 50 Inseln, von denen einige allerdings nur größere Sandbänke sind. Fünf Inseln sind von Einheimischen bewohnt. Auf der Insel **Hinnavaru** leben allein 2800 Menschen, die fast alle in der dort ansässigen Thunfischfabrik beschäftigt sind. Bisher gibt es vier Touristenresorts der besten Kategorie. Nach der im Dezember 2005 erfolgten Vergabe von Pachtverträgen für 35 weitere Inseln dieses Atolls ist mit der Planung und Realisierung weiterer luxuriöser Urlauberdomizile begonnen worden.

**Inseln**

## ★ Kanuhura

✦ K 1

**Lage:** nördliches Lhaviyani-Atoll
**Entfernung zum Flughafen:** 130 km
**Größe:** 1 x 0,2 km
**Transferzeit:** ¾ Std. Flugzeug

**Die Insel umzieht ein schmaler Sandstrand, der sanft in die großflächige Lagune ausläuft. Kanuhura ist eines der neueren Resorts der Malediven. Harmonisch fügt sich die im Jahr 2000 eröffnete und 2005 umfassend renovierte Fünf-Sterne-Anlage in die vorhandene Vegetation ein.**

Die 95 Unterkünfte wurden teils rund um die Insel herum und teils auf Stelzen in der Lagune erbaut. Sie werden trotz ihrer rustikalen Bauweise, bei der vorwiegend einheimische Baumaterialien verwendet wurden, mit ihrer exzellenten Ausstattung selbst dem verwöhnten Reisenden gerecht. Wer die Spitzenklasse bevorzugt, wählt gleich eine der repräsentativen Suiten. Es gibt fünf Restaurants mit internationaler Küche und Tischservice. Im Gesundheits- und Kosmetikzentrum von Kanuhura, kann man sich mit Massagen und

**Ausstattung**

Kein Grund sich hier wegzubewegen: die Poolanlage auf Kanuhuraa

Aromatherapien verwöhnen lassen. Yogakurse werden ebenfalls angeboten. Der Kids Club bietet Spiele für 4- bis 11-Jährige an.

**Schnorcheln und Tauchen**

Die exponierte Lage von Kanuhura unweit vom östlichen Außenriff des Lhaviyani-Atolls gestattet interessante Tauchgänge in **mehr als 40 bislang weitgehend unberührte Reviere**. Begegnungen mit pelagisch lebenden Großfischen (Walhaien, Mantas und Adlerrochen sowie Riffhaien) sind hier an der Tagesordnung. Die Tauchschule unter deutscher Leitung bildet auch Anfänger aus. Zum Schnorcheln eignet sich das Hausriff allerdings nur bedingt, die Entfernung von der Insel ist relativ groß.

**Sport**

Das weitere Sportangebot reicht von Windsurfen, Katamaransegeln und Wasserski über Aerobic, Badminton, Tennis, Squash und Beachvolleyball. Der Süßwasserpool zählt zu den größten der Malediven.

**Ausflüge und Unterhaltung**

Ausflugsangebote gibt es reichlich, u. a. zur Einheimischeninsel Hinnavaru, wo die Thunfischfabrik besichtigt werden kann. Unweit von Kanuhura liegt die kleine, unbewohnte Insel Jehunuhura. Auf

## Kanuhura erleben

### HOTELANLAGE
*Kanuhura Resort & Spa* ⊕⊕⊕⊕
Tel. 662 00 44
www.kanuhura.com
75 Bungalows, 20 Wasserbungalows,
5 Restaurants, Coffeeshop, 4 Bars, Spa,
diverse Sportplätze, Karaoke-Lounge,
Kids Club

### TAUCHBASIS
*Sun Dive Center*
www.sundivecenter.com
Ausbildung: PADI-Prinzip
Sprachen: Deutsch / Englisch
Ausrüstungsverleih: ja
Nitrox-Tauchen: möglich
UW-Kameraverleih: ja

Wunsch wird man mit dem Boot dorthin gefahren und kann dort einen Tag in absoluter Ein- oder Zweisamkeit verbringen.

Die sehr aktive Tauchbasis organisiert Fotoworkshops und -kurse. In einem maritimen Erlebnisraum erfährt man außerdem Interessantes über die Unterwasserwelt. Am Abend trifft man sich entweder im »Havana Club«, der seinem Namen mit Zigarrenabenden gerecht wird, in der Diskothek oder im Karaokeclub.

**? BAEDEKER WISSEN**

*Meerwasser zum Trinken*

Kanuhura war die erste Touristikinsel der Malediven, auf der in einer Meerwasserentsalzungsanlage ein schmackhaftes Sprudelwasser erzeugt wurde. Mittlerweile gibt es das auf vielen Inseln. Es ist zudem ein erwähnenswerter Beitrag zum Umweltschutz, da hier der teure Transport von Mineralwasser teilweise entfällt.

# Komandoo

✴ J 1

**Lage:** nordwestliches Lhaviyani-Atoll
**Entfernung zum Flughafen:** 125 km
**Größe:** 500 x 100 m
**Transferzeit:** 4 Std. Schnellboot, ¾ Std. Flugzeug

**Auf Komandoo, einer Insel mittlerer Größe, wird man Einsamkeit nur schwer finden, da die Bungalows der 1998 eröffneten Hotelanlage relativ dicht nebeneinander stehen. Dagegen kommen Tauchfreaks unbedingt auf ihre Kosten: Nicht weniger als 40 gute bis sehr gute Tauchplätze sind maximal eine Bootsstunde entfernt.**

Obwohl die Hotelanlage auf Komandoo preislich gesehen noch zur oberen Mittelklasse und nicht zur Luxuskategorie zählt, fehlt es nicht an Komfort. Die Bungalows wurden im Cottagestil teils direkt am

**Ausstattung**

## Komandoo erleben

**HOTELANLAGE**
*Komandoo Maldives*
*Island Resort* ❸❸❸
Tel. 662 10 10
www.komandoo.com
65 Bungalows, 15 Wasserbungalows,
2 Restaurants, Coffeeshop, 2 Bars, Spa;
all-inclusive ist möglich

**TAUCHBASIS**
*Prodivers*
www.prodivers.com
Ausbildung: PADI-Prinzip
Sprachen: Deutsch / Englisch
Ausrüstungsverleih: ja
Nitrox-Tauchen: möglich
UW-Kameraverleih: Foto und Video

Strand errichtet, wobei man vorzugsweise einheimische Baumaterialien wie Palmenholz und Palmblätter verwendete. Außerdem
gibt es Wasserbungalows, die in die Lagune gebaut wurden. Von der
kleinen Terrasse, die jedem Bungalow vorgelagert ist, erreicht man
nach höchstens zwei Metern das Meer. Die Mahlzeiten werden als
Büfett oder im Tischservice angeboten. Kinder und Jugendliche bis
18 Jahren sind auf Komandoo allerdings weniger erwünscht!

**\*Schnorcheln** Die Tauchreviere gehören zu den schönsten und unberührtesten der
**und Tauchen** Malediven. Bereits beim Schnorcheln entlang des Hausriffs entdeckt
man eine erstaunliche Vielzahl von Fischarten. Passionierte Taucher
geraten indes ins Schwärmen, wenn sie von ihren Spaziergängen
unter Wasser berichten: Außerhalb der Lagune liegt beispielsweise
das strömungsreiche **Felivaru Kandu**, das man mit dem Dhoni nach
kurzer Fahrt erreicht. Dabei handelt es sich um eine fast senkrecht
abfallende Steilwand, an der sich wahre Heerscharen tropischer
Fische tummeln. Hier ist die Wahrscheinlichkeit, einem stolzen
Vertreter der Gattung Grauer Riffhai zu begegnen, so hoch, dass die
Tauchlehrer fast eine Garantie dafür abgeben könnten.

**Wrack-** Vor Komandoo liegen im sogenannten **Shipyard** die Wracks zweier
**tauchen** Schiffe, die auch für Anfänger gut zu betauchen sind. Die Bugspitze
der »Skipjack II« ragt immer noch etwa 5 m aus dem Wasser hervor,
das Wrack steckt fast senkrecht im Meeresgrund. Das Andere, die
»Skipjack I«, findet man auf der Backbordseite liegend nur etwa 40 m
davon entfernt in einer Tiefe von etwa 28 m. Beide Schiffe gehörten
einst einer Fischfabrik auf der Nachbarinsel Felivaru.

**Das Wrack der »Skipjack II« ist nicht schwer zu finden.**

Die sportliche Standardpalette umfasst Windsurfen, Kanufahren, Katamaransegeln, Volleyball am Strand, Tischtennis, Badminton und ein Fitnesszentrum.

**Sport und Unterhaltung**

Sonst geht es auf der Insel recht geruhsam zu, Nachtschwärmer sind hier fehl am Platz. Es gibt zwar eine kleine Diskothek und auch so etwas wie ein regelmäßiges Unterhaltungsangebot, am schönsten sind die Abende jedoch immer noch in der Bar oder unter klarem Sternenhimmel am Sandstrand. **Ausflüge** führen z. B. zur unbewohnten Insel Kudadu oder nach Hinnavaru, der Hauptinsel des Atolls. Auf der Luxusyacht »Britt« kann man außerdem Segeltörns durch das Atoll buchen.

# \* Kuredu

───────────────────────────── ✦ J 1

**Lage:** nördliches Lhaviyani-Atoll
**Entfernung zum Flughafen:** 148 km
**Größe:** 1,6 x 0,5 km
**Transferzeit:** ¾ Std. Flugzeug

**Kuredu liegt am Nordrand des Lhaviyani-Atolles, das wegen der beeindruckenden Unberührtheit seiner Unterwasserwelt zu einem beliebten Ziel vor allem für Taucher geworden ist. Auch die Flora auf der lang gestreckten Insel, die an ihrer breitesten Stelle 500 m misst, offenbart eine große Vielfalt.**

Kuredu besitzt außerdem einen immerhin 3 km langen wunderschönen Sandstrand – hier wird man also immer ein einsames Plätzchen finden können.

Die Hotelanlage steht unter schwedischer Leitung; die 300 Bungalows werden nach drei Kategorien (Standard, Komfort und Superior) unterschieden. Für Familien sind die geräumigen Komfortbungalows

**Ausstattung**

## Kuredu erleben

### HOTELANLAGE
*Kuredu Island Resort* ⊖ ⊖ – ⊖ ⊖ ⊖
Tel. 662 03 37
www.kuredu.com
300 Bungalows, 20 Wasserbungalows,
7 Restaurants, 7 Bars, 2 Teehäuser, Spa;
All-inclusive möglich

### TAUCHBASIS
*Prodivers*
www.prodivers.com
Ausbildung: PADI-Prinzip
Sprachen: Deutsch / Englisch
Ausrüstungsverleih: ja
Nitrox-Tauchen: möglich
UW-Kameraverleih: Foto und Video

empfehlenswert. Besonders komfortabel sind die neuen Wasser-bungalows eingerichtet.

Schnorcheln
und Tauchen Für Taucher gibt es zahlreiche Ziele gleich in der näheren Umgebung. Schon am **Hausriff** findet man die vielleicht reichsten Fischgründe der Malediven. Besonders viel Mühe geben sich die Mitarbeiter der Tauchbasis mit Schnorchlern, die auf Wunsch sogar zum Hausriff begleitet werden. Taucher zieht es zu einem der schönsten Reviere vor Kuredu, den **Kuredu Caves** am Außenriff. Wracktaucher kommen am Shipyard auf ihre Kosten (▶Komandoo).

Sport und
Unterhaltung In der großflächigen Lagune können Surfanfänger erste Versuche wagen. Weitere Sportmöglichkeiten sind Hochseefischen, Tennis, Volleyball und Tischtennis, außerdem gibt es einen Fitnessraum. Eine Besonderheit ist der Golfplatz der Insel. Die 6-Loch-Anlage bietet zwar nicht unbedingt die großen sportlichen Herausforderungen, eignet sich aber gerade deswegen auch für Anfänger.
Wer nach ausgedehnten Tauchgängen noch fit ist, trifft sich abends in einer der sieben Bars. In einer davon findet abends ein täglich wechselndes Unterhaltungsprogramm statt. Ausflüge zu Nach-barinseln sind ebenfalls möglich.

# Madiriguraidhoo

✳ **K 1**

**Lage:** nordöstliches Lhaviyani-Atoll
**Entfernung zum Flughafen:** 130 km
**Größe:** 1,6 x 0,3 km
**Transferzeit:** ¾ Std. Flugzeug

**Wenn eine maledivische Insel so aussieht wie Madiriguraidhoo, dann ist dies eine besondere Beschreibung wert. Hier gibt es nämlich richtige Hügel, auch wenn diese nur wenig über die Wasseroberfläche herausragen.**

Bemerkenswert sind aber auch die weitgehend naturbelassene, üppig wuchernde Vegetation sowie der die gesamte Insel umgebende Sand-strand, der an den Inselspitzen in Sandbänken endet. Die Charakteristika der Insel ermöglichten es den Architekten, die Gebäude geschickt in der Landschaft zu verstecken, sodass ein gewisses Maß an Intimität möglich ist.

Ausstattung Über hundert Bungalows bilden das Palm Beach Resort, einen be-sonders hohen Komfort bieten die 20 Villen, in denen die Gäste auf zwei Etagen wohnen. Sie haben nicht nur IDD-Telefon, Dusche,

# Madiriguraidhoo erleben

## HOTELANLAGE
*Palm Beach Island* ⊖ ⊖
Tel. 662 00 84
www.palmbeachmaldives.com
138 Bungalows, 4 Restaurants, Coffeeshop, 2 Bars, Spa

## TAUCHBASIS
*Palm Beach Diving Center*
www.palmbeachmaldives.com
Ausbildung: PADI-Prinzip
Sprachen: Englisch
Ausrüstungsverleih: ja
Nitrox-Tauchen: möglich

Badewanne und Minibar, sondern auch noch einen privaten Whirlpool. Eine Besonderheit sind die in Reihenbungalows unterge-brachten sogenannten **Taucherzimmer**, die zum einen ganz nah an der Tauchbasis stehen und zum anderen Gästen vorbehalten sind, die ohnehin die meiste Zeit entweder im oder unter dem Wasser ver-bringen. Sie genügen auch relativ einfachen Ansprüchen und sind trotzdem einigermaßen komfortabel ausgestattet. Die Mahlzeiten im Hauptrestaurant werden manchmal als Büfett, ansonsten im Tisch-service angeboten. Außerdem gibt es ein Spezialitätenrestaurant mit À-la-carte-Service und nicht weniger als vier Bars. Wer mag, kann sich in der Schönheitsfarm verwöhnen lassen.

**Schnorcheln und Tauchen**
Vielfältiger als auf dieser Insel könnte das Angebot an Tauchrevieren kaum sein. Etwa vier Dutzend verschiedene Plätze im Lhaviyani-Atoll werden von den Booten der Tauchbasis angefahren. Darunter findet man so spektakuläre Spots wie das nördlich der Insel gelegene **Fushivaru Thila**, das erst vor wenigen Jahren zum Naturschutzgebiet erklärt wurde. Weniger spektakulär hingegen ist das Hausriff, da es relativ weit vor der Insel liegt und deshalb nur mit dem Dhoni er-reichbar ist. Im Westen des Lhaviyani-Atolls finden **Wracktaucher** am Shipyard die Überreste von zwei Schiffen, die überaus dicht mit Korallen bewachsen und Heimat für zahllose kleine und größere Meeresbewohner sind.

**Sport**
Tennis und Squash sind ebenso möglich wie Badminton, Wind-surfen, Katamaransegeln und Angeln bei Tag oder Nacht. Wem die Sonne nicht schweißtreibend genug ist, kann im Fitnessraum zusätzliche Tropfen vergießen.

**Ausflüge und Unterhaltung**
Das Unterhaltungsangebot ist vielfältig. Ausflüge führen beispiels-weise zu einigen Einheimischeninseln in der Umgebung oder auch zu einem Picknick auf einem unbewohnten Eiland. Veranstaltungen mit einheimischen Künstlern sind eine willkommene Abwechslung zu ruhigen Abenden in einer der Bars.

# Die gejagten Jäger

*Jedes Jahr sterben weltweit fünf bis 15 Menschen durch Haiangriffe – viel weniger als durch Blitzschlag. Und bedenkt man, wie viele Millionen tagtäglich in Meere springen, in denen es Haie gibt, ist die Gefahr, die von Haien ausgeht, weitaus geringer als allgemein angenommen.*

Seit 400 Mio. Jahren durchstreifen die Haie die Weltmeere. Sie überlebten Dinosaurier und Naturkatastrophen; erst seit der Mensch Jagd auf sie macht, droht Gefahr. Mittlerweile sind von den **weltweit 400 Haiarten** etwa 100 in ihrem Bestand gefährdet, 69 bedroht und 11 davon in die Liste der internationalen Naturschutzunion aufgenommen. In den maledivischen Gewässern leben außerhalb der Lagunen rund 50 Arten. Doch wer die eher scheuen Tiere nicht provoziert, muss sich auch keine Sorgen machen. Und: Seitdem es Tourismus auf den Malediven gibt, hat es noch keinen Haiangriff gegeben.

## Haie sind perfekt

Haie besitzen verschiedene Sinnesorgane, die ihresgleichen suchen. Sie können Schallwellen über Distanzen von über 5 km auffangen und Lärmquellen auf den Quadratmeter genau orten. Ihr **Geruchssinn** nimmt Blutspuren selbst in milliardenfacher Verdünnung auf. Auch registrieren sie mit ihren **Elektrosensoren** die erhöhte Körperspannung und den Herzschlag eines verwundeten oder in Panik geratenen Lebewesens. Der Körper des Hais besteht nur aus Muskeln und Knorpeln. Die winzigen Zähne auf seiner Haut schaffen eine hydrodynamische Hülle aus Wasserverwirbelungen, die ein widerstandsarmes Schwim-

men mit bis zu **60 km/h** ermöglicht. Überhaupt müssen Haie, da sie im Gegensatz zu anderen Fischen keine Schwimmblase haben, selbst im Schlaf in Bewegung sein. Zahnprobleme kennt der Fleischfresser nicht: Sein sogenanntes **Revolvergebiss** besteht aus bis zu sieben Reihen messerscharfer Reißer. Bricht ein Zahn ab, rückt der nächste automatisch nach.

## Vom Jäger zur Beute

Jährlich werden über 1,8 Mio. Haie aus den Meeren geholt, als unerwünschter Beifang in den Netzen, als Rohstoff für obskure Naturmedizin oder als Nahrungsmittel. Allein in den USA werden jährlich 2,5 Mio. Haie von Sportfischern **zum Vergnügen getötet**. In den meisten Fällen landen diese Tiere auf der Müllkippe. Auch auf den Malediven ist der Rückgang der Haipopulationen erkennbar, selbst wenn der Haifischfang per Gesetz verboten ist. Besonders brutal stellen sich industrielle Fangflotten an. Lebenden Tieren werden nur die wertvollen Flossen abgetrennt und die verstümmelten Haie über Bord geworfen. Da sie sich nicht mehr fortbewegen können, sinken sie auf den Meeresboden, wo sie qualvoll verenden. Die Flossen werden in Hongkong, Singapur und Japan lukrativ verkauft, da in ihnen **potenzfördernde Substanzen** und in Haiknorpeln arthrose- und

Steven Spielbergs Schocker »Der weiße Hai« von 1975 dürfte wesentlich zum schlechten Image dieser Tiere beigetragen haben.

krebstötende Elemente vermutet werden, ein **Aberglaube!** Sollten die Haie aussterben, wird das Gleichgewicht in den Weltmeeren ernsthaft bedroht, da sie im maritimen Ökosystem eine wichtige Rolle spielen. So hat die Reduzierung der Haibestände vor den Küsten Australiens und Südafrikas zu einer explosionsartigen Vermehrung der Robben geführt, die ihrerseits den Fischbestand gefährden.

## Was tun?

Selbst wenn die Fangverbote dazu führen, die Haie zu schützen, wird es lange dauern, bis das Gleichgewicht wiederhergestellt wäre. Haie brauchen bis zu 20 Jahre, bis sie geschlechtsreif sind, danach bringen sie pro Jahr nur ein bis zwei Nachkommen zur Welt. Was können wir zum Schutz der Haie tun? Es versteht sich von selbst, dass man **keine Haiprodukte** und -souvenirs kaufen sollte, aber auch kein Haifleisch, das auch unter täuschenden Bezeichnungen wie »Seeaal« oder »Schillerlocken« angeboten wird.

Sehr aktiv ist die Umweltstiftung »Project A.W.A.R.E.« des Tauchverbandes PADI. Ihr erklärtes Ziel ist es, Haie als schützenswert ins Bewusstsein der Menschen zurückzuholen: www.padi.de

# MALE'-ATOLL

| Nord-Male'-Atoll | Süd-Male'-Atoll |
|---|---|
| Nord-Süd-Ausdehnung: 67 km | Nord-Süd-Ausdehnung: 35 km |
| West-Ost-Ausdehnung: 41 km | West-Ost-Ausdehnung: 20 km |

**Das Male'-Atoll oder Kaafu-Atoll, wie es verwaltungstechnisch heißt, liegt nördlich des Äquators und besteht aus zwei Atollringen. Das Nord-Male'-Atoll ist mit einer Fläche von 1565 km² das wesentlich größere. Das südliche Male'-Atoll besitzt etwa die Form eines Ovals und ist 535 km² groß. Beide trennt der bis 4,5 km breite und fast 1900 m tiefe Vaadhoo-Kanal.**

**Zentrum der Malediven**

Von jeher war das Nord-Male'-Atoll das politische und wirtschaftliche Zentrum des Archipels. Im Süden des Atolls liegt die Hauptstadtinsel ▶Male', die größte und am dichtesten besiedelte Insel. Unweit nordöstlich erstreckt sich die **Flughafeninsel Hulhule** und noch ein Stück weiter die weitgehend künstlich geschaffene Insel **Hulhumale**. Diese liegt, um den weiteren befürchteten Anstieg des Meeresspiegels aufzufangen, etwa einen Meter höher als Male' selbst. Das 188 Hektar große Eiland wurde durch einen 1,6 km langen und 50 m breiten Damm mit der Flughafeninsel verbunden. Sie soll im bis 2020 geplanten Endausbau Heimat für etwa 60 000 Menschen bieten. Im Nord-Male'-Atoll begann auch die touristische Erschließung der Malediven, da es den Planern in den 1970er-Jahren wichtig war, dass die Inseln nicht zu weit vom Flughafen entfernt waren. Ein erstes Resort wurde auf der heute von Einheimischen bewohnten Insel Villingili eröffnet; 1972 erfolgte dann die Eröffnung von ▶Kurumba.

**Inseln im Nord-Male'-Atoll**

Zwischen Hauptstadt- und Flughafeninsel passiert man das Inselchen Funadhoo, das als Öllager dient. Das etwas nördlich davon gelegene Dhoonidhoo ist Gefängnisinsel. Die Insel Aarah, nordwestlich von Hulhule, befindet sich im Privatbesitz des Präsidenten. Einheimischeninseln sind außerdem die Gaafaru, Dhifushi, Tulusda, Huraa, Tulusdhu, Himmafushi und Villingili. **28 Inseln des Atolls sind als Touristeninseln ausgewiesen.** Einen unschönen Beweis für das Müllproblem, mit dem die Malediven zu kämpfen haben, liefert die Insel Thilafushi, man erkennt sie an den immerwährend rauchenden Schloten der Müllverbrennungsanlagen.

**Inseln im Süd-Male'-Atoll**

Im Süd-Male'-Atoll gibt es 30 Inseln, von denen drei von Einheimischen bewohnt sind: Gulhi, Guraidhoo und Maafushi. Letztere ist die Hauptinsel des Atolls, weitere neun sind unbewohnt. Mit 16 Resortinseln beherrscht der Tourismus das Atoll, ein weiterer Ausbau ist aber kaum möglich, da es fast keine geeigneten Inseln mehr gibt.

# Bandos

✦ F 4

**Lage:** südliches Nord-Male'-Atoll
**Entfernung zum Flughafen:** 8 km
**Größe:** 500 x 500 m
**Transferzeit:** 15 Min. Schnellboot

**Bandos gehört zu den Klassikern des Malediven-Tourismus und war nach ►Kurumba eine der ersten Inseln, die für Besucher geöffnet wurde. Das fast runde Eiland ist zu einem großen Teil mit Schraubenpalmen und Mangrovenbüschen bewachsen. Wegen der schönen Sandstrände aber auch wegen der Kinderbetreuung eignet sich Bandos besonders für einen Familienurlaub.**

Direkt nebenan liegt die unbewohnte Insel Kuda Bandos (»Kuda« heißt »klein«), ein **beliebtes Ziel für Tagesausflügler** von anderen Touristeninseln und für die Bewohner der Hauptstadtinsel Male'. Vor allem an Feiertagen ist hier viel Betrieb!

**Kuda Bandos**

Mit 225 Zimmern zählt Bandos zu den größeren Touristeninseln, die meisten sind in Reihenbungalows untergebracht. Seit 2004 gibt es außerdem zwei komfortable Wasserbungalows. Alle Bungalows wurden laufend modernisiert und sind mindestens mit Klimaanlage, Ventilator und Duschen ausgestattet; zu jedem gehört eine kleine Terrasse. Die Mahlzeiten werden in zwei Restaurants (eines davon À-la-carte) angeboten, dazu gibt es einen Coffeeshop mit 24-Stunden-Service. Ein Arzt steht auf Bandos rund um die Uhr zur Verfügung. Für den Nachwuchs gibt es spezielle Angebote. Auf Bandos steht eine der beiden **Überdruckkammern** auf den Malediven, die zur Behandlung der Taucherkrankheit benötigt werden.

**Ausstattung**

**Krabbenrennen sind eine beliebte Abendunterhaltung: eine Renn-Krabbe mit der Glück (oder Pech) verheißenden Startnummer 13.**

**Schnorcheln und Tauchen**

Schnorchler finden genügend Reviere am Hausriff. Ein reicher und vielfältiger Fischbestand – darunter Haie, Barrakudas, Makrelen und Wimpelfische – hält sich regelmäßig am sogenannten Banana Reef auf, das seinen Namen wegen einer gewissen Ähnlichkeit mit der tropischen Frucht erhielt. Es fällt in Stufen ab und bietet an vielen Stellen ausgezeichnete **Motive für Film- und Fotoaufnahmen**. Besonders interessant ist die Highlight-Höhle in etwa 20 m Tiefe, an der man allerdings die zeitweise recht starke Strömung beachten sollte. Weitere 40 Top-Tauchplätze liegen in der näheren Umgebung und führen dazu, dass Tauchen nach wie vor die bevorzugte Sportart auf Bandos ist. Das wohl berühmteste und **meistbetauchte Wrack der Malediven**, ist die »Maldives Victory«. Man findet sie unweit von Bandos vor der Insel ▶Kurumba. Das 110 m lange Schiff sank 1981 und liegt in einer Tiefe von etwa 35 Metern.

**Sport**

Aus dem vielseitigen **Sportangebot** sei Windsurfen (mit Schule), Kanufahren, Segeln, Tennis, Badminton, Volleyball und Squash erwähnt. Außerdem gibt es eine Sauna, Aerobic und Fitnessgeräte.

**Ausflüge und Unterhaltung**

Tagsüber lässt man sich zum Faulenzen nach Kuda Bandos übersetzen, eine unbewohnte Mini-Insel, die freitags und am Wochenende einheimischen Ausflüglern gehört. Oder man unternimmt einen Ausflug in die nur eine Bootsstunde entfernte Hauptstadt Male'. Auch die Einheimischeninsel **Himmafushi**, deren Alltagsleben jedoch stark vom Tourismus geprägt ist, ist in kürzester Zeit erreichbar.

Abends sorgen zwei Bars und eine Diskothek sowie täglich wechselnde Veranstaltungen für Abwechslung. Außerdem gibt es eine großzügige Ladenarkade.

Viele Resortmanager laden ihre Gäste ein, einen Tag lang wie **Robinson Crusoe** auf einer unbewohnten Insel – in diesem Falle Kuda Bandos – zu verbringen. Ob enttäuschend oder beruhigend: Die Inseln sind zwar wirklich unbewohnt, dafür gibt es zumindest eine Toilette und manchmal sogar eine kleine Bar.

## Bandos erleben

### HOTELANLAGE
**Bandos Island Resort** ⓖ ⓔ
Tel. 664 00 88
www.bandosmaldives.com
225 Bungalows, 2 Wasserbungalows,
2 Restaurants, Coffeeshop, 3 Bars, Spa,
Kids Club; All-inclusive ist möglich

### TAUCHBASIS
**Bandos Diving**
www.bandosmaldives.com
Ausbildung: PADI-Prinzip
Sprachen: Deutsch / Englisch
Ausrüstungsverleih: ja
Nitrox-Tauchen: möglich
UW-Kameraverleih: ja

# \* Baros

✦ F 4

**Lage:** südliches Nord-Male'-Atoll
**Entfernung zum Flughafen:** 15 km
**Größe:** 300 x 400 m
**Transferzeit:** ½ Std. Schnellboot

**Auch Baros ist ein Klassiker des Malediven-Tourismus. Bereits 1974 entstand auf der halbmondförmigen Insel eine der ersten Hotelanlagen. Der größte Teil der Insel ist von einem breiten Sandstrand umgeben, davor liegt eine großflächige Lagune.**

Auch bei der jüngsten Renovierung der Ferienanlage achtete man auf den Erhalt der in vielen Jahren gewachsenen Bepflanzung. Diese verleiht dem Resort einen besonderen Charme.

Seit seinem letzten Umbau, bei dem alle Unterkünfte neu errichtet wurden, zählt Baros zu den Luxusinseln der Malediven. Alle Villen sind klimatisiert und bieten Annehmlichkeiten wie TV, Minibar, großzügig ausgestattete Badezimmer und Internet-Anschluss. Außerdem auf originelle Weise in die Lagune gebauten Restaurant The Lighthouse gibt es ein Grillrestaurant, in dem vorzügliche Fischgerichte serviert werden.

**Ausstattung**

So endet ein schöner Tag auf den Malediven.

**\*\*Schnorcheln und Tauchen** Das Nord-Male'-Atoll bietet zahlreiche Tauchreviere, die bei Unterwassersportlern in aller Welt bekannt sind. Bemerkenswert ist der **Fischreichtum**, der für die teilweise abgestorbenen Korallen mehr als nur leidlich entschädigt. Zu den spektakulären der mehr als 30 Tauchgebiete zählt der **Old Shark Point** südlich von Baros im Vaadhoo-Kanal östlich der Insel Thilafushi. Verschiedene Thilas (z. B. das **Maagiri Thila** und das **Okobe Thila**) gehören zu den regelmäßigen Zielen der Tauchschulendhonis. Etwas weiter entfernt ist ein Tauchplatz, der nach dem bekannten Meeresforscher **Hans Hass** (►Berühmte Persönlichkeiten) benannt wurde. Dieser liegt an der Nordseite des Vaadhoo-Kanales und ist eines der von der Regierung ausgewiesenen Meeresschutzgebiete. Anfänger finden zudem am Hausriff interessante Übungsgebiete.

Das Tauchcenter von Baros ist übrigens **das erste »EcoDive Center« der Malediven**. Die Mitarbeiter unter Leitung des Allgäuers Sepp Zedelmayer und des Meeresbiologen Ronny van Dorp aus den Niederlanden sind lizenzierte »EcoDive Reef Check Instructors«. »EcoDive«-Teams untersuchen in mehr als 90 Ländern die Korallenriffe und kontrollieren ihren Zustand. Die Daten, die diese Teams sammeln, werden von Umweltorganisationen ausgewertet – mit dem Ziel, die Korallenriffe weltweit zu pflegen und zu schützen. Mit diesem Team werden auch spezielle Tauchgänge unternommen.

**Wracktauchen** Unweit von Baros liegen zwei Schiffswracks: vor Hembadhoo das nach dieser Insel benannte Wrack eines 1988 künstlich versenkten Frachters oder vor ►Kurumba das bei Tauchern beliebte Wrack der **»Maldives Victory«**.

**Sport und Unterhaltung** Die zahlreichen anderen sportlichen Angebote sind Surfen, Segeln, Wasserski, Nachtangeln, Fußball, Volleyball und Tischtennis.

Die Nähe zu Male' gestattet längere Aufenthalte in der Hauptstadt der Malediven. Auf Baros selbst gibt es zwei Bars.

## Baros erleben

### HOTELANLAGE
*Baros Maldives* ⊜ ⊜ ⊜ ⊜
Tel. 664 26 72
www.baros.com
45 Villen, 30 Wasservillen, 1 Residenz,
3 Restaurants, Lounge, Bar, Spa

### TAUCHBASIS
*Baros Diving in Style*
www.baros.com
Ausbildung: PADI-Prinzip
Sprachen: Deutsch / Englisch
Verleih: teilweise (keine Jacketts)
Nitrox-Tauchen: möglich
UW-Kameraverleih: analog und digital
Marine Center

# Biyadhoo

✦ F 8

**Lage:** südliches Süd-Male'-Atoll
**Entfernung zum Flughafen:** 29 km
**Größe:** 400 x 400 m
**Transferzeit:** 1 Std. Schnellboot

**Biyadhoo ist eine kleine, fast kreisrunde Insel, jedoch bemerkenswert üppig bewachsen. Eine Umrundung zu Fuß dauert ca. 20 Minuten, allerdings sind die Wege asphaltiert, was das typische Malediven-Feeling etwas vermissen lässt.**

Die Insel wurde 1997 letztmals gründlich aufgeputzt und ist jetzt etwas in die Jahre gekommen. Sie soll jedoch in nächster Zeit renoviert werden. Wer Wert auf einen preiswerten Maledivenurlaub legt, ist bis dahin auf Biyadhoo sicher gut aufgehoben.

**Ausstattung**
Auf der Insel gibt es 96 zweckmäßig eingerichtete, saubere Zimmer in zweistöckigen Gebäuden. Die Mahlzeiten werden im einzigen, klimatisierten Restaurant oft als Büfett serviert.

**Schnorcheln und Tauchen**
Bemerkenswert ist die großflächige, zum Schwimmen bestens geeignete **Lagune**, die nach etwa 50 Metern in einem relativ steil abfallenden **Saumriff** endet. Dieses eignet sich zum Schnorcheln, während es Taucher weiter hinaus zu einigen interessanten Unterwasserrevieren zieht. Das **Außenriff** ist etwa 3,5 km entfernt.

**Sport**
Angeboten werden die üblichen motorisierten und nicht motorisierten Sportarten auf der Insel und auf dem Wasser: Windsurfen (mit Ausbildung) und Katamaran.

**Unterhaltung**
Das »Himeyn Spa« bietet verschiedene Wellnessbehandlungen. Mehrmals pro Woche gibt es ein abendliches Unterhaltungsprogramm. Ansonsten sind die Abende ruhig, typisch für eine Taucherinsel.

## Biyadhoo erleben

### HOTELANLAGE
*Biyadhoo Island Resort* ❸ ❸
Tel. 664 71 71
www.biyadhoo.co.uk
96 Zimmer, Restaurant, Coffeeshop, Bar, Spa; All-inclusive ist möglich

### TAUCHBASIS
*Dive Ocean*
www.dive-ocean.com
Ausbildung: PADI-Prinzip
Sprachen: Italienisch / Deutsch / Englisch
Ausrüstungsverleih: ja

# ✷✷ Bodu Hithi

✦ F 3

**Lage:** westliches Nord-Male'-Atoll
**Entfernung zum Flughafen:** 29 km
**Größe:** 350 x 100 m
**Transferzeit:** 40 Min Schnellboot

**Das kleine Bodu Hithi wird von malerischen Sandbänken begrenzt und besitzt ein recht steiles Riff. Besonders gut zum Tauchen eignet sich die Lagune für alle, die das offene Meer scheuen. Markenzeichen der Insel sind die vielen Kokospalmen, die die Wege zu den Stränden säumen.**

**Ausstattung** Die 100 Villen und Suiten stehen direkt am Strand bzw. sind zum Teil auf Stelzen auf den indischen Ozean hinausgebaut. Flachbildfernseher und Internetzugang sorgen dafür, dass man die Verbindung zur Außenwelt nicht ganz verliert.

**Schnorcheln und Tauchen** Tauchgänge führen in mehr als 30 nahe Unterwasserregionen, **der berühmte Manta Place** ist nur ein paar Minuten entfernt. Man kann auch faszinierende Thilas besuchen, wie z. B. das bekannte Washimas Thila. Schnorchler finden ein wunderschönes, vielgestaltiges Hausriff.

**Sport** Katamaransegeln, Windsurfen, Wasserski, Wakeboard, Kajak, Tennis unter Flutlicht – das sportliche Angebot ist vielfältig, muss aber extra bezahlt werden. Weniger sportive Menschen spielen Poolbillard.

**Unterhaltung** Die beiden Bars haben meistens bis Mitternacht geöffnet und sind ein beliebter Treffpunkt, auch um Urlaubsbekanntschaften zu knüpfen. Tagsüber gibt es einige Ausflugsangebote, z. B. eine Fahrt zur Hauptstadtinsel Male'. Romantisch ist eine **Sunset Cruise mit dem Dhoni** in den Sonnenuntergang hinein. Und wenn der Lesestoff ausgeht, gibt es Nachschub in der kleinen Inselbücherei.

## Bodu Hithi erleben

### HOTELANLAGE
*Coco Palm Bodu Hithi* ✪✪✪✪
www.cocoboduhithi.com
Tel. 664 11 22
100 Villen, 6 Restaurants, 2 Bars,
Pool, Spa

### TAUCHBASIS
*Dive Ocean Boduhithi*
www.dive-ocean.com
Ausbildung: PADI-Prinzip
Sprachen: u. a. Deutsch / Englisch
Ausrüstungsverleih: ja
UW-Kamera (Foto und Video): ja

# ** Dhiffushi

✦ H 3

**Lage:** Nord-Male'-Atoll
**Entfernung zum Flughafen:** 16 km
**Größe:** 950 x 200 m
**Transferzeit:** ¾ Std. Schnellboot

**Was noch vor wenigen Jahren undenkbar, weil offiziell verboten, ist jetzt erlaubt: Wer seinen Malediven-Urlaub abseits vom Luxus der großen Hotelresorts in ursprünglicher Umgebung verbringen will, ist auf der Insel Dhiffushi richtig. Hier gibt es ein recht komfortables Gästehaus mit nur vier Zimmern, dessen Angebot sich vor allem an Tauchsportler richtet.**

Die vier Zimmer sind gut ausgestattet, alle verfügen über Klimaanlagen und gepflegte Badezimmer. Das Restaurant bietet maledivische Gerichte ebenso wie internationale Kost, abends trifft man sich in der Bar. Obwohl das Gästehaus kein eigenes Spa betreibt, muss man darauf nicht verzichten: Auf der Touristeninsel ►Kuda Huraa gibt es das **Four Seasons Spa**, mit dem eine Kooperation besteht. **Ausstattung**

Schnorcheln ist schon am unweit vom Inselrand entfernten Hausriff möglich, bereits hier findet man eine intakte Korallenwelt und eine bunte Vielzahl verschiedener Fische. Auf Dhiffushi gibt es eine Tauchschule, die nach dem PADI-Prinzip ausbildet. In der Umgebung findet man mehr als 25 zum Teil **hervorragende Tauchreviere**; die Nähe zum Atollrand bringt es mit sich, dass man hier fast immer auch auf Großfische trifft. **Schnorcheln und Tauchen**

Das sportliche Angebot auf Dhiffushi besteht aus Wind- und Kitesurfen sowie Kajakfahren, Schwimmen kann man am Strand. Jeden Spätnachmittag findet man genügend Einheimische zum gemein- **Sport**

## Dhiffushi erleben

### GÄSTEHAUS
*Happy Life Maldives*
*Guest House* ⊜
www.happylifemaldives.com
bookings@happylifemaldives.com
4 Zimmer mit Aircondition, Restaurant, kleine Bar

### TAUCHBASIS
*Asdu Dive Center*
www.happymaldives.com
Ausbildung: PADI-Prinzip
Sprachen: Englisch
Ausrüstungsverleih: ja
Nitrox-Tauchen: geplant

samen Fußball- oder Volleyballspiel. Und im Gästehaus kann man an Yogakursen unter qualifizierter Anleitung teilnehmen oder gleich mit Freunden sein eigenes kleines Yogaretreat veranstalten. Die Lehrerin Vanessa bietet auch Thaimassagen und Shiatsutherapien an.

**Ausflüge und Unterhaltung**
Das Gästehaus bietet geführte Spaziergänge über die Insel, dabei werden auch die Moschee und die Inselschule besucht. In der Nachbarschaft gibt es mehrere Inseln, die im Rahmen von Tagestouren besucht werden können. Darunter z. B. die etwa eine halbe Bootsstunde entfernte Insel Himmafushi, auf der man eine Thunfischfabrik besichtigen kann. Wer mag, bucht ein Picknick oder ein Dinner auf einer winzig kleinen Sandbank, die nur zehn Bootsminuten von der Insel entfernt ist. Regelmäßig werden auch Fischbarbecues am Strand angeboten. Ein großer Teil des benötigten Stroms wird übrigens umweltfreundlich mit einer Solaranlage erzeugt.

Am Abend ist es empfehlenswert, ein Mittel gegen lästige Moskitos anzuwenden, beziehungsweise langärmlige Hemden und lange Hosen zu tragen. Malaria gibt es aber auf allen Touristeninseln der Malediven nicht.

> **?** **BAEDEKER WISSEN**
>
> *Korrekte Kleidung*
>
> Frauen sollten akzeptieren, dass auf Einheimischeninseln die maledivischen Moralvorstellungen gelten: Bei einem Bummel über die Insel muss man angemessen gekleidet sein. Oben-ohne-Baden ist ebenfalls strikt untersagt. Und dass es alkoholische Getränke nur innerhalb des Gästehauses gibt, sollte man auch bedenken.

# Dhigufinolhu

✦ F 5

**Lage:** östliches Süd-Male'-Atoll
**Entfernung zum Flughafen:** 21 km
**Größe:** 600 x 60 m
**Transferzeit:** 1 Std. Schnellboot, ¼ Std. Flugzeug

**Der Name des am Außenriff des östlichen Süd-Male'-Atolls gelegenen Eilands bedeutet »lang gestreckte Insel«. Der breite Sandstrand, der die gesamte Insel umgibt, machte Dhigufinolhu zu einem idealen Urlaubsdomizil. besonders für Familien. Für Kinder gibt es den Dhoni Kidz Club mit einem altersgerechten Tagesprogramm.**

Einst verbanden lange Holzstege Dhigufinolhu mit den Nachbarinseln Guhliggaathuhuraa, Bodu Huraa und ▶Veligandu Huraa. Die Resorts wurden unter dem Namen Palm Tree Island vermarktet.

Typisch für das Inselkonglomerat waren auch die künstlich angelegten, weit in die Lagune hineinragenden Steindämme, die als Wellenbrecher dienten. Doch auch diese konnten nicht verhindern, dass die Inseln durch den Tsunami 2004 schwer in Mitleidenschaft gezogen wurden. Das Resort auf Veligandu Huraa, heute das Anantara Veli, wurde danach komplett wieder aufgebaut. Zusätzlich wurde ein neues Resort auf Dhigufinolhu, das Anantara Dhigu, errichtet. Beide wurden 2006 unter dem Namen Anantara Maldives Resort & Spa wiedereröffnet und sind durch einen Bootsshuttle miteinander verbunden. Gleich nebenan und über einen Steg erreichbar liegt das kleine exklusive Resort ▶Naladhu, das ebenfalls zur Anantara-Gruppe gehört (Zutritt allerdings nur mit besonderer Genehmigung!).

**Ausstattung** 110 bemerkenswert komfortabel ausgestattete Unterkünfte in acht verschiedenen Kategorien bietet das Resort. Am schönsten, aber auch am teuersten sind die auf Stelzen in die Lagune hineingebauten Wasservillen mit privatem Pool und überdimensionalem Sonnendeck. Aber auch in den anderen Villen fehlt es an nichts, was man als Gast in einem Resort dieser hohen Ansprüche erwarten kann. Die Mahlzeiten werden in den insgesamt sieben Restaurants auf beiden Inseln meist als Büfett angeboten, dazu gibt es das Terrazzo, ein ausgezeichnetes italienisches Restaurant, und das Baan Huraa, ein Restaurant mit thailändischen Spezialitäten. Kleine Gerichte und Snacks werden tagsüber im Coffeeshop angeboten.

**Schnorcheln und Tauchen** Mehr als 20 interessante Tauchplätze werden von den Dhonis der Tauchbasis angesteuert. Zu den weiter entfernten Revieren sind Tagestouren im Angebot. Wer lieber schnorchelt, kann die Begleitung eines kundigen Führers in Anspruch nehmen, schon am Hausriff und in der Lagune kann man die Vielfalt der maledivischen Unterwasserwelt erkunden. Gemeinsam mit den Nachbarinseln gibt es die Möglichkeit, am Coral Adaption Program teilzunehmen und an einer vorbereiteten Stelle am Riff Korallen auszusetzen.

## Dhigufinolhu erleben

### HOTELANLAGE
*Anantara Maldives Resort & Spa* ⊜ ⊜ ⊜ ⊜
Tel. 664 41 00
www.dhigu-maldives.anantara.com
104 Strandbungalows, 52 Wasserbungalows, 7 Restaurants, Bars, 2 Spas, Sauna, Fitnesscenter, Kids Club

### TAUCHBASIS
*Aquafanatics Diving Centre*
www.dhigu-maldives.anantara.com
Ausbildung: PADI-Prinzip
Sprachen: Deutsch / Englisch / Italienisch
Ausrüstungsverleih: ja
Nitrox-Tauchen: möglich
UW-Kamera-Verleih: ja (digital)

**Sport**  Das Wassersportzentrum auf Dhigufinolhu bietet alle nur denkbaren Möglichkeiten. Sie reichen von Angeln bis Windsurfen; und wer die Insel aus der Vogelperspektive betrachten will, hat beim Parasailing die Möglichkeit dazu. Zu den landgebundenen Sportarten gehört ein gut ausgestattetes Fitnesscenter ebenso dazu wie ein Tennisplatz mit Flutlicht, Volleyball und Federball und vieles mehr. Wer es ruhiger mag, beteiligt sich an einem Yoga-Kurs.

**Unterhaltung**  Wer die Geheimnisse der maledivischen Küche erkunden möchte, kann dies unter Anleitung eines Spitzenkochs während eines Kochkurses tun. Auch die abendliche Unterhaltung kommt nicht zu kurz: Mehrere Bars stehen zur Verfügung, bisweilen gibt es organisierte Unterhaltung oder Disco. Die Inselbücherei bietet Lesestoff.

# Embudu

✦ G 5

**Lage:** nordöstliches Süd-Male'-Atoll
**Entfernung zum Flughafen:** 8 km
**Größe:** 280 x 140 m
**Transferzeit:** ½ Std. Schnellboot

**Embudu, nicht nur aus der Vogelperspektive eine der schönsten Inseln des südlichen Male'-Atolls, wurde bereits im Jahre 1979 eröffnet und wird vor allem von deutschen und schweizerischen Urlaubern geschätzt. Ein schneeweißer Sandstrand umzieht das Grün des ovalen Eilands.**

**Ausstattung**  Die Hotelanlage wurde zwar seit ihrer Eröffnung mehrfachen Renovierungen unterzogen, behielt ihren ursprünglichen Charakter jedoch weitgehend bei. Die insgesamt 128 Unterkünfte reihen sich entlang des Strandes und sind größtenteils mit Klimaanlagen und wenige mit Ventilatoren ausgestattet. Dem Trend entsprechend, er-

## Embudu erleben

### HOTELANLAGE
*Embudu Village* © ©
Tel. 664 00 63
www.embudu.com
112 Bungalows, 16 Wasserbungalows,
Restaurant, Coffeeshop, 2 Bars, Spa;
All-inclusive ist möglich

### TAUCHBASIS
*Diverland*
www.diverland.com
Ausbildung: PADI-Prinzip
Sprachen: Deutsch / Englisch
Ausrüstungsverleih: ja
Nitrox-Tauchen: möglich

richtete man Mitte der 1990er-Jahre Wasserbungalows, die architektonisch allerdings nichts Außergewöhnliches bieten, außer dem Glasfenster im Boden, wodurch man das Meerestreiben beobachten kann.

Mehr als 30 Tauchplätze – darunter die schönsten des südlichen Male'-Atolls – stehen auf dem Fahrplan der Tauchschule. Selbst weit gereisten Tauchern stellt sich hier die Qual der Wahl. Zu den Top-Tauchrevieren zählen die Höhlen und Kavernen des **Vadhoo-Kanals**. Hier gibt es zahlreiche Haie der verschiedensten Arten (Weiß- und Schwarzspitzenhaie, Graue Riffhaie und Ammenhaie). Reizvoll sind auch sogenannten **Drift-Tauchgänge**, bei denen sich der Taucher in der Strömung einfach treiben lässt. Bequem sind die bekannten Wracks bei ▶Kurumba zu erreichen.

**Schnorcheln und Tauchen**

Auch das übrige sportliche Angebot kann sich sehen lassen. Es besteht u. a. aus Windsurfen, Wasserski, Katamaransegeln und Angeln. Ausflüge führen nach Male' und zu den Nachbarinseln. Gelegentlich gibt es Abendveranstaltungen, auch mit Livemusik.

**Sport und Unterhaltung**

# Eriyadu

✦ B 6

**Lage:** nördliches Nord-Male'-Atoll
**Entfernung zum Flughafen:** 42 km
**Größe:** 280 x 100 m
**Transferzeit:** 2 Std. Schnellboot

**Eriyadu ist ein eher kleineres Resort. Bemerkenswert sind die schönen Sandstrände rund um die Insel, im nordwestlichen und südöstlichen Teil haben sich Sandbänke aufgeschwemmt. Die Atmosphäre auf der ausgesprochenen Taucherinsel ist familiär, weshalb es hier zahlreiche Stammgäste aus Deutschland, Österreich und Großbritannien gibt.**

## Eriyadu erleben

### HOTELANLAGE
*Eriyadu Island Resort* ⊛ – ⊛ ⊛
Tel. 664 44 87
www.eriyadumaldives.com
57 Zimmer, Restaurant, Coffeeshop, Bar, Spa

### TAUCHBASIS
www.eriyadumaldives.com
Ausbildung: PADI-Prinzip
Sprachen: Deutsch / Englisch
Ausrüstungsverleih: ja
Nitrox-Tauchen: möglich
UW-Kameraverleih: ja (digital)

**Ausstattung**

Die Hotelanlage wurde 1998 nach einer Komplettrenovierung neu eröffnet und bietet seitdem 60 Zimmer mit Vier-Sterne-Komfort, die in Einzel- oder Doppelbungalows untergebracht sind. Das einzige Restaurant dient gleichzeitig auch als Coffeeshop für Snacks. Es gibt regelmässig Barbecueabende am Strand.

**Schnorcheln und Tauchen**

Bereits am **Hausriff** trifft man auf eines der schönsten Tauchreviere des Nord-Male'-Atolls. Es liegt nur etwa 100 m vom Inselrand entfernt und zieht sich um die ganze Insel herum. Einstiegsmöglichkeiten gibt es an mehreren Stellen, das Riff selbst fällt steil auf eine Tiefe von bis zu 30 m ab. Im freien Wasser davor trifft man regelmäßig auf Großfische wie Haie, Mantas und Rochen. Bekannt sind die Tauchplätze **Lucky Express** oder **Fingerpoint** und das **Boduhithi Thila** vor der gleichnamigen Insel südlich von Eriyadu.

**\*Wracktauchen**

Nördlich von Eriyadu laden im Gaafaru-Atoll mehrere Schiffswracks zur Erkundung ein: das Hembadhoo-Wrack vor der gleichnamigen Insel, der deutsche Dampfer »Erlangen«, der 1894 strandete und später sank, sowie der 1879 gesunkene Frachter »Sea Gull«. Von drei weiteren Schiffen, die im 18. Jh. in diesem Meeresgebiet gesunken sein sollen, wurden noch keine Überreste entdeckt.

**Sport und Unterhaltung**

Außer Tauchen und Schnorcheln sind Windsurfen, Angeln, Volleyball, Tischtennis, Badminton, Billard und Tischfußball möglich. Die Abende auf Eriyadu verlaufen eher ruhig, manchmal gibt es Disco in der Strandbar. Tagsüber ist **Inselhüpfen** eine beliebte Alternative zum Tauchen und Faulenzen am breiten Sandstrand.

# Furanafushi

✦ **G 4**

**Lage:** südöstliches Nord-Male'-Atoll
**Entfernung zum Flughafen:** 6 km
**Größe:** 600 x 150 m
**Transferzeit:** ¼ Std. Schnellboot

**Diese Touristeninsel trägt zwar den offiziellen Namen Furanafushi, die Kataloge der Reiseveranstalter führen das Resort jedoch unter dem Namen Full Moon Maldives. »Full« ist auch das Angebot, das selbst verwöhnte Gäste zufriedenstellen dürfte.**

**Ausstattung**

Die jüngste Renovierung im Jahr 2005 hat dem Resort neue Wasserbungalows beschert, deren Ausstattung keine Wünsche offen lässt. Die günstigeren Zimmer gibt es in zwei Kategorien, entweder am Strand oder in zweistöckigen Häuschen im Kolonialstil inmitten

## Furanafushi erleben

| HOTELANLAGE | TAUCHBASIS |
|---|---|
| *Full Moon Maldives* ⓒⓒⓒ | *Eurodivers* |
| Tel. 664 20 10 | www.euro-divers.com |
| www.starwoodhotels.com | Ausbildung: PADI-Prinzip |
| 156 Zimmer, 20 Wasserbungalows, | Sprachen: Deutsch / Englisch |
| 4 Restaurants, Coffeeshop, 3 Bars, | Ausrüstungsverleih: ja |
| Pool, Einkaufscenter, eigene Spa-Insel | Nitrox-Tauchen: möglich |

tropischer Gärten. Außer im Hauptrestaurant kann man in vier Spezialitätenrestaurants mit italienischen sowie thailändischen und chinesischen Speisen dinieren. Eine Besonderheit ist das exklusive **»Sen Spa«**. Dieses befindet sich auf einer kleinen, vorgelagerten Insel. Die wichtigste Voraussetzung für perfekte Entspannung ist somit gegeben: maximale Ruhe.

Die gute Lage unweit einiger interessanter Tauchreviere hat Full Moon zu einem beliebten Ziel von Tauchern aus aller Welt gemacht. Keinen Großfischen zu begegnen, hat im strömungsreichen Vadhoo-Kanal schon Seltenheitswert. Mit dem Boot der Tauchschule erreicht man aber auch fast alle Top-Tauchplätze im südlichen Nord-Male'-Atoll, z. B. den **Hans-Hass-Place**, das **Banana Reef**, **Lions Head** oder das **Hulhule Reef**. Am Hausriff herrschen häufig stärkere Strömungen, völlig sicher kann man dagegen in der weitläufigen Lagune Schnorcheln. Am östlichen Außenriff gibt es eine Reihe weiterer sehr guter Tauchplätze. **Schnorcheln und Tauchen**

Wasser im Überfluss auf der Spa-Insel

Neben der herrlichen Badelagunne und dem großen Pool mit separatem Kinderbecken, bieten sich vielfältige andere Sportmöglichkeiten an: Windsurfen, Katamaransegeln, Hochseefischen und Nachtangeln, Volleyball, Tennis (mit Flutlicht), Workout im klimatisierten Fitnessraum oder Schwitzen in der Sauna. Sehr beliebt sind die **Segeltörns** mit einem traditionellen Dhoni. Auch ist die Hauptstadt Male' nicht weit entfernt. Für den Abend gibt es drei Bars und eine Diskothek. **Sport und Unterhaltung**

# Giraavaru

 F 4

**Lage:** südwestliches Nord-Male'-Atoll
**Entfernung zum Flughafen:** 13 km
**Größe:** 200 x 150 m
**Transferzeit:** ½ Std. Schnellboot

**Seit 1980 ist Giraavaru ein Refugium für Erholung suchende Gäste. Einst lebten hier aus Südindien zugewanderte Tamilen. Ihnen verdankt die Insel ihren Namen. Nachdem Giraavaru jedoch immer wieder überschwemmt wurde, wählten die Tamilen einen ungefährlicheren Wohnort – die heutige Flughafeninsel Hulhule.**

Als der Airport dort erweitert wurde, siedelten sie ein weiteres Mal um, und zwar auf die Hauptstadtinsel Male'. Die Probleme auf Giraavaru blieben jedoch, was man aus der Vogelperspektive leicht erkennt: Um die Insel vor starker Brandung und weiterer Erosion zu schützen, wurden massive Schutzwälle angelegt, die weit ins Meer hinausreichen.

**Ausstattung**  Das Resort wurde 2011 frisch renoviert und besteht aus 65 Reihenbungalows. Die Zimmer sind komfortabel eingerichtet und mit Klimaanlagen ausgestattet. Vor jeder Wohneinheit liegt eine kleine Terrasse mit Meerblick. Die Mahlzeiten werden im Hauptrestaurant entweder als Menü oder als Büfett serviert. Außerdem gibt es einen Coffeeshop, in dem kleinere Speisen angeboten werden. Die Tatsache, dass sich auf Giraavaru vorzugsweise Gäste aus Italien einfinden, schlägt sich in der Speisekarte nieder.

**Schnorcheln und Tauchen**  Die Lagune erstreckt sich rund um die Insel und ist an vielen Stellen ein geeignetes Revier für Schnorchler. Das Hausriff ist 20 m entfernt,

## Giraavaru erleben

### HOTELANLAGE
*Giraavaru Island*
*Resort* ◔◔ – ◔◔◔
Tel. 664 04 40
www.giravaru.com
65 Bungalows, Restaurant, Coffeeshop, 2 Bars

### TAUCHBASIS
*Planeta Divers*
www.planeta-divers.com
Ausbildung: PADI-Prinzip
Sprachen: Englisch / Italienisch
Ausrüstungsverleih: ja
Nitrox-Tauchen: geplant
UW-Kameraverleih: analog und digital

ambitionierte Taucher zieht es jedoch eher zum in unmittelbarer Nähe gelegenen **Vadhoo-Kanal**, der für seinen Reichtum an Großfischen und anderen pelagischen Meeresbewohnern berühmt ist.

Auf der Insel finden Segler, Surfer, Wasserskiläufer, Volleyball- und Tennisspieler ideale Bedingungen vor. Baden kann man fast überall in der großen Lagune. **Sport**

Die **Nähe zur Hauptstadt Male'** lädt zu ausgedehnten Exkursionen ein. Beliebt ist auch das Inselhüpfen, bei dem eine Einheimischeninsel besucht wird. Im Übrigen gibt es eine Bar, in der regelmäßig unterhaltsame Abende mit einheimischen Musikern geboten werden. **Unterhaltung**

# Guraidhoo

⊹ F 6

**Lage:** östliches Süd-Male'-Atoll
**Entfernung zum Flughafen:** 50 km
**Größe:** 700 x 500 m
**Transferzeit:** ¾ Std. Schnellboot, 3 Std. Dhoni

**Auch auf der Insel Guraidhoo dürfen Malediven-Besucher ganz offiziell auf einer Einheimischeninsel übernachten und an ihrem ganz normalen Alltag teilnehmen. Auf der flächenmäßig größten Insel des Süd-Male'-Atolls leben etwa 1800 Menschen, die sich in erster Linie vom Fischfang und vom Bootsbau ernähren.**

Erst im Winter 2012 eröffnete dieses besonders für Taucher geeignete und direkt am Strand liegende Gästehaus mit acht Doppel- und zwei klimatisierten Einzelzimmern. Den Komfort der Luxusinseln in der nahen Umgebung sucht man freilich vergeblich, und weil die gläubigen **Ausstattung**

## Guraidhoo erleben

### GÄSTEHAUS
*Guraidhoo View* ⊚
Tel. 664 41 00
Buchung in Deutschland:
Tel. 06348 615 04 12
www.waterprooftravel.com
10 Zimmer (teils mit Aircondition),
Restaurant, Bar

### TAUCHBASIS
*Guraidhoos Diving Centre*
www.waterprooftravel.com
Ausbildung: SSI-Prinzip
Sprachen: Deutsch / Englisch
Ausrüstungsverleih: ja
Nitrox-Tauchen: möglich
UW-Kameraverleih: ja (digital)

Einheimischen dem Alkoholverbot unterliegen, gibt es das obligatorische Deko-Bierchen allenfalls auf dem Tauchboot. Wer darauf verzichten kann, wird mit vielfältigen Eindrücken belohnt. Auf Guraidhoo gibt es nämlich alles, was es auch sonst auf maledivischen Einheimischeninseln gibt: Schule, Moschee, Kindergarten, Krankenhaus, Cafés, eine Bäckerei und einen Fußballplatz. Außerdem findet man auf der Insel **etliche Souvenirshops**, da viele Urlauber von den naheliegenden Ferieninsel auf einen Zwischenstopp vorbeischauen. Im Erdgeschoss des Gästehauses bietet ein Restaurant einheimische Küche, hier ist der Fisch, der auf den Tisch kommt, garantiert fangfrisch.

**\*\*Schnorcheln und Tauchen**  Nur wenige Minuten Dhonifahrt entfernt liegt in der verlängerten Lagune eine Sanddüne, weithin bekannt als der legendäre **Manta Point**. Ebenfalls nicht weit vor der Insel findet man den **Guraidhoo Corner** und den **Medhu Faru,** zwei weitere tolle Tauchreviere am Guraidhoo-Kanal. Mit dem **Kandooma Thila** können Sie das unbestritten beste Thila im Süd-Male'-Atoll betauchen. Wer noch nie einen Hai gesehen hat – hier gibt's bestimmt genügend. Mit seiner Lage am südöstlichen Außenriff hat Guraidhoo die Top-Tauchplätze des Süd-Male'-Atolls in bequemer Reichweite. Zur Walhai-Saison werden Ausfahrten ins Süd-Ari-Atoll angeboten. Angehende Taucher werden nach dem SSI-Prinzip ausgebildet, im Übernachtungspreis sind zwei Tauchgänge pro Tag enthalten. Ansonsten ist das sportliche Angebot vornehmlich auf Eigeninitiative ausgerichtet.

**Unterhaltung**  Wie gesagt: Alkohol gibt es nur auf dem Tauchboot, aber darauf kann man ja auch verzichten. Sitzgelegenheiten zum Austausch von Erlebnissen während der Tauchgänge findet man in der Tauchschule, und statt Bier oder Wein schmeckt auch eine Tasse Tee.

# Helengeli

✦ G 1

**Lage:** nordöstliches Nord-Male'-Atoll
**Entfernung zum Flughafen:** 50 km
**Größe:** 800 x 200 m
**Transferzeit:** 1 Std. Schnellboot, ½ Std. Flugzeug

**Wenn es einen Preis für die meisten Tauchreviere in unmittelbarer Nähe gäbe: die 1979 eröffnete Touristeninsel Helengeli hätte gute Chancen auf einen der ersten Plätze. Es ist die Lage am nordöstlichen Außenriff des Nord-Male'-Atolls, die diese Vielfalt ermöglicht.**

# Helengeli erleben

## HOTELANLAGE
*Helengeli Island Resort* ⊜
Tel. 664 46 15
www.helengeli.net
50 Doppelbungalows, Restaurant, Coffeeshop, Bar, Spa, Pool

## TAUCHBASIS
*Ocean Pro Dive Center Helengeli*
www.oceanpro-diveteam.com
Ausbildung: PADI-Prinzip
Sprachen: Deutsch / Englisch
Ausrüstungsverleih: ja
Nitrox-Tauchen: möglich
UW-Kameraverleih: ja

Die 2004 zuletzt komplett renovierte Anlage zieht deshalb weniger komfortbewusste Gäste an, sondern solche, die die Zeit zwischen dem Auf- und Abtauchen als notwendiges Übel betrachten.

**Ausstattung**

Die insgesamt 50 Unterkünfte sind in zwei Kategorien unterteilt und durchaus ansprechend ausgestattet. Die als De-luxe-Bungalows bezeichneten Unterkünfte unterscheiden sich nur unwesentlich von den anderen. Auf der Speisekarte des Restaurants dominieren einheimische Gerichte, schließlich kommt hier Fisch wirklich frisch auf den Tisch.

**\*\*Schnorcheln und Tauchen**

Selbst weit gereiste Vieltaucher geraten ins Schwärmen, wenn sie von den Tauchrevieren rund um die Insel berichten. Sie sind nahezu unberührt, denn die isolierte Lage der Insel fördert keinen Tagestourismus. In den strömungsreichen Gewässern, z. B. am **Helengeli Thila**, keinem imposanten Walhai oder einem majestätisch dahingleitenden Manta zu begegnen, gehört schon zu den Ausnahmen. In zahlreichen **Höhlen** und an markanten **Riffüberhängen** findet man eine Unzahl kleiner und größerer Fische, auch die Korallenwelt erholte sich hier relativ schnell. Schnorchlern ermöglicht schon das Hausriff vielfältige Einblicke in das Leben unter Wasser. Die unter schweizerischer Leitung stehende Tauchbasis bietet von Mitte Dezember bis Mitte Januar wegen der ungünstigen Strömungsverhältnisse keine Kurse für Anfänger.

**Sport und Unterhaltung**

Auf der ausgesprochenen Taucherinsel beschränkt sich das landgebundene Sportangebot auf Volleyball am Strand und Tischtennis. Zum Austausch von Taucherlatein, aber auch zum Beobachten bisweilen traumhafter Sonnenuntergänge und sternenklarer Nachthimmel eignet sich die Strandbar. Ausflüge führen zu einer Einheimischeninsel. In den späteren Nachmittagsstunden werden Bootstouren zur Delfinbeobachtung angeboten. Und auch das Inselhüpfen ist hier beliebt.

# Hudhuranfushi

✦ G 3

**Lage:** östliches Nord-Male'-Atoll
**Entfernung zum Flughafen:** 19 km
**Größe:** 850 x 350 m
**Transferzeit:** ½ Std. Schnellboot

**Die lang gestreckte Insel war einst als Lohifushi bekannt, seit dem Besitzerwechsel heißt sie Hudhuranfushi. Nicht zuletzt wegen ihrer bemerkenswert langen Strände und ihrer stellenweise recht flachen Lagune ist sie besonders bei Familien beliebt. Aber auch Surfer finden hier ausgezeichnete Möglichkeiten.**

**Ausstattung**  Die insgesamt 177 Zimmer des Adaaran Select Hudhuranfushi sind in mehrere Kategorien eingeteilt. Einheimische und internationale Küche bieten ein nach allen Seiten offenes Hauptrestaurant sowie drei weitere Restaurants. Auch mehrere Bars und ein Spa stehen zur Verfügung. Die Hotelanlage wurde 2006 bis 2008 umfassend renoviert und erweitert. Sie ist heute auch ein beliebtes Ziel von wohlhabenden Touristen aus Russland.

**Schnorcheln und Tauchen**  Das Hausriff von Hudhuranfushi liegt etwa 300 m vom Inselrand entfernt und ist über mehrere Einstiege direkt betauchbar. Auch Schnorchler gewinnen hier schon mit einer einfachen ABC-Ausrüstung vielfältige Einblicke in die Unterwasserwelt. Es gibt eine eigene Tauchschule, die auch Ausfahrten zum Außenriff und zu mehr als 20 weiteren Tauchrevieren organisiert.

**Sport**  Das Sportangebot umfasst Windsurfen (mit Brettverleih), Segeln, Wasserski, Tennis (mit Flutlicht), Badminton, Squash, Billard und Tischtennis. Radfahrer können die Beinmuskulatur natürlich im Fitnesszentrum trainieren. Auf Hudhuranfushi kann man aber auch richtig Radeln und damit die Insel erkunden.

## Hudhuranfushi erleben

### HOTELANLAGE
*Adaaran Select*
*Hudhuranfushi* ⊙⊙ – ⊙⊙⊙
Tel. 664 19 30
www.adaaran.com
177 Zimmer, mehrere Restaurants und Bars, Spa; all-inclusive möglich

### TAUCHBASIS
*Hudhuranfushi Dive Center*
www.euro-divers.com
Ausbildung: PADI-Prinzip
Sprachen: Englisch
Ausrüstungsverleih: ja
Nitrox-Tauchen: möglich

Regelmäßig gibt es Tanzabende mit Livemusik und ab und zu schaut **Unterhaltung** auch mal ein Zauberer vorbei, um die Gäste zu unterhalten. Tagsüber werden Ausflüge zu anderen Inseln oder nach Male' angeboten. Auch Hochseefischen ist möglich.

# ✶✶ Huvafen Fushi

✦ F 3

**Lage:** westliches Nord-Male'-Atoll
**Entfernung zum Flughafen:** 26 km
**Größe:** 350 x 100 m
**Transferzeit:** ¾ Std. Schnellboot

**Die Insel war bis zu ihrer kompletten Neubebauung besser unter dem Namen Nakatcha Fushi bekannt und wurde 1979 erstmals für den Tourismus geöffnet. Unter ihrem neuen Namen Huvafen Fushi zählt sie zum Allerfeinsten, was die Malediven zu bieten haben.**

Huvafen Fushi ist nicht nur ein Ziel für Wassersportenthusiasten, sondern auch für Urlauber, die einfach nur Ruhe und Entspannung in höchst komfortabler Umgebung und mit perfektem Service suchen. Das wenig attraktive Hausriff wird durch eine große Lagune mit schönem Sandstrand wettgemacht.

44 Villen in sechs verschiedenen Kategorien, die 2012 einer gründlichen **Ausstattung** Verschönerungskur unterzogen wurden, bietet Huvafen Fushi – die Wohnflächen betragen zwischen 125 und 160 m². Wer es sich leisten kann, mietet sich in einem der beiden **Ocean Pavillons** mit 330 m² ein. Auch wer mit Entourage reisen muss, findet selbstverständlich eine angemessene Unterkunft: 800 m² ist der **Beach Pavillon** groß, inklusive eigenem Pool und 24 Stunden verfügbarem Butler. Die Insel bietet fünf Restaurants mit unterschiedlicher Ausrichtung.

## Huvafen Fushi erleben

### HOTELANLAGE
*Huvafen Fushi Per Aquum*
*Spa Resort* ◉◉◉◉
Tel. 664 42 22
www.huvafenfushi.com
44 Villen, 2 Wasservillen, fünf
Restaurants und Bars, Spa

### TAUCHBASIS
*Divers Haven*
www.huvafenfushi.com
Ausbildung: PADI-Prinzip
Sprachen: Englisch
Ausrüstungsverleih: ja
Nitrox-Tauchen: möglich

**Schnorcheln und Tauchen**

Zum Schnorcheln empfiehlt sich das nur 30 m vom Inselsaum entfernte Hausriff an der Südseite, es ist über mehrere Einstiege leicht zu erreichen und ein ideales Revier für Tauchanfänger. Allerdings bietet es keine spektakulären Besonderheiten. Interessanter wird es am **Außenriff**, das etwa 2 km vor der Insel liegt und nicht zuletzt wegen seiner Strömungen reizvolle und erlebnisreiche Tauchgänge ermöglicht. Unweit davon liegt auch das **Nakatcha Thila**, ein Tauchplatz mit vielen Höhlen und Riffüberhängen. Weiß- und Schwarzspitzenriffhaien sowie mächtigen Adlerrochen begegnet man hier ebenfalls.

**Wracktauchen**

Das **Hembadhoo-Wrack** ist ein 1988 künstlich versenkter kleiner Hafenschlepper, der in einer Tiefe von 12 bis 22 m aufrecht auf dem Meeresgrund steht. Besonders eindrucksvoll ist der Bewuchs der kleinen Brücke. Rund um das Schiff trifft man regelmäßig auf größere Fischschwärme.

**Sport**

Alle nicht motorisierten Sportarten (u. a. Katamaransegeln, Kanufahren, Windsurfen, Angeln und Beachvolleyball) sind im Preis enthalten. Extra zahlen muss man für Wasserski und Parasailing.

**Entspannung und Entdeckungen**

Das **Spa** auf Huvafen Fushi bietet eine ganz besondere und auf den Malediven bislang einzigartige Attraktion: Die Behandlungsräume befinden sich 7 m unter dem Wasserspiegel. So kann man während der Massage durch große Glasscheiben die vorbeischwimmenden Fische beobachten.

Wem vor lauter Entspannung die Augen zufallen, der verpasst die Show.

Inselhüpfen ist ebenso im Angebot wie der Tagesausflug ins nahe liegende Male'. Wer für einige Stunden oder Tage der Insel entfleuchen möchte, chartert den **Luxusmotorkreuzer** »Symphony« oder leiht tageweise eines der landestypischen **Dhonis** samt Besatzung, um Touren in die Umgebung zu unternehmen und auch auf dem Dhoni zu übernachten. Dass es auch hier an nichts fehlt, versteht sich von selbst.

Auf Huvafen Fushi gibt es eine Marinebiologische Station, die als beispielhaft für die Malediven gilt. Hier arbeitet das ganze Jahr über ein qualifizierter Marinebiologe, der auch dazu da ist, die Gäste in die Besonderheiten der Unterwasserwelt einzuführen und ihnen den Schutzgedanken der Korallenriffe nahezubringen. Wer möchte, kann eine **Koralle adoptieren**, die dann am Hausriff ausgesetzt wird. Über ihr Wachstum gibt eine E-Mail mit Bild Auskunft, die einmal im Jahr an den Spender verschickt wird.

**Marine-biologische Station**

# ** Ihuru

✛ F 3

**Lage:** südliches Nord-Male'-Atoll
**Entfernung zum Flughafen:** 19 km
**Größe:** 200 x 200 m
**Transferzeit:** ¾ Std. Schnellboot

**Das Inselchen Ihuru sieht genauso aus, wie man sich ein Malediven-Eiland vorstellt: Es hat einen Durchmesser von nicht mehr als 200 m und ist rundherum von einer herrlichen Lagune mit Sandstrand umgeben. Dazu kommt ein intaktes Hausriff mit farbenfrohen Korallen und großer Fischvielfalt. Kein Wunder, dass Ihuru zu den meistfotografierten Inseln der Malediven gehört.**

## Ihuru erleben

### HOTELANLAGE
*Angsana Resort & Spa* ❻❻❻❻
Tel. 664 59 32
www.angsana.com
45 Villen, Restaurant, Bar, Spa

### TAUCHBASIS
*Angsana Dive Center*
www.angsana.com
Ausbildung: PADI-Prinzip
Sprachen: Deutsch / Englisch
Ausrüstungsverleih: ja
Nitrox-Tauchen: möglich
UW-Kameraverleih: ja

**Öko-Konzept** Aber auch in ökologischer Hinsicht ist Ihuru ein Vorzeigeobjekt. Man nutzt Solarenergie und verzichtet (außer in drei Bungalows für besonders verwöhnte Gäste) auf Strom verschwendende Klimaanlagen. Auch unter Wasser bemüht man sich um die Natur. An extra zu diesem Zweck versenkten Metallgestellen experimentiert man erfolgreich mit der Nachzucht von Korallen.

**Ausstattung** Im Herbst 2000 wurde Ihuru von der kleinen, exklusiven Ansana-Hotelkette übernommen, die auf der direkt benachbarten Insel

Der Steg ins Paradies

(►Vabbinfaru) ein weiteres Luxusresort betreibt. Nach der Übernahme wurden die 45 einzeln stehenden, ausschließlich aus einheimischen Baumaterialien errichteten Bungalows einer grundlegenden Renovierung unterzogen. Sie bieten seither unter dem Namen **Angsana Resort & Spa** betuchten Gästen jeden Komfort. Getreu der Angsana-Philosophie soll ein Urlaub auf Ihuru ein Labsal für Körper und Geist sein. Für ersteren gibt es eine Schönheitsfarm, letzterer betört sich an der Einzigartigkeit der Welt über und unter Wasser. Für die leiblichen Bedürfnisse gibt es ein Restaurant sowie eine Bar.

**Schnorcheln und Tauchen** Das Hausriff vor der großflächigen Lagune eignet sich sehr gut zum Schnorcheln. Auch Tauchschüler unternehmen hier ihre ersten Versuche unter Wasser. Die Einstiegsstellen sind genau gekennzeichnet. Nur an diesen ist das Übertreten des Riffdaches gestattet, um Zerstörungen am Riff zu vermeiden. Vorsicht: Wer sich nicht daran hält, wird einmal verwarnt und muss im Wiederholungsfall den restlichen Urlaub im Trockenen verbringen. Die Gäste von Ihuru nutzen auch die Ressourcen der Tauchbasis auf der Nachbarinsel Vabbinfaru.

**Sport** Auch das Sportangebot richtet sich nach dem ökologischen Gesamtkonzept der Insel. Sportarten wie Wasserski oder Parasailing, die die Korallenriffe gefährden, werden auf Ihuru gar nicht erst angeboten. Möglich sind hingegen Windsurfing, Kajakfahren und Tischtennis.

**Unterhaltung** Nach Male' benötigt man nur eine Dreiviertelstunde mit dem Schnellboot, entsprechende Ausflüge wie auch zu einigen Einheimischeninseln in der Umgebung werden regelmäßig angeboten. Für die Abende unter klarem Sternenhimmel steht eine gemütliche Bar mit Blick aufs Meer zur Verfügung.

# * Kanifinolhu

✧ G 3

**Lage:** östliches Nord-Male'-Atoll
**Entfernung zum Flughafen:** 20 km
**Größe:** 800 x 150 m
**Transferzeit:** ½ Std. Schnellboot

**Etwa 40 Minuten benötigt man, um Kanifinolhu zu umrunden, ein kleines Eiland also, auf dem die außerordentlich breiten Sandstrände tagsüber zum Faulenzen einladen. Die Insel ist mit hohen Palmen und niederem Buschwerk dicht bewachsen, sodass auch Vögel und Flughunde Schutz finden.**

Der Club Méditerranée, kurz Club Med, eröffnete im Jahre 2005 dieses Clubdorf auf Kanifinolhu. Zu dem Komplex gehören zwei Restaurants, zwei Bars und eine Boutique. Clubsprachen sind Englisch, Französisch und Japanisch. Auch dieses Dorf wird nach der bewährten Philosophie des Club Méditerranée betrieben: Außer einigen besonderen Leistungen ist alles im Reisepreis enthalten. Fast schon legendär sind die opulenten Büfetts, die der Club Med seinen Gästen dreimal täglich bietet. **Ausstattung**

Zum Hausriff besteht kein direkter Zugang, dafür aber zu mehr als 20 interessanten Tauchplätzen, die mit dem Boot in kurzer Zeit erreichbar sind. Ein Highlight ist sicherlich die Rifflandschaft des **Kani Corner**, die bis auf eine Tiefe von etwa 30 m steil abfällt. Bei den Tauchlehrern sind auch Anfänger gut aufgehoben. **Schnorcheln und Tauchen**

Das sportliche Angebot ist wie in allen Club-Med-Anlagen recht umfangreich und bietet Badminton, Tischtennis, Petanque, Volleyball, Billard, Tennis (mit Flutlicht), Windsurfen, Segeln, Fallschirmsegeln und Hochseefischen. **Sport**

## Kanifinolhu erleben

**HOTELANLAGE**
*Club Med Kani* ☺☺ – ☺☺☺
Tel. 664 31 52
www.clubmed.de
163 Bungalows, 46 Wasserbungalows,
2 Restaurants, Coffeeshop, 2 Bars und
Spa; All-inclusive ist obligatorisch

**TAUCHBASIS**
*Euro Divers*
www.euro-divers.com
Ausbildung: PADI-Prinzip
Sprachen: Deutsch / Englisch / Französisch
Ausrüstungsverleih: ja
Nitrox-Tauchen: möglich
UW-Kameraverleih: ja

<table>
<tr><td>Ausflüge und<br>Unterhaltung</td><td>Tagsüber unternimmt man Bootsausflüge, beispielsweise zu einer der benachbarten Einheimischeninseln. Abends bieten die Club-Med-Shows abwechslungsreiche Unterhaltung, außerdem gibt es eine Karaoke-Bar.</td></tr>
</table>

# ✳ Kuda Huraa

✦ G 3

**Lage:** östliches Nord-Male'-Atoll
**Entfernung zum Flughafen:** 20 km
**Größe:** 500 x 100 m
**Transferzeit:** ½ Std. Schnellboot

**Eine Touristeninsel mit dem Namen Kuda Huraa gibt es schon seit 1977, seit der Übernahme durch die Four-Seasons-Kette steht die Insel jedoch für allerhöchsten Komfort. Nach den Tsunamischäden beschloss das Management den völligen Neubau und eröffnete die Luxusinsel wieder.**

Dass sich das im Preis niederschlägt, muss nicht betont werden. Four Seasons betreibt übrigens seit Herbst 2006 ein zweites Hotel auf den Malediven, und zwar auf der Insel ▶Landaa Giravaaru im Baa-Atoll.

<table>
<tr><td>Ausstattung</td><td>Keiner der insgesamt 96 Unterkünfte fehlt es an Luxus. Bereits in der einfachsten der sechs Kategorien sind **der eigene Pool und die eigene Terrasse inklusive**. Je besser die gewählte Kategorie, umso größer werden Wohnraum und Pool. Die Wasservillen nehmen dann ihren Namen wörtlich: herrlicher Meerblick, Lagune statt Türschwelle sowie private Sonnendecks garantieren Intimsphäre und perfekten Inselurlaub. Außerdem erlaubt der Luxuskatamaran Explorer eine Kreuzfahrt durch die Inselwelt.</td></tr>
</table>

## Kuda Huraa erleben

### HOTELANLAGE
*Four Seasons Resort*
*Kuda Huraa* ⓒ ⓒ ⓒ ⓒ
Tel. 664 48 88
www.fourseasons.com/maldiveskh
96 Bungalows, 4 Restaurants, 2 Bars,
Spa, Fitness Center, Pool

### TAUCHBASIS
*Four Seasons Dive Center*
www.fourseasons.com/maldiveskh
Ausbildung: PADI-Prinzip
Sprachen: Deutsch / Englisch
Ausrüstungsverleih: ja
Nitrox-Tauchen: möglich
UW-Kameraverleih: ja

Mindestens so eindrucksvoll wie die bunten Fische: eine Fächergorgonie

Schnorcheln und Tauchen

Zum Schnorcheln eignet sich die außerordentlich weitläufige Lagune. Die exponierte Lage der Insel am östlichen Außenriff des Nord-Male'-Atolls bietet seit jeher selbst für weit gereiste Unterwasserliebhaber **immer wieder Überraschungen** – auch wenn das Korallensterben vor der Unterwasserwelt von Kuda Huraa natürlich nicht Halt machte. Die Boote der Tauchbasis fahren zudem etliche Tauchreviere in der näheren und weiteren Umgebung an, die zu den Top-Spots der Malediven zählen.

Sport und Unterhaltung

Wer nach sportlicher Abwechslung sucht, wird beim Windsurfen, Katamaransegeln oder Hochseeangeln fündig.
Gegen den Inselkoller hilft die gut ausgestattete hauseigene Bibliothek. Mehrmals pro Woche gibt es außerdem einen Diaabend unter dem Titel »Fish Talk«, bei dem ein Meeresbiologe die Unterwasserwelt der Malediven erklärt. Tagesausflüge führen zur benachbarten Insel Bodu Huraa oder in die Hauptstadt Male'. Wer will, kann zudem mit dem Wasserflugzeug zum Rundflug über die Inseln abheben.

# Lankanfinolhu

 G 4

**Lage:** südöstliches Nord-Male'-Atoll
**Entfernung zum Flughafen:** 11 km
**Größe:** 1000 x 230 m
**Transferzeit:** ½ Std. Schnellboot

**Lankanfinolhu wurde bereits im Jahre 1979 als Touristenresort eröffnet und seitdem mehrfach renoviert. Heute werden die Einrichtungen auch gehobenen Ansprüchen gerecht. Die Insel ist auch unter dem Namen Paradise Island bekannt und glänzt vor allem durch die umfangreichen Sportangebote.**

**Ausstattung**   Insgesamt stehen 260 Zimmer zur Verfügung, alle mit Klimaanlage, Minibar, TV und lDD-Telefon. Ein exotisches Wohngefühl kommt in den 40 in die Lagune hineingebauten Stelzenbungalows auf, die erst 2010 komplett renoviert wurden. Die Poolanlage verfügt über ein zusätzliches Kinderbecken. Es gibt fünf Restaurants, eines davon bietet internationale, ein anderes maledivische und asiatische Spezialitäten. Die Wege auf der Insel sind mit Platten belegt, was das typisch maledivische Inselgefühl etwas vermissen lässt.

**Schnorcheln und Tauchen**   Das relativ intakte Außenriff liegt etwa 500 m von der Insel entfernt, zum Schnorcheln empfiehlt sich aber auch das fischreiche, ca. 300 m vor der Insel gelegene Hausriff. Die Tauchschule bringt Anfänger nach dem PADl-Prinzip an die (Pressluft-)Flasche und veranstaltet Ausfahrten zu etlichen interessanten Tauchrevieren in der näheren und weiteren Umgebung. Darunter gibt es so legendäre Reviere wie den **Manta Point**, an dem man zwischen Mai und Oktober fast sicher diesen eindrucksvollen Tieren begegnet.

**Sport und Unterhaltung**   Vielfältig sind die Sportmöglichkeiten: Windsurfen, Katamaran-segeln, Wasserski, Tennis (mit Flutlicht), Squash, Volleyball,

## Lankanfinolhu erleben

### HOTELANLAGE
*Paradise Island*
*Resort & Spa* ❷❸ – ❸❸❸
Tel. 664 00 11
www.villahotels.com
242 Bungalows, 40 Wasserbungalows,
mehrere Restaurants und Bars, Pool,
Spa; All-inclusive möglich

### TAUCHBASIS
*Delphis Diving Center*
www.delphisdiving.com
Ausbildung: PADI-Prinzip
Sprachen: Deutsch / Englisch
Ausrüstungsverleih: ja
Nitrox-Tauchen: möglich

Badminton, Ballspiele und Billard. Außerdem gibt es einen Fitness-raum und eine Sauna. Viermal pro Woche gibt es Livemusik, auch kann man sich im Karaoke üben. Die gemütliche Bar lädt am Abend zum Verweilen ein. Selbstverständlich werden die Ausflugsklassiker »Male'-Besuch« und »Inselhüpfen« angeboten.

# ✶✶ Lankanfushi

✦ G 3

**Lage:** südliches Nord-Male'-Atoll
**Entfernung zum Flughafen:** 12 km
**Größe:** 400 x 200 m
**Transferzeit:** ½ Std. Schnellboot

**Lankanfushi präsentiert sich auf den ersten Blick beinahe etwas unscheinbar und rustikal. Das liegt mit daran, dass hier der Umweltgedanke hochgehalten wurde. Beim Bau der Wasservillen auf Stelzen in der Lagune, kamen fast ausschließlich nachwachsende Materialien zum Einsatz. Wer einen exklusiven, wenn auch nicht gerade billigen Malediven-Urlaub sucht, ist hier ziemlich richtig.**

Das Resort gehört zu den Top Five der Malediven.

Die Insel, deren einheimischer Name Lankanfushi lautet, die aber lange Zeit als Soneva Gili bekannt war, wurde in den 1980er-Jahren durch ihre hervorragenden Tauchgründe und ihre große zum Schwimmen sehr gut geeignete Lagune bekannt.

**Ausstattung** Abgesehen von einigen Tageszimmern auf der Insel selbst gibt es ausschließlich Villen, die auf Pfählen in der großflächigen Lagune erbaut sind. Bereits die Standardunterkünfte haben eine Wohnfläche von rund 210 Quadratmeter. Sie bieten ein privates Sonnendeck, ein Open-Air-Bad, mit allem Komfort ausgestattete Räume, selbstverständlich auch einen eigenen Einstieg ins Meer und vieles mehr. Wer Wert auf größte Individualität legt, mietet sich in einer der sieben frei im Wasser stehenden, 250 m² großen Villen ein, die man nur per Boot erreicht. In der Küche des Restaurants Al Fresco wirkt ein Sternekoch, auf den Tisch kommt nur Allerfeinstes.

**Schnorcheln und Tauchen** Alle Top-Tauchreviere des Nord-Male'-Atolls sind von Lankanfushi aus problemlos zu erreichen. Auch hier wird größter Wert auf Individualität gelegt und in kleinen Gruppen getaucht. Die Tauchbasis bietet Anfängerkurse ebenso wie Weiterbildung für Fortgeschrittene. Ein Hausriff gibt es nicht, geschnorchelt wird deshalb am Außenriff, das ebenfalls mit dem Boot erreichbar ist.

**Sport und Unterhaltung** Alle Arten von Wassersport sind möglich und die meisten sind auch im Übernachtungspreis enthalten. Es gibt einen Pool, ein Fitnesscenter, einen Tennisplatz mit Flutlicht und einen Jogging-Parcours sowie im Spa eine Sauna mit Dampfbad.
Für die abendliche Unterhaltung sorgen die Gäste selbst, eine große DVD- und Musik-CD-Bibliothek steht zur Verfügung. Liebhaber edler Tropfen kommen in einem in den Korallenstock geschlagenen Weinkeller auf ihre Kosten, regelmäßig finden hier Weindegustationen statt. Ausflüge führen unter anderem nach Male' zum Shopping oder auf die nahe gelegene Einheimischeninsel Himmafushi.

## Lankanfushi erleben

### HOTELANLAGE
*Gili Lankanfushi Resort & Spa*
🌴🌴🌴🌴
Tel. 664 03 04
www.gili-lankanfushi.com
45 Wasservillen, Restaurant, Coffeeshop, Bar, Pool, Spa

### TAUCHBASIS
*Ocean Paradise Dive Center*
www.gili-lankanfushi.com
Ausbildung: PADI-Prinzip
Sprachen: Englisch
Ausrüstungsverleih: ja
Nitrox-Tauchen: ja
UW-Kameraverleih: ja

# Makunufushi

✦ F 6

**Lage:** östliches Süd-Male'-Atoll
**Entfernung zum Flughafen:** 30 km
**Größe:** 400 x 60 m
**Transferzeit:** ¾ Std. Schnellboot

**Harmonie mit der Natur – so lautet die Devise, unter welcher das Cocoa Island Resort betrieben wird. Fernab vom Massentourismus liegt dieses Paradies, das sich einst der deutsche Fotograf, Lebenskünstler und Kosmopolit Eric Klemm einrichtete.**

Wer nachvollziehen möchte, wie sich Robinson an entspannten Tagen gefühlt haben muss, dürfte hier bestens aufgehoben sein. Die lang gestreckte Insel ist mit tropischen Pflanzen dicht bewachsen und hat ihren ursprünglichen Charakter weitgehend behalten.

**Ausstattung**

Für Exklusivität und Intimität bürgt schon die geringe Anzahl von nur 33 Villen. Diese sind in ihrer Form einem Dhoni nachempfunden und mit jeglichem Komfort ausgestattet. Billig ist ein Urlaub auf Cocoa natürlich nicht: Selbst in der günstigsten Saison kostet die »einfachste« Suite fast 700 Euro. Das Paradies hat eben seinen Preis.

**Schorcheln und Tauchen**

Genauso exklusiv wie die Unterbringung präsentiert sich auch die Tauchbasis. **Tauchgänge werden nur in Kleingruppen unternommen**. Sie führen zu mehr als 20 herrlichen Unterwasserrevieren, Das Hausriff eignet sich dagegen eher für Schnorchler.

**Sport und Unterhaltung**

Das übrige Sportangebot ist bescheiden, geboten wird Windsurfen, Katamaransegeln, Wasserski und Parasailing.
Mehrmals wöchentlich werden Ausflüge zu anderen Inseln angeboten. Ein gutes Buch und eine gute Flasche Wein sind auf Cocoa der Ersatz für das Abendprogramm. Ansonsten genießt man einfach das Plätschern der Wellen und den Blick in den klaren Sternenhimmel.

## Makunufushi erleben

### HOTELANLAGE
*Cocoa Island* ⓒ ⓒ ⓒ ⓒ
Tel. 664 18 18
www.comohotels.com/cocoaisland
23 Villen, Restaurant, Bar, Spa

### TAUCHBASIS
*Cocoa Beach Dive Center*
www.comohotels.com/cocoaisland
Ausbildung: PADI-Prinzip
Sprachen: Deutsch / Englisch
Ausrüstungsverleih: ja

## ** **Male'**

✦ F/G 4

**Lage:** südliches Nord-Male'-Atoll
**Entfernung zum Flughafen:** 1 km
**Größe:** 1,8 x 1,2 km
**Transferzeit:** ¼ Std. Fähre

**Male', die Hauptstadt und mit Hithadoo im Addu-Atoll die einzige Stadt der Malediven, liegt am Südrand des Nord-Male'-Atolls, beinahe im geografischen Zentrum des Archipels. Spätestens seit dem 12. Jh. ist sie das unumstrittene wirtschaftliche, politische und religiöse Zentrum der Malediven.**

**Kaum noch Platz**

Auf einer Fläche von nur 2 km² leben heute rund 93 200 Menschen, insgesamt sind es mit den dazugehörigen Stadtteilen 123 400 (nach der Volkszählung von 2010). Um 1900 waren es erst 2000! Fehlende Fläche ist schon seit Jahrzehnten ein Problem, dem man wiederholt durch Landaufschüttungen begegnete. Wegen des schwierigen Untergrundes können in Male' nur Bauten mit wenigen Stockwerken errichtet werden. Zwischen Male' und der Flughafeninsel Hulhule wurde eine künstliche Insel aufgeschüttet und **Hulhumale'** getauft. Sie ist für etwa 60 000 Bewohner ausgelegt und soll das Wohnraumproblem der Hauptstadtinsel auf Jahrzehnte hinaus lösen.
Die Kapitale selbst besteht aus sechs Stadtbezirken: Henveiru, Galolhu, Maafannu und Machchangolhi. Auch die Inseln Villingili und Hulhumale' sind verwaltungstechnisch Stadtteile von Male'.

**Dicht an dicht stehen die Häuser auf der Hauptstadtinsel.**

Der Name Male' leitet sich von dem Hindi-Ausdruck »Mahal« ab, »Starker«
was »Festung« oder »Schloss« bedeutet und darauf hinweist, dass die Name
Stadt ehemals von einem Mauerring umgeben war. Dieser wurde
bedauerlicherweise in den 1960er-Jahren ebenso wie die meisten
anderen historischen Bauten niedergerissen.
Die vielfach zu findende Schreibung »Malé« ist eine Verfälschung
von »Male'« (das Apostroph hinter dem »e« weist darauf hin, dass es
kurz gesprochen wird), der Akzent dagegen ist durch nichts gerechtfertigt.

## SEHENSWERTES IN MALE'

Die wichtigsten Sehenswürdigkeiten kann man gut im Rahmen eines Stadtbummel
gemütlichen Bummels durch die Innenstadt erkunden. Dafür sollte
man etwa zwei bis drei Stunden einplanen. Für den Besuch des neuen
Nationalmuseums der Malediven sollte man sich ein bis zwei
zusätzliche Stunden nehmen.

Der Marine Drive oder Bodu Thakurufaan Magu, wie die Straße Marine Drive
heute offiziell genannt wird, verläuft entlang des Nordrandes der
Male'-Insel. Hier befinden sich auch die Anlegestege für Touristen-
boote und Wassertaxis.
Den vorgelagerten **Dhoni Harbour** können nur Boote mit wenig
Tiefgang ansteuern. Von dort aus werden die Touristeninseln und
auch die von Maledivern bewohnten Eilande versorgt. Ein neuer
Hafen wurde an der Südwestkante der Male'-Insel angelegt.

## Highlights Male'

► **Fish Market**
Ab etwa 15 Uhr zappelt hier noch ein
letztes Mal, was das Meer hergibt.
Seite 213

► **Fruit and Vegetable Market**
Kunterbuntes Warenangebot – von
Ananas bis Zuckerschoten
Seite 214

► **Chandani Magu Bazaar**
Kleiner Markt mit typisch
maledivischen Geschäften
Seite 214

► **Islamic Centre**
Außerhalb der Gebetszeiten sind
auch Nichtgläubige willkommen.
Seite 214

► **National Museum**
Ein bisschen Malediven-Geschichte
erfahren? Hier gibt's was zu sehen.
Seite 215

► **Hukuru Miskiiy**
Die alte Moschee ist nur selten
zugänglich, aber auch von außen
eindrucksvoll.
Seite 216

## Male'

Dhoni Harbour

Addu Pier
President's Jetty

Fruit & Vegetable Market
Fish Market

Bodu

Fish Auction Hall
Firewood Market
Bazaar
Jumhoree Maidan
Faashi Bldg. Airport Office

Maldives Port Authority
President's Palace
Bandara Miskiiy
Amir

Islamic Cente
Grand Friday Mosque
(Thakurufaanu Mosque)
Police

Drive

Higun

Fiyaatoshi Magu

Magu

Dhiraagu
Medu
National Museum

**5** **4**

Sultan Park

Marine

Higun

Haveeree

Magu

Varudi

Magu

Lily
Ainiya Shool

Fulooniya
Magu

**2**

Orchid

Fandi

Bodu Thakurufaanu Ziyar
(Nat. Memoria

**MAAFANNU**

Shaaalu

Neelofa
Magu

Higun

MACHCHANGOLHI

National Library

Majidi

Magu

Magu

Majidi

**1**

Iramaa
Magu

Magu

Javahir

Magu

Magu

Magu

GALOLH

**Id Miskiiy**

Magu

Rah Dee Bai Magu

Sabudheli

**4**

Bluekiyaa Ali

Magu

Magu

Maaveyo
Magu

Koarukendi

Dhilbahaaru

Chandani

Nikagas

Minli
Lonuziyaar

Muraga

Magu

Shahid Ali

Harduvaree

Iskandhar

Magu

**Jamaluddeen Primary School**

Buruzu

Magu

Buruzu

Mag

Ameene

Izudeen

Magu

Ameene

**TV Station**

Mag

**Hospital**

Nikagas Hingun

Football Association Turf Grounds
Maafannu Stadium

Falhumathee

Mag

New Harbour

Cricket Ground

V a a d h o o

**Essen**
1 Athaama Palace
2 Evening Café
3 Nasandhura Palace
 Hotel Restaurant
4 Salsa
5 Seagull Café House
6 Thai Wok

**Übernachten**
1 Hulhule Island Hotel
2 Kam Hotel
3 Nasandhura Palace Hotel
4 Blue Diamond Guest House

# Male' erleben

## AUSKUNFT

### *Maldives Tourism Promotion Board*

12, Boduthakurufaanu Magu, 3. Stock
Tel. 332 32 28
www.visitmaldives.de
Mo. – Do. 10.00 – 12.00 u.
14.00 – 16.00 Uhr
Information und Broschüren; weiterer
Info-Schalter in der Ankunftshalle des
Flughafens auf Hulhule

## ESSEN

### ❹ *Salsa* Ⓔ Ⓔ Ⓔ

Orchid Magu
Tel. 332 78 30
Wohl der beste Italiener auf der Haupt-
stadtinsel, die Pizza kommt aus dem
Steinofen. Nette Atmosphäre, die
Preise sind allerdings relativ hoch.

### ❷ *Evening Café* Ⓔ Ⓔ – Ⓔ Ⓔ Ⓔ

Orchid Magu
Tel. 332 06 61
Reichhaltige Speisekarte mit maledivischen, internationalen und vege-
tarischen Gerichten. Spezialität: gegrilltes Hühnchen

### ❸ *Nasandhura Palace Hotel Restaurant* Ⓔ Ⓔ – Ⓔ Ⓔ Ⓔ

Boduthakurufaanu Magu
Tel. 332 33 80
Besonders abends sitzt man hier
herrlich unter alten Bäumen im Garten-
restaurant. Große Speisekarte, auch
internationale Gerichte

### ❺ *Seagull Café House* Ⓔ – Ⓔ Ⓔ

Fareedhi Magu
Tel. 332 33 32
Das Beste in diesem Restaurant ist die

reichhaltige Auswahl an italienischer
Eiscreme. Auch die Fischgerichte sind
vorzüglich.

### ❻ *Thai Wok* Ⓔ – Ⓔ Ⓔ

Boduthakurufaanu Magu
Tel. 331 00 07
Leckere Thai-Gerichte, aber auch
andere Speisen. Die Preise entsprechen
dem Normalmaß. Vorherige Reservierung ist unbedingt zu empfehlen.

### ❶ *Athaama Palace* Ⓔ

Majeedhi Magu
Tel. 332 31 18
Die Spezialität dieses Restaurants im
gleichnamigen Hotel ist Hühnchen
»Biryani« auf indische Art (Vorsicht:
köstlich, aber scharf!).

## ÜBERNACHTEN

Besonders vor, während und nach
offiziellen religiösen Feiertagen sind die
Hotels auf Male' oft ausgebucht.
Rechtzeitige Reservierung ist wichtig.

### ❶ *Hulhule Island Hotel* Ⓔ Ⓔ Ⓔ – Ⓔ Ⓔ Ⓔ Ⓔ

Tel. 333 08 88
www.hih.com.mv
Das Hotel auf der Flughafeninsel bietet
136 komfortable Zimmer,
2 Restaurants, Spa und ein
Wassersportzentrum.

### ❷ *Kam Hotel* Ⓔ Ⓔ – Ⓔ Ⓔ Ⓔ

Tel. 332 06 11
www.kaimoo.com
Hübsches Hotel mit 29 klimatisierten
Zimmern und einem kleinen Pool in
einem achtstöckigen Hochhaus unweit
des Dhoni-Hafens.

### ❸ *Nasandhura Palace Hotel* ⊖ ⊖

Boduthakurufaanu Magu
Tel. 333 88 44
www.nasandhurapalace.com
Gepflegtes Hotel mit 31 Zimmern
direkt am Dhoni-Hafen. Achtung:
Einige Zimmer im Erdgeschoss des
Hotels haben keine Fenster! Wegen
seines hübschen Gartenrestaurants ist
der Ort auch bei einheimischen
Gästen beliebt.

### ❹ *Blue Diamond Guest House* ⊖

Tel. 332 61 25
Fax 331 64 04
Wer Male' erkunden möchte und auf
Komfort verzichten kann, ist in diesem
kleinen Gästehaus mit sechs Zimmern
gut aufgehoben. Die Besitzer sind sehr
hilfsbereit, was die Organisation von
Touren angeht.

### EINKAUFEN
#### *Antique & Style Souvenir Market*

K. U. M. Building, Ahmadhee Bazaar
(im 2. Stock)
Der größte Souvenirladen auf Male':
Einheimisches und importiertes Kunst-
handwerk sowie Sarongs für den
Besuch der Moschee

### *Esjehi Gallery*

Medhuzivaraiy Magu
Maledivische Malerei und manchmal
Ausstellungen einheimischer Künstler

### *Libaas*

Orchid Magu im S. T. O. Trade Center
Spezialist in Sachen Kunsthandwerk.
Dort ist es nicht billig, aber es gibt
schöne Dinge.

### *Reefside 1*

3, Orchid Magu
Lizenzierter Händler für
UW-Equipement (Sea & Sea),
Minolta, Canon

### *Sea Sports*

Chaandhani Magu
Die große Auswahl an Taucherbedarf,
Sonnenbrillen und Sportbekleidung ist
deutlich billiger als auf den Inseln.

### *STO Peoples Choice Electronics*

Chaandhanee Magu, Umar Shopping
Arcade im Erdgeschoss
Elektronische Geräte, etwa so günstig
wie im Duty-free-Shop

Der Jumhoree Maidan, ein erst vor wenigen Jahren neu gestalteter **Jumhoree** Platz, teilt den Marine Drive in eine westliche und östliche Hälfte mit **Maidan** den Verwaltungsgebäuden der maledivischen Regierungsbehörden. Reges Treiben herrscht hier vor allem abends. Dann tauschen die Hauptstadtbewohner die Neuigkeiten des Tages aus.
Zum maledivischen **Nationalfeiertag** (26. / 27. Juli) steht hier alljährlich eine eigens errichtete Tribüne, vor der die Menschen vorbeiziehen und dem Präsidenten der Republik die Ehre erweisen.

Unweit westlich vom Jumhoree Maidan liegt der Fischmarkt, auf **Fish Market** dem sich etwa ab 15 Uhr, wenn die Dhonis mit ihrem Fang in den Hafen zurückkehren, die größte Geschäftigkeit entwickelt. Nachdem die Boote entladen sind, spielt sich das interessante Treiben in der nüchternen **Auktionshalle** gegenüber dem Hafen ab. Säuberlich aneinandergereiht sind die Fische, die hier auf Wunsch auch gleich ausgenommen und zerlegt werden. Die meisten Fischer kommen übrigens von teils weit entfernten Inseln nach Male', um ihren Fang zu verkaufen. Danach kehren sie wieder auf ihre Heimatinseln zurück.

**Lumber Market**

Nur wenige Meter vom Fischmarkt entfernt fristet der einstmals höchst bedeutsame Holzmarkt inzwischen ein Kümmerdasein. Nur noch wenige Städter benötigen Brennholz zum Kochen.

**Fruit and Vegetable Market**

Interessant und farbenprächtig ist nach wie vor das Leben in den halbdunklen Verkaufshallen hinter dem Holzmarkt. Hier gibt es vom getrockneten Fisch bis zur mächtigen Bananenstaude, von der Betelnuss bis zur maledivischen Zigarette ein für insulare Verhältnisse beachtliches Angebot. **Apropos maledivische Zigarette:** Da importierte Zigaretten teuer sind, kaufen vor allem Fischer die Glimmstängel, bei denen der Tabak einfach in Zeitungspapier eingerollt wird.

**Chandani Magu, Bazaar**

Von den Märkten führen schmale Straßen in Richtung Süden, darunter auch der Chandani Magu. Es lohnt sich, hier und da einen Blick in einen der kleinen Läden zu werfen. Gehandelt wird mit allem, was man zum Leben auf den Malediven benötigt. Oft genug ist es ein kurioses Durcheinander, in dem man vom speziellen Angelhaken für den Haifischfang bis zum aus Indien importierten Currygewürz alles findet. Zwischen den Läden, die ihr Sortiment in erster Linie auf die Bedürfnisse der Einheimischen abgestimmt haben, findet man aber auch solche, die allerlei Trödel für Besucher anbieten.

Dieses Stadtviertel wurde übrigens früher von den **Borah** besiedelt, Händlern, die aus der indischen Stadt Mumbai (Bombay) stammten und einer schiitischen Sekte angehörten. Sie waren bei den Insulanern wenig beliebt, da sie sehr geschäftstüchtig waren und schon bald einen großen Teil des Handels kontrollierten. Um die vorgeschriebenen Gebete zu verrichten, erbauten sie die Bumba-Miskiiy (Bombay-Moschee), die heute jedoch **Bandara Miskiiy** genannt wird und allen Gläubigen offen steht. Die meisten Borah haben die Malediven jedoch längst wieder in Richtung Heimat verlassen.

**\*\*Islamic Centre**

Als Orientierungspunkt für die Erkundung der maledivischen Hauptstadt – im Übrigen eine der kleinsten Hauptstädte der Welt überhaupt – eignet sich die goldene Kuppel des großen Islamischen Zentrums mit seinem 40 m hohen, schlanken Minarett. Das Bauwerk mit dem offiziellen Namen Masjid Al-Sultan Muhammad Thakurufaanu Al'Z'am ist ein Geschenk der islamischen Bruderstaaten. Selbst der libysche Staatspräsident Gaddafi soll einen ansehnlichen Betrag aus seiner Privatschatulle spendiert haben. Das Gebäude kostete glaubhaften Quellen zufolge rund 7 Mio. US-Dollar und wurde 1984 eingeweiht. Außerhalb der Gebetszeiten kann das Zentrum besichtigt werden, vorausgesetzt, man trägt die passende dezente Kleidung: Männer dürfen in kurzen Hosen ebenso wenig hinein wie Damen in kurzen Röcken. Zur Not tut es aber auch ein Sarong, den man für wenig Geld in einem der umliegenden Geschäfte erstehen kann. Die Schuhe muss man vor dem Betreten des Gotteshauses ablegen.

Im Innern der Moschee und dort im großen Saal, in dem mehr als 5000 Gläubige Platz finden, bestechen die kunstvollen Holzschnitzereien und die arabischen Kalligrafien. Besonders schön ist die **Kanzel des Imam**, des Vorbeters in der Moschee. Beachtung verdient auch der große türkisfarbene Teppich, der zur Einweihung von der pakistanischen Regierung gestiftet wurde. Im Gebäude befinden sich außerdem eine Bücherei mit Schriften des Islam sowie eine Konferenzhalle.

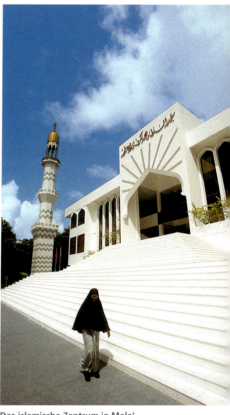

**Das islamische Zentrum in Male'**

Südlich des Islamischen Zentrums erstreckt sich der Sultanspark, eine kleine, gepflegte Parkanlage mit Schatten spendenden Bäumen, die für jedermann zugänglich ist.

**Sultanspark**

Auf dem Gelände des Parks befindet sich in einem neuen Gebäude das 2010 eröffnete Nationalmuseum der Malediven mit Artefakten aus der Geschichte der Inselrepublik. Nachdem die Sammlungen jahrzehntelang in einem alten Gebäude rechts daneben untergebracht waren, zeigen sie sich jetzt in einem repräsentativen Bau.

**\*National Museum**

Zu sehen sind Relikte aus alter und neuer Zeit, die nun weitestgehend geordnet und auch in englischer Sprache beschriftet sind. Beachtung verdienen v. a. die gleich hinter dem Eingang stehenden **Steinfragmente**, die der berühmte norwegische Ethnologe Thor

Heyerdahl (►Berühmte Persönlichkeiten) während seiner Erkundungen der maledivischen Inselwelt entdeckte und nach Male' bringen ließ. Anhand dieser Funde wagte er die These, dass die Malediven weit früher als zuvor angenommen besiedelt waren. Interessant ist auch die Sammlung von **Buddhafiguren**. Sie wurden u. a. von dem britischen Kommissar und Archäologen H. P. C. Bell im Addu-Atoll entdeckt. Leider wurden einige von Ihnen 2012 mutwillig zerstört. Außerdem gibt es eine kleine, aber sehenswerte Ausstellung von Schiffsmodellen. Beachtenswert ist auch die Sammlung von alten Handschriften sowie historischen Land- und Seefahrtskarten.

❶ www.maldivesculture.com, Mo. – Do., So. 9.00 – 17.00 Uhr, Eintrittskarten nur bis 16.00 Uhr; Eintrittsgebühr 50 Rf., Kinder 15 Rf.

**\*Hukuru Miskiiy**

Wendet man sich nach dem Verlassen des Museums nach rechts und folgt der Straße etwa 200 m, trifft man zunächst auf einen ummauerten Friedhof mit beachtenswerten alten Gräbern und Grabplatten. Hier erhebt sich auch die alte Moschee, die Hukuru Miskiiy, auch **Freitagsmoschee** genannt. Sie steht an der Stelle eines Vorgängerbaus aus dem 12. Jahrhundert. Der heutige Bau wurde 1656 fertiggestellt, das tonnenförmige **Minarett** datiert aus dem Jahre 1675. Auftraggeber für beide Bauwerke war Sultan Ibrahim Iskander I. Bis zur Fertigstellung des Islamischen Zentrums rief von diesem Minarett aus der Muezzin die Gläubigen zum Gebet.

Die Innen- und Außenwände der Moschee sind mit Verzierungen aus Korallensteinen geschmückt. Sehr schön ist das aus verschiedenen Holzarten konstruierte Dach. Das Innere der Freitagsmoschee besteht aus drei Räumen: Der hintere Teil blieb den Frauen vorbehalten, während der mittlere und größte Raum der Moschee die Gebetsstätte der Männer war. Beide Räume sind durch eine schön geschnitzte Gitterwand voneinander getrennt. Im dritten Raum beteten der Sultan und andere hohe Würdenträger. Den Zugang zu diesem Raum bildet eine prachtvoll mit arabischen Schriftzeichen verzierte Tür. Die ebenfalls reich geschnitzte Holzdecke wird von sechzehn Säulen getragen, über der Mitte des Raumes erhebt sich eine Kuppel.

Der Zutritt zu Friedhof und Moschee ist für Nichtmuslime nur mit einer besonderen (selten erteilten) Erlaubnis möglich. Bei einem Blick über die aus

**Gesperrt für Nichtmuslime**

Korallensteinen erbaute Mauer sieht man jedoch die Grabhäuser der Mitglieder der Sultansfamilien und anderer religiöser Würdenträger. Ein eigenes Mausoleum wurde für Sultan Iskander I., den Erbauer der Anlage, errichtet.

Gegenüber der Freitagsmoschee erhebt sich die Medhu Ziyaarath, ein Schrein, in dem der Leichnam von Abu al Barakaath Yusuf al Barbari seine letzte Ruhestätte fand. **Al Barbari** stammte aus Nordafrika und kam auf die Malediven, wo er der Überlieferung zufolge die Bevölkerung 1153 zum Islam bekehrte.

**Medhu Ziyaarath**

Nebenan verbirgt sich hinter einer üppigen Blütenpracht der alte Sultanspalast (Mulee-Age). Der nüchtern wirkende Bau wurde 1913 im Auftrag von Shamsuddin III. für dessen Sohn errichtet. Nachdem dieser 1936 von den Malediven verbannt worden war, gelangte das Gebäude in den Besitz des Staates. Zwischen 1953 und 1994 war der Palast die offizielle Residenz des Präsidenten. Seit der Fertigstellung des neuen Präsidentenpalastes (in der Orchid Magu) wird er nur noch für verschiedene repräsentative Zwecke und als Herberge für Staatsgäste genutzt. Der Palast ist **nicht zugänglich**.

**Sultanpalast**

Folgt man vom Sultanpalast der Ziyaarath Magu in östlicher Richtung und biegt links in die Sosun Magu ab, erreicht man wieder den Marine Drive. Von hier aus kann man im Osten dem Meer abgerungene Stadtviertel mit relativ neuer Bebauung besichtigen. Im Süden schützt ein **künstlich angelegter Wall** die Inselmetropole vor Hochwassern. Hier findet man sogar einen ebenfalls künstlich angelegten Badestrand, der vor allem an Wochenenden von der einheimischen Bevölkerung besucht wird.
Vom Neuen Hafen im Südwesten von Male' setzen regelmäßig Dhonis zur Nachbarinsel **Villingili** über, bis Anfang der 1990er-Jahre eine recht beliebte Touristeninsel. Nun haben hier stattdessen u. a. Fernseh- und Radiosender Platz gefunden, außerdem entstanden Wohn- und Bürohäuser.
Auf der nur 1 km von Male' entfernten Insel **Hulhule** befinden sich sämtliche Flughafeneinrichtungen sowohl der staatlichen Fluggesellschaft Air Maldives als auch der Wasserflugzeughafen, der alle Inlandsflüge bedient. Darüber hinaus gibt es hier das Airport Hotel am Westende der Insel, eine Eisdiele, ein Selbstbedienungsrestaurant und einen Souvenirladen.

**Neue Stadtteile**

*Nobles Inselhüpfen*

Wer seinen Urlaub nicht nur auf einer Insel verbringen möchte, kann sich an einer Kreuzfahrt mit dem Luxusschiff »Four Seasons Explorer« beteiligen. Auf dem Schiff mit 11 Kabinen gibt es selbstverständlich auch Schnorchel- und Tauchausrüstungen. Die Touren für 3, 4 oder 7 Tage starten und enden am Male'-Airport.

# Meerufenfushi

⊹ H 3

**Lage:** östliches Nord-Male'-Atoll
**Entfernung zum Flughafen:** 37 km
**Größe:** 1 x 0,4 km
**Transferzeit:** 1 Std. Schnellboot, 10 Min. Flugzeug

**Meerufenfushi oder Meeru, wie die Insel von ihren zahlreichen deutschen Stammgästen kurz und bündig genannt wird, zählt zu den ältesten Hotelinseln der Malediven. Das Landschaftsbild wird von hohen Palmen und niederem Buschwerk bestimmt; sehr schön ist die weitläufige Lagune, die sich vorzüglich zum Baden eignet.**

**Ausstattung** Die Insel wurde zuletzt 2006 komplett renoviert. Man kann zwischen der Unterbringung in einfacheren Reihenbungalows, einzeln stehenden Bungalows und Stelzenbungalows am Wasser wählen. Insgesamt gibt es 284 Zimmer; zwei Suiten für Honeymooner stehen in der Lagune, sind aber nur mit dem Boot erreichbar. Die Anlage bietet einen recht gepflegten Eindruck, wer aber Luxus sucht, ist hier fehl am Platze.

**Entspannung pur im Meeru Island Resort**

## Meerufenfushi erleben

| | |
|---|---|
| **HOTELANLAGE** | **TAUCHBASIS** |
| *Meeru Island Resort* €€ – €€€ | *Oceanpro Divers* |
| Tel. 664 05 17 | www.oceanpro-diveteam.com |
| www.meeru.com | Ausbildung: PADI-Prinzip |
| 254 Bungalows, 30 Wasserbungalows, | Sprachen: Deutsch / Englisch |
| 4 Restaurants und 3 Bars, 2 Coffee- | Ausrüstungsverleih: ja |
| shops, Pool, Spa; All-inclusive möglich | Nitrox-Tauchen: möglich |
| | UW-Kameraverleih: ja |

Das Hausriff liegt etwa 250 m vom Inselsaum entfernt (Dhonitransfer). **Schnorcheln und Tauchen** Zum ungleich reizvolleren Außenriff muss man die doppelte Distanz überwinden. Die Tauchschule organisiert täglich Fahrten zu beiden Riffen sowie zu mehr als 20 tollen Tauchplätzen wie zum **Kassan Faru Kandhu** oder zum **Miyaru Thila**, die Taucher jedes Mal aufs Neue begeistern. Hier ist die Wahrscheinlichkeit, Großfischen wie Grauen Riffhaien, Mantas oder Barrakudas zu begegnen, sehr hoch.

Zu den weiteren Sportmöglichkeiten zählen Windsurfen, Segeln, **Sport und Unterhaltung** Tischtennis, Badminton und Volleyball. Für Golfer gibt es eine Driving Range.
Regelmäßige Ausfahrten zum Angeln (auch Nachtangeln) sind ebenso im Angebot wie ein vielfältiges Ausflugsprogramm, das beispielsweise zur Einheimischeninsel **Dhiffushi** führt. Diese Insel wurde zwar vom Tsunami überflutet und musste evakuiert werden, die Bewohner kehrten jedoch zurück. Für lange Abende gibt es auf Meeru gleich drei Bars, gelegentlich spielt eine Band Livemusik.

# ** Medhufinolhu

⟡ F 2

**Lage:** nordwestliches Nord-Male'-Atoll
**Entfernung zum Flughafen:** 35 km
**Größe:** 800 x 100 m
**Transferzeit:** 1 Std. Schnellboot, ¼ Std. Flugzeug

**Wer für den Transfer vom Flughafen das Wasserflugzeug wählt, erkennt schon beim Anflug die Besonderheit der Insel. Wie eine Riesenzigarre sieht das Eiland, das unter Einheimischen unter dem Namen Medhufinolhu bekannt ist, aus. Doch der Bedeutung ihres neuen Namens Reethi Rah wird sie voll und ganz gerecht: »hübsche Insel«.**

**Beeindruckende Wasserarchitektur im Luxusresort Reethi Rah**

An den beiden Inselspitzen erstreckt sich jeweils eine großflächige Sandbank, während die Strände an den Inselseiten relativ schmal sind. Bemerkenswert ist die dichte Vegetation in der Inselmitte, in der sich auch zahlreiche kleinere Tiere wohlfühlen, darunter wild lebende Kaninchen, kleine Echsen und Warane.

**Ausstattung**  Seine heutige Gestalt erhielt die Insel im Jahre 2005. Seit der Übernahme durch die One and Only Resorts gehört sie zu den luxuriösesten Zielen der Malediven. Keine Villa hat weniger als 135 m² Wohnfläche, jede hat ihren direkten Zugang zur Lagune oder gar einen eigenen kleinen Privatstrand und ist mit allem ausgestattet, was man für den Übernachtungspreis von deutlich mehr als 1000 Euro auch erwarten darf. Kulinarische Genüsse auf höchstem Niveau verspricht die Küche. Die Gerichte werden in drei Restaurants serviert. Kinder werden ihren Altersstufen entsprechend betreut.

**Schnorcheln und Tauchen**  Reethi Rah liegt unweit der westlichen Seite des Außenatolls, die Unterwasserreviere werden nicht zuletzt deshalb zu den schönsten und spektakulärsten des Nord-Male'-Atolls gezählt. Stellvertretend seien an dieser Stelle das **Boduhithi Thila** oder der **Makanudhu Kandu** genannt. Zum Schnorcheln eignet sich bereits das Hausriff.

**Wracktauchen**  Wracktaucher finden eines der besten künstlichen Wracks der Malediven direkt vor der Haustüre. Nur wenige Minuten mit dem Dhoni entfernt liegen die Überreste eines Schleppers, der überreich bewachsen ist und eine herrliche Kulisse für Unterwasserbilder abgibt.

## Medhufinolhu erleben

### HOTELANLAGE
*One & Only Maldives*
*at Reethi Rah* ⓒ ⓒ ⓒ ⓒ
Tel. 664 88 00
www.oneandonlyresorts.com
130 Villen, 3 Restaurants, Coffeeshop,
Bar, Spa, Kids Club

### TAUCHBASIS
*Reethi Rah Diving Center*
www.oneandonlyresorts.com
Ausbildung: PADI-Prinzip
Sprachen: Deutsch / Englisch
Ausrüstungsverleih: ja
Nitrox-Tauchen: möglich
UW-Kameraverleih: ja

Aktivurlauber erfreut das vielfältige Sportangebot: Volleyball, **Sport**
Tischtennis, Badminton, Katamaransegeln, Wasserski, Kanufahren,
Windsurfen und vieles mehr.

Angemessene Abendunterhaltung wird auch auf Reethi Rah geboten. **Unterhaltung**
Täglich gibt es Livemusik. Eine umfangreiche Bücherei steht ebenso
zur Verfügung wie ein ausgefeiltes Ausflugsprogramm. So steht z. B.
**Delphin-Watching** regelmäßig auf der Tagesordnung, die Meeres-
säuger tummeln sich gerne an der Außenriffkante.

## ** Naladhu

$\bigstar$ F 5

**Lage:** östliches Süd-Male'-Atoll
**Entfernung zum Flughafen:** 13 km
**Größe:** 160 x 160 m
**Transferzeit:** ½ Std. Schnellboot

**Naladhu bedeutet in der Landessprache so viel wie »kleine,
hübsche Insel«. Das im Dezember 2006 eröffnete Refugium in
der unmittelbaren Nachbarschaft der beiden Resorts Anantara
Dhigufinolhu und Anantara Veligandu Huraa zählt zu den
kleinsten und feinsten Resorts der Malediven.**

Zu den Selbstverständlichkeiten gehört hier ein persönlicher Butler,
der hier Housemaster heißt und nach dem Motto »Whatever you
want, the answer is yes!« von der Ankunft bis zur Abreise rund um
die Uhr verspricht, jeden Wunsch des Gastes von den Lippen
abzulesen. Naladhu ist durch einen langen Steg mit Dhigufinolhu
verbunden, der Zutritt ist jedoch nur für Naladhu-Gäste möglich,
umgekehrt nicht. Dass die Exklusivität ihren Preis hat, versteht sich
von selbst. Die Übernachtung kostet ca. 1700 Euro für eine Villa.

## Naladhu erleben

### HOTELANLAGE
*Naladhu Maldives Resort & Spa* ⓒⓒⓒⓒ
Tel. 664 18 88
www.naladhu.com
19 Villen, Restaurant, Bar, Spa

### TAUCHBASIS
www.naladhu.com
Ausbildung: PADI-Prinzip
Sprachen: Englisch / Deutsch
Ausrüstungsverleih: ja
Nitrox-Tauchen: möglich
UW-Kameraverleih: ja

**Ausstattung**
Die nur 19 Villen sind sehr geschmackvoll im Kolonialstil eingerichtet und jeweils 300 m² groß. Außer einem Schlafraum gibt es ein
Esszimmer, ein Outdoor-Badezimmer, ein Dampfbad und einen
privaten Infinitypool. Zu jeder Villa gehören ein kleiner Garten mit
Open-Air-Dusche sowie eine Sonnenterrasse. WLAN hat man hier
an jedem Ort auf der Insel. Gespeist wird im stilvollen, teilweise unter
freiem Himmel befindlichen Restaurant, regelmäßig gibt es
Barbecueabende am Strand. Natürlich werden beim Essen auch
individuelle Wünsche berücksichtigt, die nicht auf der Speisekarte
sind. Der Chefkoch zaubert für jeden noch so anspruchsvollen
Gaumen etwas, das ihm schmeckt. Zum Restaurant gehört auch ein
Weinkeller, in dem ebenso regelmäßig Degustationen angeboten
werden. Wer die Einsamkeit bzw. traute Zweisamkeit liebt, lässt sich
das Essen in die eigene Villa bringen oder er lässt sich auf eine kleine
unbewohnte Insel übersetzen und dort ein Picknick servieren.

**Schnorcheln und Tauchen**
Die PADI-Tauchbasis auf der Nachbarinsel Dhigu bildet auch Tauchanfänger aus, die komplette Ausrüstung kann entliehen werden.
Rund um die Insel sowie in der näheren Umgebung findet man eine
Vielzahl von hervorragenden Tauchrevieren, die mit dem Dhoni
nach kurzer Fahrt erreichbar sind. Die Begegnung mit Großfischen
kann hier schon garantiert werden.

**Sport und Unterhaltung**
Die Einrichtungen auf der Nachbarinsel Dhigu wie z. B. das Fitness-
studio, der Tennisplatz (mit Flutlicht) oder auch das Wassersport-
zentrum (Windsurfen, Wasserski, Kajakfahren, Katamaran und
Tiefseeangeln) können mitbenutzt werden. Ebenfalls angeboten
werden Yoga, Pilates, Meditation, Aerobics und Wassergymnastik.
Alle Angebote werden persönlich auf den Gast zugeschnitten.
Auf Dhigu, der Nachbarinsel, und dort in der Lagune findet man das
Spa mit neun Behandlungsräumen. Spa-Behandlungen werden auch
in der eigenen Villa angeboten.
Tagsüber kann man bei einem Bootsausflug die traditionellen
maledivischen Fischfangmethoden kennenlernen.

# ** Thulhaagiri

$\rightarrow$ F 3

**Lage:** südliches Nord-Male'-Atoll
**Entfernung zum Flughafen:** 12 km
**Größe:** 200 x 300 m
**Transferzeit:** ½ Std. Schnellboot

**Thulhaagiri gehört zu den beliebtesten und nicht selten aus-
gebuchten Inseln des Malediventourismus. Bemerkenswert
sind die üppige tropische Bepflanzung und der herrliche Sandstrand. Das Hausriff mit seiner reichen Fischpopulation liegt
etwa 40 m vor der großflächigen Lagune.**

Aus der Vogelperspektive erinnert die Insel an ein Spiegelei. Einen
schönen Sandstrand gibt es allerdings nur im Westen des Eilandes,
das vor allem von Stammgästen aus Deutschland, Österreich und der
Schweiz besucht wird.

Die 52 im landestypischen Stil errichteten und 2008 renovierten **Ausstattung**
Bungalows sind gut und komfortabel ausgestattet mit Klimaanlage,
Kühlschrank, Satelliten-TV und IDD-Telefon. Die 34 achteckigen
Wasserbungalows verfügen jeweils über eine kleine Terrasse und
einen direkten Zugang zur Lagune.

Alle Mahlzeiten werden in einem Restaurant mit üppig bestücktem **Restaurant**
Büfett serviert. Ein kleiner Meerwasserpool sowie eine Strandbar
komplettieren das Bild vom Paradies.

Erfahrene Taucher unternehmen erlebnisreiche Ausfahrten in die **Schnorcheln**
nähere und weitere Umgebung zu einigen spektakulären Unter- **und Tauchen**
wasserrevieren. Die **zentrale Lage** von Thulhaagiri ermöglicht zahlreiche Tauchgänge an allen Top-Spots des Nord-Male'-Atolls. Das

## Thulhaagiri erleben

### HOTELANLAGE
*Thulhaagiri*
*Lovers Paradise* ⊖⊖ – ⊖⊖⊖
Tel. 664 59 30
www.thulhagiri.com.mv
52 Bungalows, 34 Wasserbungalows,
Restaurant, Coffeeshop, 2 Bars, Spa;
All-inclusive möglich

### TAUCHBASIS
*Subaqua*
www.subaqua.de
Ausbildung: PADI-Prinzip
Sprachen: Deutsch / Englisch
Ausrüstungsverleih: ja
Nitrox-Tauchen: möglich
UW-Kameraverleih: ja

nahe der Insel gelegene Hausriff ist über zwei Einstiege bequem zu erreichen und eignet sich gut zum Schnorcheln. Auch am Lagunenrand ist das Schnorcheln erlebnisreich.

**Wracktauchen** Unweit von Thulhaagiri finden auch Wracktaucher genügend Ziele für ihre Ambitionen. Zu den eindrucksvollsten Schiffsüberresten zählt dabei die »Maldive Victory«, die 1981 vor der Flughafeninsel Hulhule sank (▶Kurumba).

**Sport und Unterhaltung** Weitere Sportmöglichkeiten sind Katamaransegeln, Wasserski, Darts, Badminton, Tischtennis und Volleyball. Windsurfen kann hier sogar gelernt werden.
Fast jeden Abend wird den Gästen organisierte Unterhaltung geboten, die das gesamte maledivische Spaßspektrum von Livemusik bis Krabbenrennen abdeckt.

**Ausflüge** Guten Zuspruchs bei den Gästen erfreuen sich Ausflüge zu den Nachbarinseln mit »meet the people«-Programmen sowie nächtliche Bootstouren für Angler.

# ✳ Vabbinfaru

 F 3

**Lage:** Zentrum des Nord-Male'-Atolls
**Entfernung zum Flughafen:** 15 km
**Größe:** 200 x 150 m
**Transferzeit:** ½ Std. Schnellboot

**Das Touristenresort Banyan Tree zählt zum Feinsten, aber auch zum Teuersten, was die Malediven zu bieten haben. Für sein Geld, ca. 800 Euro pro Nacht, bekommt der Gast auf Banyan Tree jedoch alles, was eine Reise auf die Malediven zum Traumurlaub macht.**

Dabei ist die Insel nicht vorrangig ein Ziel für Unterwasserenthusiasten, sondern eher eines für Gäste, die Ruhe und Entspannung mit Spitzenklassekomfort verbinden.

**Ausstattung** Die 48 einzeln stehenden Villen in Rundform wurden unter Verwendung einheimischer Baumaterialien errichtet und 2012 gründlich renoviert. Jede Villa hat eine hübsche Veranda und einen vorgelagerten Pavillion. Vielfach gelobt wird die exzellente Küche. Die Gäste haben die Qual der Wahl zwischen dem überdachten Teil des Restaurants und dem unter freiem Himmel. Von der gemütlichen Naiboli-Bar hat man einen direkten Blick aufs Meer. **Die besten Unterkünfte** auf

Sonnenliege oder Schattenplatz mit Blick aufs Meer

Banyan Tree sind die großzügigen Strandbungalows. Durch die Lamellentüren weht stets ein leichter Windzug, sodass man auf den Einsatz von Klimaanlagen gut verzichten kann.

Alle bekannten Tauchreviere des Nord-Male'-Atolls sind von Vabbinfaru aus gut zu erreichen. Die Tauchbasis steht unter deutschsprachiger Leitung. Wer mit Nitrox tauchen möchte, kann das auf der benachbarten Touristeninsel ▶Ihuru tun, mit der dortigen Tauchbasis besteht eine Kooperation. Besonderen Wert legt das Management von Banyan Tree auf den umsichtigen Umgang mit der Unterwasserwelt. Interessierte Gäste sind eingeladen, sich in der **Meeresbiologie-Station** über die Vielfalt der maritimen Flora und Fauna zu informieren. Von allen Gästen wird ein geringfügiger Zuschlag verlangt, der dem Green Imperative Fund zugutekommt.

**Schnorcheln und Tauchen**

## Vabbinfaru erleben

### HOTELANLAGE
*Banyan Tree Maldives Vabbinfaru* ⓔ ⓔ ⓔ ⓔ
Tel. 664 31 47
www.banyantree.com
48 Bungalows, Restaurant, Coffeeshop, 2 Bars, Spa

### TAUCHBASIS
*Banyan Tree Dive Center*
www.banyantree.com
Ausbildung: PADI-Prinzip
Sprachen: Deutsch
Ausrüstungsverleih: ja
Nitrox-Tauchen: möglich
UW-Kameraverleih: ja

**Sport**  Groß ist das Angebot an Sportmöglichkeiten: Windsurfen, Wasserski, Katamaransegeln, Angeln, Volleyball, Fußball. Banyan Tree ist außerdem bekannt für seine exzellente Schönheitsfarm. Für Abwechslung sorgen Ausflüge, das Nachtangeln und die Bar.

# Velassaru

✦ **F 4**

**Lage:** nördliches Süd-Male'-Atoll
**Entfernung zum Flughafen:** 13 km
**Größe:** 250 x 300 m
**Transferzeit:** ½ Std. Schnellboot

**Die mit einer komfortablen Hotelanlage bebaute Insel Velassaru war lange Zeit unter dem Namen Laguna Maldives bekannt; ein erstes Resort eröffnete 1974, 2009 erfolgte eine umfassende Renovierung. Auffällig sind das viele Grün und der herrliche Sandstrand, der wohl nirgends auf den Malediven so breit ist wie hier.**

**Ausstattung**  Die 115 Zimmer befinden sich vorwiegend in zum Teil zweistöckigen Reihenbungalows, deren schönste auf der östlichen Inselseite liegen. Komfortbewusste Urlauber finden hier alle Annehmlichkeiten wie Klimaanlagen, Deckenventilatoren, Minibars, IDD-Telefone; gleiches gilt für die 17 Wasserbungalows in der Lagune. Fünf Restaurants sorgen für kulinarische Abwechslung.

**Meeresrauschen hilft beim Einschlafen: Wasserbungalow auf Velassaru**

## Velassaru erleben

### HOTELANLAGE
*Velassaru Beach Resort*
Tel. 664 30 42
www.velassaru.com
115 Bungalows, 17 Wasserbungalows,
5 Restaurants, Coffeeshop, 2 Bars, Spa

### TAUCHBASIS
*Dive Center Velassaru*
www.velassaru.com
Ausbildung: PADI-/SSI-Prinzip
Sprachen: Englisch/Deutsch
Ausrüstungsverleih: ja
Nitrox-Tauchen: möglich
UW-Kameraverleih: ja

**Schnorcheln und Tauchen** Das Hausriff vor Velassaru eignet sich gut zum Schnorcheln – angenehm für alle, die nicht aufs offene Meer wollen. Taucher kommen in dem nahe gelegenen Vadhoo-Kanal zu eindrucksvollen Erlebnissen, wohin die Tauchbasis tägliche Fahrten anbietet. Weitere interessante Reviere wie z. B. der **Hans Hass Place** oder der strömungsreiche **Embudhu Canyon** werden ebenfalls angesteuert.

**Sport** Das Sportangebot reicht von »A« wie Angeln bis hin zu »W« wie Windsurfen. Dazwischen liegt »D« wie Darts oder »T« wie Tischtennis. Da die Insel von einer bis zu 16 m tiefen Lagune umgeben ist, eignen sich zum Baden eher die flacheren Stellen an der Nordostseite bei dem Bootsanleger.

**Unterhaltung** Täglich kann man ganz in der Nähe des Strandes Babyriffhaie, Reiher und Rochen beobachten. Ansonsten gibt es auf Laguna das übliche Unterhaltungsangebot: Bars und ein wechselndes Abendprogramm. Ausflüge führen auch in die Hauptstadt Male'.

# Veligandu Huraa

✦ F 5

**Lage:** östliches Süd-Male'-Atoll
**Entfernung zum Flughafen:** 19 km
**Größe:** 160 x 160 m
**Transferzeit:** ½ Std. Schnellboot

**Die Insel Veligandu Huraa war früher unter dem Namen Palm Tree Island bekannt. Sie ist eine der kleinsten Touristeninseln, jedoch durch einen Steg mit den Nachbarinseln Bodu Huraa und ▶Dhigufinolhu verbunden. Nach dem Tsunami von 2004 wurde das Resort zu einem der exklusivsten der Malediven ausgebaut.**

## Veligandu Huraa erleben

**HOTELANLAGE**
*Anantara Maldives* ⊙⊙⊙⊙
Tel. 664 41 00
www.veli-maldives.anantara.com
60 Strandvillen, 50 Wasservillen,
3 Restaurants, Bar, 2 Spas

**TAUCHBASIS**
*Anantara Dive Centre*
www.anantara.com
Ausbildung: PADI-Prinzip
Sprachen: Deutsch / Englisch
Ausrüstungsverleih: ja
Nitrox-Tauchen: möglich

**Ausstattung** Für den exklusiven Charakter sorgen vor allem die mit allem Komfort ausgestatteten Wasserbungalows, die in die Lagune hineingebaut wurden. Sie dürften selbst den anspruchsvollsten Gästen gerecht werden. So ist beispielsweise die Musikanlage mit einem Surroundsystem ausgestattet. Und selbstverständlich bieten die Spas alle Möglichkeiten der Schönheitspflege. Das unmittelbar benachbarte Mini-Eiland ►Naladhu ist als Super-Luxus-Resort ausgebaut.

**Schnorcheln und Tauchen** Tauchreviere findet man rund um Veligandu Huraa und Dhigufinolhu mehr als genug. Selbst Schnorchlern, die zum Hausriff möchten, steht ein kostenloser Bootstransfer zur Verfügung. Eines der interessanten Ziele für **Wracktaucher** ist ein 1991 gesunkenes Frachtschiff.

**Sport und Unterhaltung** Alle nicht motorisierten Sportarten wie Windsurfen oder Segeln, Tischtennis, Volleyball, Badminton oder Darts sind im Preis inbegriffen, bezahlen muss man jedoch z. B. für eine Runde Wasserski. Ein gepflegter Treffpunkt ist die kleine Bar mit Sitzgelegenheiten unter freiem Himmel. Tagsüber werden Fahrten zur Hauptstadtinsel Male' sowie zu anderen Inseln in der Umgebung angeboten.

# Vihaamanafushi

✦ G 4

**Lage:** südliches Nord-Male'-Atoll
**Entfernung zum Flughafen:** 4 km
**Größe:** 500 x 250 m
**Transferzeit:** ¼ Std. Schnellboot

**Vihaamanafushi heißt übersetzt »Insel ohne giftige Pflanzen«. Sie liegt gleich gegenüber der Flughafeninsel Hulhule und war nach Villingili (heute eine Wohninsel für Einheimische) die zweite Touristeninsel der Malediven. Nach einem Umbau wurde sie 2005 als Fünf-Sterne-Resort wiedereröffnet.**

Nicht ohne Grund verweilen auch Staatsgäste auf Vihaamanafushi.

Der größte Nachteil Vihaamanafushis sind die rund um die Insel angelegten Wellenbrecher aus Beton, die allerdings ein notwendiger
Ersatz für die längst zerstörten Riffe sind.

Nicht nur
Touristen

Auf der Insel erholen sich nicht nur Touristen. Viele Fluggesellschaften
lassen ihre Crewmitglieder hier ihren sogenannten Layover, die freien
Tage zwischen den Flügen, verbringen, da Kurumba, wie sie auch genannt wird, nur eine Transferzeit von 15 Minuten zum Flughafen hat.
Auch Staatsgäste, die die Malediven besuchen, verweilen hier.

Das Resort bietet perfekt organisierten Komfort auf relativ engem
Raum. Die 181 Zimmer in sieben verschiedenen Kategorien wurden
von geschickter Hand perfekt in die vorhandene Landschaft
eingefügt. Jeder Bungalow hat eine private Terrasse mit Meerblick
und Klimaanlage. Das Verwöhnangebot im Veli Spa ist erstklassig.
Außer dem Hauptrestaurant gibt es sieben weitere Spezialitätenrestaurants und mehrere Bars.

Ausstattung

## Vihaamanafushi erleben

**HOTELANLAGE**
*Kurumba Maldives* € € – € € €
Tel. 664 23 24
www.kurumba.com
181 Bungalows, 8 Restaurants, Coffeeshop, 3 Bars, Spa, Kids Club;
All-inklusive möglich

**TAUCHBASIS**
*Euro Divers*
www.euro-divers.com
Ausbildung: PADI-Prinzip
Sprachen: Englisch
Ausrüstungsverleih: ja
Nitrox-Tauchen: möglich

**Schnorcheln und Tauchen**   Taucher finden noch relativ gut erhaltene Reviere am 15 Minuten entfernten Außenriff sowie am strömungsreichen Vadhoo-Kanal. Das Schnorchelrevier rund um die Insel bietet leider keine Besonderheiten mehr.

**\*Maldives Victory**   Nicht weit von Kurumba entfernt liegt das Wrack der »Maldives Victory«, wohl der am meisten betauchte Schiffsüberrest der Malediven. Das Schiff befand sich auf der Fahrt von Singapur nach Male', als es am 13. Februar 1981 die südöstliche Riffkante vor der Flughafeninsel Hulhule rammte. Es sank bis auf eine Tiefe von 32 m. Wegen der häufig sehr starken Strömung ist die »Maldives Victory« allerdings kein geeignetes Ziel für Anfänger im Wracktauchen.

**Sport**   Außer den schönen Stränden an der Seite der Schiffsanlegestelle, die zum Baden einladen, gibt es noch weitere Sportmöglichkeiten: Windsurfen (keine Surfkurse), Volleyball, Tischtennis, Fitnesscenter (mit Sauna und Whirlpool). Außerdem gibt es einen relativ großen Süßwasser-Swimmingpool.

**Unterhaltung**   Abende auf Kurumba werden nie langweilig. Es gibt gleich mehrere Bars und eine Disco – und bis nach Male' ist es auch nicht weit. **Kinder** werden im Pirates and Mermaid Children's Club betreut.

**? BAEDEKER WISSEN**

*Bedeutende Ruhestätte*

Die Insel hat sogar eine echte Sehenswürdigkeit, denn hier befindet sich das Grab von Amin Didi, des Gründers der ersten maledivischen Republik (▶Berühmte Persönlichkeiten). Es liegt recht unscheinbar direkt neben der Hotelrezeption.

# Ziyaaraiyfushi

⟡ F 2

**Lage:** nordwestliches Nord-Male'-Atoll
**Entfernung zum Flughafen:** 35 km
**Größe:** 500 x 120 m
**Transferzeit:** 1 ½ Std. Schnellboot. 20 Min. Flugzeug

**Ziyaaraiyfushi – das war für europäische Besucher der Zungenbrecher schlechthin. Deshalb wurde die Insel vor einigen Jahren kurzerhand in Summer Island umbenannt.**

Auf der Insel fand man Platz für 92 Unterkünfte. Die Einrichtung der meisten Zimmer ist einfach, aber durchaus zweckmäßig. Klimaanlagen sind ebenso obligatorisch wie Warmwasserduschen und Balkon oder Terrasse. In der Lagune stehen außerdem 16 Wasserbungalows, die architektonisch jedoch nicht gerade zu den Highlights zählen. Sie bieten aber den besten Komfort. Hier gibt es auch einen kleinen Gag des Architekten: Im Fußboden ist ein Glasfenster eingelassen, durch das man vorbeischwimmende Fische beobachten kann. Außer dem Hauptrestaurant gibt es einen Coffeeshop mit 24-Stunden-Service.

**Ausstattung**

Das Hausriff ist nur 100 m entfernt. Die Lage am westlichen Außenriff des Nord-Male'-Atolls ermöglicht zudem passionierten Aquanauten abwechslungsreiche Tauchgänge, die beispielsweise zu einem der vier strömungsreichen Kanäle in der Umgebung führen. Auch das **Madi Thila**, mit einer Breite von 4 km das größte Thila des Nord-Male'-Atolls, steht auf dem Programm.

**Schnorcheln und Tauchen**

Außer Windsurfen (mit Ausbildungsmöglichkeit) gibt es Paddelboote und Katamarane zum Leihen. Wasserski ist ebenfalls möglich. Zu den Landsportarten zählen Badminton, Volleyball und Tischtennis. Einmal pro Woche kommt eine Band vorbei, die am Abend die Gäste unterhält. Abwechslung bietet das Ausflugsangebot, sei es der Besuch der Inselhauptstadt Male' oder die Bootstouren zu Einheimischeninseln.

**Sport und Unterhaltung**

## Ziyaaraiyfushi erleben

### HOTELANLAGE
*Summer Island Village* ⊜⊜ – ⊜⊜⊜
Tel. 664 19 49
www.summerislandvillage.com
92 Bungalows, 16 Wasserbungalows,
Restaurant, Coffeeshop, Bar, Spa

### TAUCHBASIS
*Diverland Summer Island*
www.diverland.com
Ausbildung: PADI-Prinzip
Sprachen: Deutsch / Englisch
Ausrüstungsverleih: ja

# MEEMU-ATOLL

**Lage:** 130 km südlich von Male'
**West-Ost-Ausdehnung:** 31 km
**Nord-Süd-Ausdehnung:** 47 km

**Das Meemu-Atoll (auch Mulaku-Atoll genannt) zählt zu den größeren Atollen der Malediven. Es erstreckt sich südlich des Felidhoo-Atolls. Beide trennt der 20 km breite Vattaru-Kanal. Im Norden, Osten und Süden umgibt ein ausgedehntes Riffsystem das Atoll.**

Die meisten Inseln liegen am östlichen bzw. westlichen Außenriff. Im Zentrum des Atolls haben sich bisher keine Inseln gebildet, es gibt aber viele flache Lagunen, Thilas und Farus.

**Inseln** Das Atoll besteht aus 35 Inseln, von denen neun bewohnt sind. Auf diesen leben rund 6000 Menschen. Die meisten ernähren sich vom Fischfang, etwas Gemüseanbau und der Verarbeitung von Kokosnüssen. Die Atollhauptstadt **Muli** liegt im Osten des Atolls.
Das Meemu-Atoll ist das jüngste für den Tourismus erschlossene Atoll der Malediven. Bislang wurden erst zwei, ebenfalls am östlichen Atollrand gelegene Inseln für den Tourismus freigegeben, Hakuraa Huraa und Medhufushi. Weitere Resorts sollen schon in den nächsten Jahren folgen. Aufgrund der großen Entfernung nach Male' findet der Transfer der Besucher zu den Hotelinseln ausschließlich mit dem Wasserflugzeug statt.

## Hakuraa Huraa

✦ E 13

**Lage:** südöstliches Meemu-Atoll
**Entfernung zum Flughafen:** 145 km
**Größe:** 350 x 100 m
**Transferzeit:** ¾ Std. Flugzeug

**Hakuraa Huraa liegt in einer großflächigen, rundherum allerdings sehr flachen Lagune. Auf der gegenüberliegenden Inselnordseite erstreckt sich ein langer Sandstrand.**

**Ausstattung** Entlang der Inselsüdseite stehen 70 Gästeunterkünfte auf Pfählen in der Lagune. Weitere 10 Bungalows befinden sich auf der Insel selbst. Es gibt nur eine Kategorie von Unterkünften. Die Ausstattung ist seit der Renovierung von 2005 sehr ansprechend. Jeder Wohneinheit ist eine kleine Terrasse vorgelagert, die zum Meer hin ausgerichtet ist. Dem Trend entsprechend, ist der Hakuraa Club als All-inclusive-Resort errichtet worden; lediglich die Tauchkurse und motorisierten Sportangebote sind im Reisepreis nicht mit eingeschlossen. Das Speisenangebot im Hauptrestaurant entspricht dem Gaumen westlicher Besucher. Alle Mahlzeiten werden als Büfett angeboten. Restaurant, Bar und Rezeption befinden sich alle unter einem Dach am östlichen Ende der Insel.

Auch die Tauchreviere des Meemu-Atolls blieben nicht von der Korallenbleiche verschont, während der Tsunami kaum sichtbare Schäden hinterließ. Neuerdings konnte man jedoch bemerken, dass sich vorzugsweise Lederkorallen wieder gebildet haben. Das **Hausriff** bildet einen schützenden Gürtel um die Lagune. Es ist allerdings so flach, dass es sich vor allem bei Ebbe weniger zum Schnorcheln und Tauchen eignet. Die Tauchbasis liegt am Ende eines Steges im Osten der Insel. Von hier werden täglich Ausfahrten zu interessanten Tauchrevieren angeboten. Ein besonderer Anziehungspunkt ist **Raiyvila Gin**, wo das Wrack eines kleinen Frachters liegt. In Richtung Norden erreicht man in 40 Bootsminuten das Außenriff, wo Begegnungen mit Großfischen auf der Tagesordnung stehen.

**Schnorcheln und Tauchen**

**Wie ein schützender Wall liegen die Wasserbungalows vor Hakuraa.**

## Hakuraa Huraa erleben

**HOTELANLAGE**
*Chaaya Lagoon*
*Hakuraa Huraa* ⓔ ⓔ ⓔ
Tel. 32 62 19
www.chaayahotels.com
10 Bungalows, 70 Wasserbungalows,
Restaurant, Coffeeshop, Bar,
All-inclusive möglich

**TAUCHBASIS**
*Hakuraa Diving Center*
www.chaayahotels.com
Ausbildung: PADI-Prinzip
Sprachen: Englisch
Ausrüstungsverleih: ja

**Sport und Unterhaltung**

Auch das Sportangebot von Hakuraa ist vielfältig. Es reicht von Angeln über Kanufahren und Katamaransegeln bis Windsurfen. Alle nicht motorisierten Sportangebote sind im All-inclusive-Preis enthalten. Den ganz Unermüdlichen steht außerdem ein gut ausgestatteter Fitnessraum zur Verfügung.

Wenn die Nächte länger gehen sollen, verbringt man sie am besten in der Bar. Tagsüber bietet sich ein Ausflug zu einer kleinen unbewohnten und namenlosen Nachbarinsel an, die man bei Ebbe sogar zu Fuß erreicht. Ausflüge, z. B. zur Delfin-Beobachtung, werden ebenfalls angeboten

# Medhufushi

✦ E 13

**Lage:** östliches Meemu-Atoll
**Entfernung zum Flughafen:** 130 km
**Größe:** 900 x 200 m
**Transferzeit:** ¾ Std. Flugzeug

**Medhufushi wurde erst im März 2000 eröffnet. Der späte Zeitpunkt der touristischen Erschließung bescherte ihr vor allem eins: viel unberührte Natur, wovon auch der große Bestand an alten Palmen zeugt. Allerdings wurde die Insel durch den Tsunami erheblich beschädigt und geschlossen. Nach umfangreichen Renovierungen stand die Insel seit 2007 wieder allen Urlaubern offen.**

**Ausstattung**

Heute verfügt das Resort über 112 Villen, die um einige Stelzenbungalows in der Lagune ergänzt wurden. Die Ausstattung entspricht dem gehobenen Komfort der gesamten Anlage, Klimaanlagen sind ebenso selbstverständlich wie Minibar, IDD-Telefon und Terrasse. Einige Bungalows haben zwei Schlafzimmer. Ein Süßwasserpool ist

# Medhufushi erleben

### HOTELANLAGE
*Medhufushi*
*Island Resort* ©© – ©©©
Tel. 332 49 33
www.aaaresorts.com.mv
76 Strand- und 44 Wasservillen,
Restaurant, Coffeeshop, Bar, Pool,
Fitnesscenter, Spa

### TAUCHBASIS
*Werner Lau Diving Center*
www.werner-lau.de
Ausbildung: CMAS-/PADI-Prinzip
Sprachen: Deutsch / Englisch
Ausrüstungsverleih: ja
Nitrox-Tauchen: möglich

vorhanden. Die Speisekarte der beiden Restaurants ist international ausgerichtet, bietet aber auch maledivisch-indische Küche. Dazu gibt es Spezialitätenbüfetts, die sich an verschiedenen Ländern orientieren.

Taucher und Schnorchler müssen auf Medhufushi damit leben, dass es kein Hausriff gibt. Bei allen Tauchgängen ist man deshalb auf einen Dhonitransfer angewiesen. **Schnorcheln und Tauchen**

Ein Dhoni verkehrt mehrmals täglich zwischen der Insel und etwa 30 attraktiven Tauchplätzen am Riff, an denen sich regelmäßig Walhaie und imposante Mantas tummeln. Zu den beiden Spitzen-Tauchplätzen **Mantas & More** und **Sharks Tongue** im Mulah-Kandu und Mulee-Kandu sind es nur etwa 20 Minuten. Die Tauchschule verleiht auch drei Multitec Scout-Unterwasser-Scooter.

*Dank diesem Gefährt kann man Fische beobachten, ohne nass zu werden.*

Sportliche Gäste können im Fitnesszentrum trainieren, Kanu fahren, Windsurfen oder mit dem Katamaran segeln. Außerdem gibt es das übliche Angebot mit Volleyball, Tischtennis und Angeln.

Für gemütliche Abende steht eine Bar zur Verfügung. **Ausflüge** unternimmt man zu einer der Nachbarinseln. Auch die Hauptinsel des Meemu-Atolls, Muli, ist nicht weit entfernt.

# NILANDHE-ATOLL

| | |
|---|---|
| Nord-Nilandhe-Atoll: | Süd-Nilandhe-Atoll: |
| Nord-Süd-Ausdehnung: 32 km | Nord-Süd-Ausdehnung: 38 km |
| West-Ost-Ausdehnung: 24 km | West-Ost-Ausdehnung: 23 km |

**Das Nilandhe-Atoll liegt ca. 100 km südwestlich des Male'-Atolls und war bis vor wenigen Jahren ausschließlich Einheimischen vorbehalten. Im Zuge der Neuerschließung von Touristenresorts wird nun auch dieses Atoll von den Planern entdeckt.**

Das Atoll gliedert sich in einen südlichen Teil, auch **Dhaalu-Atoll** genannt, und einen nördlichen Teil, das **Faafu-Atoll**. Verwaltungstechnisch bilden beide eine Einheit mit jeweils einer eigenen Hauptinsel: **Magoodhoo** im Norden und **Hulhudheli** im Süden.

**Inseln**  Im Nord-Nilandhe-Atoll gibt es rund 20 Inselchen, von denen fünf von Einheimischen bewohnt sind. Erst auf einer Insel besteht ein Touristenresort, sodass man die unberührte Unterwasserwelt des Atolls noch weitgehend für sich allein hat.
Auch im Süd-Nilandhe-Atoll hat das Tourismuszeitalter gerade erst begonnen. Von den 46 üppig grünen Inseln sind acht von Einheimischen bewohnt, auf zwei Inseln entstanden Hotelanlagen. Weitere sollen in den nächsten Jahren folgen.

## Filitheyo

✦ C 12

**Lage:** östliches Nord-Nilandhe-Atoll
**Entfernung zum Flughafen:** 120 km
**Größe:** 900 x 500 m
**Transferzeit:** ¾ Std. Flugzeug

**Filitheyo heißt das bislang einzige und vergleichsweise große Resort im nördlichen Teil des Atolls. Die Insel liegt am östlichen Rand des tropfenförmigen Atolls. Üppige Vegetation bedeckt fast die gesamte Insel. Sie reicht von schlanken Kokospalmen bis zu dichtem Buschwerk an der Küste.**

**Ausstattung**  Die mit Palmblättern gedeckten Unterkünfte des Resorts sind in Einzel- und familienfreundlichen Doppelbungalows untergebracht; dazu gibt es 15 komfortable Wasserbungalows. Die Ausstattung entspricht einem Vier-Sterne-Resort, wobei die Architekten großen Wert auf einheimische Baumaterialien legten. Heißes und kaltes

## Filitheyo erleben

### HOTELANLAGE
*Filitheyo Island Resort* ☺☺ – ☺☺☺
Tel. 674 00 25
www.aaaresorts.com/filitheyo
110 Bungalows, 15 Wasserbungalows,
Restaurant, Coffeeshop, Bar, Spa;
All-inclusive möglich

### TAUCHBASIS
*Werner Lau Diving Center*
www.wernerlau.com
Ausbildung: PADI-Prinzip
Sprachen: Deutsch / Englisch
Ausrüstungsverleih: ja
Nitrox-Tauchen: möglich

Wasser sind ebenso selbstverständlich wie TV-Geräte und IDD-Telefone. Die bereits erwähnte üppige Vegetation verhilft fast jedem Gast zu einem eigenen kleinen privaten Strandabschnitt – oder aber man sonnt sich am Süßwasserpool. Die Mahlzeiten werden meist als Büfett im Hauptrestaurant angeboten. Bisweilen werden Barbecueabende am Strand veranstaltet.

Die der Insel vorgelagerte Lagune ist zwar sehr weitläufig, aber sehr flach und an vielen Stellen mit Korallengestein durchsetzt. Ungehindertes Schwimmen ist deshalb nur teilweise möglich. Das von beiden Seiten betauchbare Hausriff liegt 20 bis 60 m vor der Insel. Nach Norden hin fällt es steil ab. Problemloser ist das Tauchen an der Südseite. Schon am Hausriff kann man wegen der günstigen und strömungsreichen Lage Haie, Adlerrochen und Mantas beobachten. In Höhlen und Riffüberhängen siedelt eine Vielzahl von größeren und kleineren Fischen. Die Tauchschule steht unter deutscher Leitung und bietet täglich Ausfahrten zu mehr als 40 unterschiedlichen Unterwasserrevieren.

**Schnorcheln und Tauchen**

Vor Filitheyo gibt es gleich zwei lohnenswerte Ziele für **Wracktaucher**. Es handelt sich um die 34 m lange Koimas I und die 30 m lange Agro Mina II. Erstere wurde Ende 2010 absichtlich versenkt, indem die Mitarbeiter der Tauchbasis den Rumpf mit Sand füllten. Das zweite Wrack war ein Fischerboot, das nun in 32 m Tiefe sekrecht auf dem Grund steht. Die beiden auch für Anfänger leicht zu betauchenden Wracks sind von Korallen bewachsen, und in ihrem Innern tummelt sich eine Vielzahl von Fischen.

**BAEDEKER WISSEN**

**?**

*War Ismael ein Heiliger?*

Auf dem kleinen Inselfriedhof von Filitheyo findet man einen Grabstein, der einem Mann gewidmet ist, der im Gaafu-Dahaalu-Atoll lebte, hier aber bei einem Bootsuntergang ums Leben gekommen sein soll. Die Bewohner der Insel hielten ihn für einen Heiligen oder Magier und schmückten sein Grab vor ihren Ausfahrten zum Fischfang mit Glück bringenden kleinen, weißen Fahnen.

**Sport und Unterhaltung** Windsurfen, Kanufahren, Katamaransegeln, Volleyball, Wasserski und Badminton – wem das nicht genügt, der verliert zusätzliche Schweißtropfen im klimatisierten Fitnesscenter.

Eine Bar lädt zum beschaulichen Ausklang des Tages ein. Bisweilen werden Veranstaltungen sowie Clubmusik angeboten. Unweit von Filitheyo liegen einige kleinere Einheimischeninseln, die Fischerfamilien bewohnen. Ausflüge dorthin werden regelmäßig unternommen.

# Medhufushi

✦ C 12

**Lage:** nördliches Süd-Nilandhe-Atoll
**Entfernung zum Flughafen:** 145 km
**Größe:** 390 x 170 m
**Transferzeit:** ¾ Std. Flugzeug

**Auffällig ist die üppige tropische Vegetation, welche die Insel Medhufushi – in den Katalogen der Reiseveranstalter wird sie auch Vilu Reef genannt – fast vollständig bedeckt. Hohe Palmen bestimmen das Bild der Insel. Zum Baden eignet sich die wunderschöne türkisfarbene Lagune, entlang der Inselwestseite erstreckt sich ein herrlicher Sandstrand.**

**Ausstattung** Die Anlage besteht aus 68 Unterkünften, die sich am Strand aneinanderreihen, in »zweiter Reihe« stehen Doppelbungalows, die sogenannten Gartenvillen. Alle Bungalows bestehen aus einheimischen Baumaterialien und sind mit Palmblättern gedeckt. Außerdem gibt es 40 Wasserbungalows an der Südseite der Insel, darunter zwei **Villen für Honeymooner**. Die Wasservillen sind entweder mit einem Jacuzzi oder einem Plungepool ausgestattet. Da die Zahl der Bungalows im Verhältnis zur Größe der Insel relativ klein ist, ergibt sich für fast jeden Gast so etwas wie ein eigener privater Badestrand.

## Medhufushi erleben

### HOTELANLAGE
*Medhufushi*
*Island Resort* ❸❹ – ❸❹❹
Tel. 332 49 33
www.aaaresorts.com.mv
76 Strand- und 44 Wasservillen,
Restaurant, Coffeeshop, 2 Bars, Pool,
Fitnesscenter, Spa

### TAUCHBASIS
*Werner Lau Diving Center*
www.werner-lau.de
Ausbildung: CMAS-/PADI-Prinzip
Sprachen: Deutsch / Englisch
Ausrüstungsverleih: ja
Nitrox-Tauchen: möglich

Unter hohen Palmen gelegen: die Bungalows auf Medhufushi

Alle Häuser sind klimatisiert und überzeugen durch eine höherwertige Einrichtung. Internationale Küche, aber auch typisch maledivische Gerichte stehen auf der Speisekarte des Restaurants, in dem alle Mahlzeiten als Büfett serviert werden. Neu ist das auf Stelzen im Wasser stehende Spa nahe der Wasserbungalows.

Das Hausriff ist nur etwa 15 m entfernt und eignet sich eher zum Schnorcheln als zum Tauchen. Bis zum Außenriff beträgt die Distanz etwa 200 m, hier finden Unterwassersportler ein relativ **unberührtes Revier** mit einem bemerkenswerten Fischreichtum. Auf der Insel gibt es eine Tauchbasis, die Anfänger ausbildet und täglich Ausfahrten zu interessanten Zielen in der näheren und weiteren Umgebung unternimmt.

**Schnorcheln und Tauchen**

Zu den kostenlosen Sportarten gehören Tischtennis, Volleyball und Bogenschießen, gegen Bezahlung kann man auch unter Flutlicht Tennis spielen, Surfen, Segeln oder Wasserski fahren. Hochseefischen ist ebenso im Angebot.

**Sport**

Eher ruhig sind die Abende auf Medhufushi. Es gibt zwei Bars und regelmäßig stattfindende Unterhaltungsabende. Die Nähe zu einigen Einheimischeninseln bietet die Gelegenheit zum Inselhüpfen, wie z. B. nach Muli, der Hauptinsel des Atolls. Außerdem stehen Ausfahrten zum Nachtangeln, Hochseefischen oder Delfinsafaris auf dem Programm.

**Unterhaltung**

# Velavaru

✦ C 12

**Lage:** nördliches Süd-Nilandhe-Atoll
**Entfernung zum Flughafen:** 118 km
**Größe:** 900 x 520 m
**Transferzeit:** ¾ Std. Flugzeug

**Velavaru, übersetzt heißt dieses Wort »Schildkrötenplatz«, ist eine relativ große Insel. Kennzeichnend ist die fast urwüchsige, dichte Bepflanzung. Die Insel umzieht ein breiter Sandstrand, der in eine großflächige Lagune übergeht. Wer die Insel umrunden mag, der braucht ca. 20 Minuten. Die Insel eröffnete Ende 1998 als zweites Touristenresort im südlichen Teil des Nilandhe-Atolls.**

Wer bereits vor zehn und mehr Jahren eine maledivische Insel besuchte, weiß die konsequente Weiterentwicklung der Hotellerie gewiss zu schätzen. Dies gilt besonders für jene Inseln, die erst in den vergangenen Jahren neu ausgebaut beziehungsweise komplett renoviert wurden. Velavaru gehört zu dieser Kategorie, in der die Bedürfnisse der Besucher sich an das ressourcenschonende Konzept der Gesamtanlage anpassen.

**Ausstattung**  Gelungen scheint dieser Spagat bei den Räumen. Seit der Renovierung mit teilweisem Umbau der Villen im landestypischen Stil mit Palmblattdach, haben diese eine sichtbare Aufwertung erfahren. Sie sind von ca. 80 bis ca. 470 m² groß, und einige Villen haben jetzt sogar private Pools und ein halb offenes Bad. Honeymooner können standesgemäß im Hochzeitspavillion nächtigen. Zur weiteren Ausstattung aller Unterkünfte zählen Klimaanlage und Ventilator, IDD-Telefon und Minibar. Die Restaurants offerieren einheimische als auch internationale Küche. Spezialitäten von Meeresfrüchten werden im Seafoodgrill serviert.

## Velavaru erleben

### HOTELANLAGE
*Angsana Resort &
Spa Maldives Velavaru* ⊝⊝⊝⊝
Tel. 676 00 28
www.angsana.com
79 Bungalows, 11 Wasservillen,
3 Restaurants, Bar, Spa

### TAUCHBASIS
*Velavaru Diving Center*
www.angsana.com
Ausbildung: PADI-Prinzip
Sprachen: Deutsch / Englisch
Ausrüstungsverleih: ja
Nitrox-Tauchen: möglich

Eine grüne Oase: Velavaru

Zum Schnorcheln eignet sich das naturgemäß noch wenig erkundete **Hausriff** unweit des Inselsaums, zum Baden die großflächige Lagune. Etliche Tauchplätze mit einer ungewöhnlichen Vielfalt an Meeresbewohnern (darunter viele Schildkröten und Großfische) sind das Ziel der täglich angebotenen Ausfahrten.

**Schnorcheln und Tauchen**

Die etwas tiefere Lagune liegt zwar am Außenriff, ist aber trotzdem geschützt und eignet sich daher gut für Wassersportaktivitäten. Das Sportangebot entspricht jenem fast aller Malediven-Inseln: Windsurfen, Katamaransegeln, Volleyball und Tischtennis.
Nach einem kleinen Bummel durch den Souvenirshop trifft man sich auf einen Cocktail in der Bar. Unterhaltungsabende beschränken sich, wenn nicht gerade einheimische Tonkünstler vorbeikommen, auf Musik aus der Konserve. Tagsüber werden bei genügender Teilnehmerzahl Ausflüge auf andere Inseln organisiert, darunter eine Robinson-Crusoe-Insel, die auf Wunsch individuell reserviert wird.

**Sport und Unterhaltung**

# PRAKTISCHE INFORMATIONEN

Wann ist die beste Reisezeit für einen Urlaub auf den Malediven? Wie komme ich vom Flughafen auf meine Insel? Was kann ich tun, um mich dort umweltfreundlich zu verhalten? Und was muss ich in einem muslimischen Land wie den Malediven unbedingt beachten?

# Anreise · Reiseplanung

**Mit dem Flugzeug**

Problemlos ist die Anreise mit dem Flugzeug auf die Malediven. Der größte internationale Flughafen (**Ibrahim Nasir International Airport)** liegt nahe der Hauptstadt Male' auf der Insel Hulhule. Er ist nicht mehr der einzige, aber doch in aller Regel von Europa her die erste Station. Die Distanz zwischen Frankfurt am Main und Male' beträgt ca. 7900 km, der Flug dauert etwa 9 bis 10 Stunden. Direktflüge von Frankfurt am Main nach **Gan** zum zweitgrößten Airport ganz im Süden der Malediven gibt es noch nicht, sind aber geplant.

**Hinweis**
Gebührenpflichtige Servicenummern sind mit einem Stern gekennzeichnet: *0180 …

Da sich die Fluggesellschaft **Air Maldives** auf den inländischen Linienverkehr sowie auf einige wenige Ziele in der Nachbarregion beschränkt, liegt der Transport von Touristen so gut wie ausschließlich in Händen ausländischer Fluggesellschaften. Die deutsche Fluggesellschaft **Condor** bietet dreimal wöchentlich Nonstop-Flüge, bei **Air Berlin** oder den arabischen Airlines wie Etihad oder Emirates in Dubai oder Katar müssen zwei- bis fünfstündige Zwischenstopps in Kauf genommen werden. Von Colombo auf Sri Lanka aus beträgt die Flugzeit nach Male' etwa eine Stunde; SriLankan offeriert wöchentlich mehrere Flugverbindungen mit einem Zwischenstopp in Colombo. Auch die schweizerische Edelweiß Air und die französische Air France bieten nur Flüge mit mindestens einem Zwischenaufenthalt.

**Eine Insel nur für den Flugverkehr: Hulhule**

Die Flugpreise variieren je nach Saison. Flüge werden als Last Minute **Flugpreise** schon ab 500 Euro angeboten. Während der Hauptreisezeit zwischen Dezember und März muss man jedoch zwischen 800 und 1100 Euro rechnen. Restplatzbörsen wie L'tur (www.ltur.de) bieten oftmals deutlich geringere Flugpreise, und wer bei Reisetermin und Anspruch an die Unterkunft flexibel ist, kann auf günstige Pauschalangebote hoffen. Jeder Passagier muss bei der Ausreise eine **Flughafengebühr** in Höhe von 12 Dollar bezahlen. Bei Pauschalreisenden übernehmen dies in der Regel die Veranstalter. Falls nicht, sollte man daran denken, dass die Gebühr ausschließlich bar bezahlt werden kann.

Die Malediven stehen auf dem Fahrplan nahezu aller namhaften **Mit dem** Kreuzfahrt-Reedereien. Bei den Schiffen finden sich einige klangvolle **Schiff** Namen, u. a. MS »Europa«, MS »Queen Mary« oder MS »Seven Seas Voyager«.

Auf Hulhule ist auch der Flughafen für die **Wasserflugzeuge** zu **Ankunft und** finden, mit denen die Gäste zu den weiter entfernten Inseln transportiert **Transfer** werden. Der Transfer dorthin erfolgt mit kleinen Bussen. Nach Verlassen des Flughafengebäudes sind rechter Hand die Informations- schalter der einzelnen Touristenresorts zu finden. Hier kann man auch bei individueller Anreise freie Zimmer erfragen.

Die Malediven stehen bei allen namhaften Reiseveranstaltern auf **Reise-** dem Programm. Daneben gibt es einige kleine Veranstalter, die sich **veranstalter** auf Tauchreisen spezialisiert haben (z. B. Sub Aqua Reisen). Hier sind oft zusätzliche Leistungen wie ein Tauchkurs für Anfänger oder Fort- geschrittene bzw. das »No Limit Diving« im Preis enthalten.

FLUGHAFEN
*Ibrahim Nasir*
*International Airport*
Hulhule
Tel. 0960 332 35 06
www.macl.aero/plus

FLUGLINIEN
*Air Berlin*
Tel. 01805 73 78 00 (D)
Tel. 0820 73 78 00 (A)
Tel. 0848 73 78 00 (CH)
www.airberlin.com

*Condor Flugdienst*
Tel. 01805 76 77 57 (D)
Tel. 0810 96 90 22 (A)
Tel. 0848 10 10 22 (CH)
www.condor.com

*Edelweiss*
Tel. 0848 33 35 93 (CH)
www.edelweissair.com

*Emirates*
www.emirates.com

*SriLankan Ltd.*
www.srilankan.aero

VISA-VERLÄNGERUNG
*Department of*
*Immigration & Emigration*
First Floor, Velaanage
Ameer Ahmed Magu'
Tel. 332 04 44

*Außenstelle am Flughafen:*
*Immigration Airport Control*
Male' International Airport, Hulhule
Tel. 332 04 52

*Immigration Harbour Control*
MPA Building, Male'
Tel. 333 04

INDIVIDUAL-
REISEGENEHMIGUNG
*Ministry of Atoll*
*Administration*
Marine Drive, Male'
Tel. 332 28 26 oder 332 30 70

## EIN- UND AUSREISEBESTIMMUNGEN

**Reise-dokumente** Bürger aller Staaten benötigen zur Einreise auf die Malediven einen **Reisepass**, der mindestens noch sechs Monate über die Ausreise hinaus gültig ist. Kindereinträge im Reisepass eines Elternteils sind seit dem Juni 2012 nicht mehr gültig, jedes Kind benötigt ein Ausweisdokument mit Lichtbild. Außerdem wird ein bestätigtes Ticket für den Rückflug verlangt, in der Regel auch eine Hotelbuchung sowie der Nachweis über ausreichende Geldmittel (ca. 50 € pro Tag).

**Visum** Bei der Einreise erhält man automatisch ein Visum, das 30 Tage gültig ist. Für Reisen, die diese Dauer überschreiten, kann beim Department of Immigration and Emigration gegen Gebühr eine Verlängerung auf maximal 90 Tage beantragt werden. Wer einen Maledivenaufenthalt ohne vorherige Genehmigung auch nur um einen Tag verlängert, riskiert eine hohe Geldstrafe oder sogar ein Einreiseverbot auf Lebenszeit.
Zur **Arbeitsaufnahme** benötigt man eine Genehmigung, ohne diese darf man auf den Malediven keine berufliche Tätigkeit ausüben.

**Haustiere** Die Mitnahme von Haustieren ist verboten.

## ZOLLBESTIMMUNGEN

**Einfuhr-verbote** Grundsätzlich **verboten** ist die Einfuhr von Alkohol, Schweinefleisch und sittlich anstößigen Zeitungen, Zeitschriften und Büchern. Auch Harpunen zur Unterwasserjagd dürfen nicht auf die Malediven mitgebracht werden. Auch DVDs und Videos können den Argwohn der Zollbeamten wecken, wenn deren Inhalt nicht zweifelsfrei sittlich und moralisch unbedenklich ist. Zeitschriften, die spärlich bekleidete Personen zeigen, werden manchmal ebenfalls beschlagnahmt.

Gegenstände des täglichen Bedarfs und der touristischen Ausrüstung dürfen in aller Regel zollfrei eingeführt werden. Dazu gehören u. a. 200 Zigaretten oder 50 Zigarren oder 250 g Tabak.

Die Einfuhr von Medikamenten unterliegt einer strikten Kontrolle, da die maledivische Regierung bestrebt ist, den Handel mit illegal eingeführten Medikamenten zu bekämpfen. Es wird dringend empfohlen, bei der Einfuhr auch von nicht verschreibungspflichtigen Medikamenten zum persönlichen Gebrauch eine Bescheinigung des behandelnden Arztes mitzuführen, aus welcher der Name des Patienten, der Name des Medikaments bzw. der Medikamente und die therapeutische Tagesdosierung hervorgeht. Diese Bescheinigung muss in englischer Sprache abgefasst sein oder der ärztlichen Bescheinigung eine englische Übersetzung beigefügt werden. Die Einfuhr rezeptfreier Medikamente, z. B. gegen Magenbeschwerden oder Kopfschmerzen, ist meist unproblematisch.

**BAEDEKER WISSEN**

**?** *Alkohol*

Alkoholische Getränke, die Sie »versehentlich« auf die Malediven mitbringen, werden fast immer von den Zollbeamten konfisziert. Das Hochprozentige ist aber nicht verloren und eine Strafe gibt es auch nicht. Man erhält die Getränke bei der Ausreise zurück.

**Freigrenzen**

**Medikamente**

Strengstens untersagt ist die Einfuhr von Drogen, Rauschmitteln sowie von Waffen und Sprengstoff. Mit peniblen Kontrollen der maledivischen Zollbehörden ist zu rechnen, auch Touristen wurden schon zu langjährigen Gefängnisstrafen verurteilt!

**Keine Drogen!**

Verboten ist die Ausfuhr von Pflanzen und Tieren bzw. Produkten aus Pflanzen und Teilen von Tieren, die nach dem CITES-Abkommen (auch bekannt als »Washingtoner Artenschutzabkommen«) geschützt sind. Auf den Malediven betrifft das u. a. Korallen (besonders die Schwarze Koralle), Reptilien (besonders Geckos), Schildkröten (besonders Schildpatt) sowie Produkte aus geschützten Pflanzen. Das gilt auch für die Wiedereinreise in EU-Staaten.

**Ausfuhr verboten!**

Bei der Wiedereinreise in EU-Staaten sind Reiseandenken und Geschenke bis zu einem Gesamtwert von 430 Euro zollfrei (Reisende unter 15 Jahren 175 Euro). Ferner dürfen Personen über 15 Jahre 500 g Kaffee oder 200 g Pulverkaffee, 50 g Parfüm und 0,25 l Toilettenwasser sowie Personen über 17 Jahre 1 l Spirituosen mit mehr als 22% Alkoholgehalt oder 2 l Spirituosen mit 22% oder weniger Alkoholgehalt oder 2 l Schaumwein und 2 l Wein sowie 200 Zigaretten oder 100 Zigarillos oder 50 Zigarren oder 250 g Tabak einführen.
Bei der **Wiedereinreise in die Schweiz** sind, neben dem Reiseproviant, die folgenden Dinge abgabenfrei: Tabakwaren (für Personen

**Wiedereinreise in EU-Staaten**

**Eher ein originelles Mitbringsel als ein Exportschlager:
maledivische Zigaretten**

ab 17 Jahre) 200 Zigaretten oder 50 Zigarren oder 250 g Rauchtabak;
alkoholische Getränke (ebenfalls nur für Personen ab 17 Jahre) 2 l
mit bis zu 15% Alkoholgehalt und 1 l mit mehr als 15% Alkoholgehalt; ferner Waren im Gegenwert von bis zu 300 (bzw. bei Personen
unter 17 Jahre bis zu 50) Schweizer Franken.

# Auskunft

### AUSKUNFT ZU HAUSE
Die Malediven unterhalten zurzeit kein
Informationsbüro in Deutschland, Österreich oder der Schweiz. Anfragen sind
an die Botschaften bzw. Konsulate zu
richten. Diese versenden auch Infor-
mationsmaterial über die Malediven.

### AUSKUNFT AUF DEN
### MALEDIVEN
*Maldives Tourism Promotion
Board (MTPB)*
3rd Floor H. Aage
12, Boduthakurufaanu Magu, Malé'
Tel. 332 32 28
www.visitmaldives.com

Öffnungszeiten: Mo. – Do. 10.00 bis
12.00 und 14.00 – 16.00 Uhr
Außerdem ist ein weiterer Infoschalter
in der Ankunftshalle des Flughafens zu
finden.

### BOTSCHAFTEN UND
### KONSULATE
*In Deutschland*
Botschaft der Republik Malediven/
Honorargeneralkonsulat
Pariser Platz 6A
10117 Berlin
Tel. 030 22 48 80 40
www.konsulat-malediven.de

Amtsbezirk: ganz Deutschland (Ausnahmen siehe nachfolgend)

Honorarkonsulat der Republik Malediven
Immanuel-Kant-Straße 16
61350 Bad Homburg
Tel. 06172 86 29 30
info@malediven-cc.de
Amtsbezirk: Hessen, Baden-Württem-
berg, Bayern und Thüringen

Honorarkonsul der Republik Malediven
Maubisstraße 44
41564 Kaarst
Tel. 02131 205 69 63
Amtsbezirk: Nordrhein-Westfalen,
Niedersachsen, Rheinland-Pfalz, Bremen
und Saarland

### In Österreich
Konsulat der Malediven
Peter-Jordan-Straße 21
1190 Wien
Tel. 01 369 66 44-0
einkauf@weidler.com

### In der Schweiz
Botschaft der Republik Malediven
Chemin Louis Dunant 15 B (2. Stock)
1202 Genf
Tel. 022 732 63 37
iruadam@maledivesmission.ch

## KONSULATE AUF DEN MALEDIVEN
### Bundesrepublik Deutschland
Honorarkonsulat
38 Orchid Magu
20213 Male' 20-02
Tel. 332 30 80
iumaniku@unient.com.mv

### Österreich
Honorarkonsulat
39 Orchid Magu
20215 Male'
Tel. 332 30 80
mohamed.hossen@unient.com.mv

### Schweiz
Die Schweiz unterhält auf den Malediven
keine diplomatische Vertretung.
Zuständig ist die Botschaft auf Sri Lanka:
63, Gregory's Road, Colombo 7
Tel. +94 11 269 51 17
www.eda.admin.ch/colombo

## INTERNET
### www.visitmaldives.com
Offizielle Webseite des maledivischen
Touristenbüros

### www.malediven.net
Private, laufend aktualisierte Homepage
mit vielen interessanten Tipps und Reise-
berichten

### www.malediven.at
Hintergrundinfos und Aktuelles

### www.malediven-cc.de
Gut gepflegte Homepage des deutschen
Honorargeneralkonsuls

### www.wernerlau.com
Internetseite des bakannten Tauchlehrers
Werner Lau, der zahlreiche Tauchbasen
auf den Malediven besitzt und ein aus-
gesprochener Kenner der dortigen
Unterwasserwelt ist

### www.facebook.com/maldivesisland
Gute Möglichkeit, um sich vor oder
während des Urlaubs auszutauschen.
Außerdem Jobangebote (z. B. für Ärzte)
und Sonderangebote.

# Badestrände

Vorsicht beim
Badespaß

Jede Malediven-Insel, auf der sich ein Touristenresort befindet, besitzt wunderschöne Badestrände. Davor erstreckt sich in der Regel eine bis zu 3 oder 4 m tiefe Lagune. Die Strände sind meist gut gepflegt und werden täglich gereinigt. FKK-Baden wird an den Stränden nicht geduldet; wer es trotzdem macht, wird kräftig zur Kasse gebeten. Wer es gern einsamer mag, der geht auf Fahrt mit einem Boot und ankert vor unbewohnten Inseln mit ebenso herrlichen Stränden.

Angeschwemmte Korallen besitzen oft scharfe Kanten und können üble Verletzungen bewirken. **Badeschuhe** mit einer griffigen Gummisohle gehören deshalb unbedingt ins Gepäck. Vorsicht ist auch beim Waten in der seichten Lagune angeraten, da es hier oftmals scharfkantige Korallenstöcke gibt.

# Reisen mit Behinderung

Kein Problem
bei guter
Planung

Die Malediven eignen sich grundsätzlich auch als Reiseziel für Körperbehinderte. Allerdings sollte man sich unbedingt im Voraus informieren, ob Hotelanlage und -einrichtung den eigenen Bedürfnissen entsprechen. So sind Inseln mit sandbestreuten Wegen für Rollstuhlfahrer nur beschwerlich befahrbar, deshalb sind Inseln mit befestigten Wegen vorzuziehen.

Ausgesprochen behindertengerecht sind z. B. die Inseln Bandos und Kurumba im Nord-Male'-Atoll. Hier gibt es außer befestigten Wegen auch Rampen für Rollstuhlfahrer. Aber auch auf den anderen Inseln ist auf jeden Fall mit der Hilfsbereitschaft der Hotelangestellten zu rechnen.

Auf der Insel Lankanfinolhu (Paradise Island) im Nord-Male'-Atoll bietet die dortige **Tauchschule** auch Körperbehinderten die Möglichkeit, den Tauchsport zu erlernen.

# Drogen

Strengstens
verboten

Was den Besitz oder den Konsum von Drogen jeglicher Art betrifft, kennen die maledivischen Behörden kein Pardon! Man sollte sich deshalb bewusst sein, dass man im Falle der Entdeckung mit langjährigen Freiheitsstrafen sowie einem Einreiseverbot auf Lebenszeit zu rechnen hat. Die diplomatischen Vertretungen der Bundesrepublik gewähren hier nur die allernotwendigste Unterstützung.

# Elektrizität

Die Stromversorgung wird auf den Touristeninseln hauptsächlich mit Dieselgeneratoren sichergestellt, teilweise aber auch schon mit Photovoltaikanlagen. Die Stromspannung beträgt 220 V, manchmal auch 230 V bei etwa 50 Hertz.

*Auch ohne Adapter*

Die Stecker europäischer Geräte können fast überall benutzt werden. Wenn nicht, gibt es an der Rezeption geeignete dreipolige Adapter. Hier ist ein wenig Vorsicht geboten. Denn Schutzkontaktstecker europäischer Bauart können in die Adapter in den meisten Fällen zwar problemlos eingesteckt werden, allerdings fehlt dann die Erdung. Das kann vor allem bei nassen Händen gefährlich werden.

# Etikette

Der Respekt vor dem islamischen Glauben gebietet es, sich an die Moralvorstellungen der Einheimischen zu halten und deren Schamgefühl nicht zu verletzen.

Grundsätzlich sollten negative Bemerkungen über den Islam, die Staatsreligion der Malediven, vermieden werden. Wie sensibel religiöse Moslems reagieren können, hat man beim Streit um die Mohammed-Karikaturen vor einigen Jahren gesehen. Diskussionen über religiöse Themen enden nicht selten im gegenseitigen Unverständnis. Außerdem ist es strafbar, den Islam zu verunglimpfen. Auch sollte man sich nicht an Diskussionen über die politischen Verhältnisse auf den Malediven beteiligen und sich von Demonstrationen, die es v. a. auf Male' immer wieder gibt, fernhalten.

*Stolpersteine*

Streng sind auch die islamischen Kleidungsvorschriften. So sieht man seit einigen Jahren auch bei jungen Frauen wieder vermehrt den traditionellen Tschador, das Kleidungsstück, welches Kopf und Körper bedeckt. Besonders streng werden die Kleidungsvorschriften in der Hauptstadt Male' sowie auf den Einheimischeninseln beim Gang zur Moschee beachtet.

*Kleidungsvorschriften*

Auch von Nichtgläubigen wird verlangt, dass sie sich, z. B. beim Besuch der Großen Freitagsmoschee, entsprechend kleiden: Schulterbedeckende Blusen bei Frauen und Hemden sowie zumindest wadenlange Hosen bei Männern sind Vorschrift. Im Notfall tut es aber auch ein Wickelrock (Sarong), den man über die Shorts um die Hüften schlingt. Rund um die Moschee in Male' gibt es genügend Gelegenheiten, ein solches Kleidungsstück günstig zu erstehen.

# Fair zur Umwelt

*Die Aktion war spektakulär: Im Oktober 2009 tauchte das komplette maledivische Kabinett vor der Hauptstadt Male' sechs Meter tief ab und absolvierte an einem hufeisenförmigen Tisch eine halbstündige Arbeitssitzung unter Wasser.*

Der wichtigste Tagesordnungspunkt dieser wohl ungewöhnlichsten Zusammenkunft einer Regierung war die Unterzeichnung einer Resolution, die vor allem die Industriestaaten verpflichten sollte, den weltweiten $CO_2$-Ausstoß und die damit verbundene Erderwärmung möglichst bald zu reduzieren.

## Klimawandel

Der Klimawandel bewirkt nicht nur höhere Wassertemperaturen, sondern vor allem auch einen **Anstieg des Meeresspiegels** und eine Veränderung der Meeresströmungen. Sollte der von Klimaforschern Meeresspiegelanstieg um ca. 60 cm bis zum Jahr 2100 eintreten, bedeutet dies die Überflutung der Malediven.

## Fair zur Atmoshäre

Beträchtliche Mengen umweltschädlicher $CO_2$-Abgase werden auch während des Fluges zu den Malediven ausgestoßen. Ein Flug von Frankfurt am Main nach Male' schlägt mit etwa 5420 kg $CO_2$ pro Fluggast zu Buche. Zum Vergleich: Ein Jahr Autofahren mit einem Mittelklassewagen und einer Fahrleistung von 12 000 Kilometern verursacht etwa 2000 kg $CO_2$.

Seit einiger Zeit gibt es etliche Reiseveranstalter, aber auch Resortbetreiber, die sozusagen als Ausgleich für Klimaschädigungen einen Betrag errechnen, den man wiederum für Klimaschutzprojekte spendet. **Atmosfair** heißt eine in Europa tätige Organisation, die sich verpflichtet, den gespendeten Betrag (für den genannten Flug nach den Malediven und zurück wären es 74 Euro) für ausgewählte Umweltprojekte zu verwenden.

## Wasser und Strom

Auch wenn man diese 74 Euro zahlt, sollte man sich nicht von der Verantwortung befreit fühlen, die man als Gast auf den Malediven zu tragen hat. Zum Beispiel beim **Trinkwasserverbrauch**: Lange vorbei sind die Zeiten, als aus Duschen noch Salzwasser floss, nur ältere Malediven-Besucher erinnern sich noch daran. Heute wird jeder Tropfen Trinkwasser mit energieintensiven Meerwasserentsalzungsanlagen erzeugt. Auf jeder bewohnten Insel gibt es solche mit Dieselgeneratoren betriebene Anlagen. Man sollte sich also im Bad häufiger fragen, ob auch wirklich die Handtücher schon wieder gewechselt werden müssen, man nicht lieber duscht statt zu baden und ob beim Zähneputzen wirklich die ganze Zeit das Wasser aus dem Hahn laufen muss.

Die Malediver selbst leisten auch ihren Beitrag zum Umweltschutz, indem sie Solaranlagen nutzen. Bis vor einiger Zeit gab es die nur in den Ferienresorts der gehobenen Preisklasse. Mit der gewonnenen

Energie wird beispielsweise Dusch-wasser erhitzt. Auch als Tourist kann man Strom sparen, indem man die Klimaanlage z. B. nur abends und nachts auf kleiner Stufe laufen lässt oder sie durch den Ventilator ersetzt. Zumal es maximal zwei bis drei Tage dauert, bis sich der Körper an die verän-derten klimatischen Bedingungen gewöhnt hat.

## Abfall

Ein weiteres großes Problem der Malediven ist der Müll. Zwar gibt es auf jeder Insel eine (mittlerweile vorgeschriebene) Müllverbrennungs-anlage, doch werden die Reste nach der Verbrennung meist im Meer verklappt. Deshalb sollte für Urlauber der Grundsatz gelten: »Was man mitgebracht hat, sollte man auch wieder mit nach Hause nehmen!«. Das leere Fläschchen Sonnencreme hat beim Rückflug bestimmt noch Platz im Koffer. Und wer statt Bier aus der Dose eines vom Fass nimmt, hilft eben-falls der Müllvermeidung.

## Motorsport

Auf motorbetriebene Wassersport-arten sollte man aus Gründen der umweltfreundlichkeit auch ver-zichten. Auf Wasserscooter zum Beispiel, mit denen man sehr empfindliche Korallendächer am Hausriff leicht beschädigen kann. Oder auch auf das seit einigen Jahren immer häufiger ange-botene Fallschirmsegeln, bei dem man von einem PS-starken Motor-boot gezogen wird. Mit dem Segelboot kann man auch ohne umweltverpestenden Motor aus-kommen.

**Korallengarten auf den Malediven**

## Tauchen

Besondere Vorsicht gilt bei Tauch-gängen an den Riffen. Jedes Haus-riff auf den Malediven besitzt einen oder mehrere Zugänge, die in aller Regel durch farbige Fähnchen markiert sind. Nur über diese Zugänge sollte man seine Schnorcheltour beginnen und nicht etwa über das Riffdach ein-steigen. Ein unachtsamer Tritt genügt, um das kunstvolle, über viele Jahre gewachsene Bauwerk der Korallen zu zerstören.

Auf Baros bemüht man sich besonders um umweltverträglichen Tauchtourismus. Hier gibt es spezielle EcoDive Reef Check Instructors, die den Zustand der Korallenriffe feststellen und weltweit kommunizieren. Auch auf anderen Inseln gibt es Meeres-biologen, die in den Resorts Vorträge über maritimen Umwelt-schutz halten und Schnorchler und Taucher bei ihren Unterwasseraus-flügen begleiten.

**FKK** FKK ist auf den Malediven streng verboten! Das gilt auch für das Oben-ohne-Baden, das restriktiv und mit Geldbußen von bis zu 1000 US-Dollar (im Wiederholungsfall gar mit einem Landesverweis) geahndet wird. Es wird von Fällen berichtet, bei denen eine entsprechende Geldbuße einfach auf die Hotelrechnung aufgeschlagen und der Malediven-Besucher bis zur Abreise in Unkenntnis darüber gehalten wurde.

**Fotografieren und Filmen** Die Malediver sind längst nicht mehr so kamerascheu wie zu den Zeiten, als Kinder vor hellhäutigen Touristen regelrecht Reißaus nahmen. Trotzdem sollte man vor allem beim Besuch einer Einheimischeninsel eine gewisse Distanz wahren. Besonders ältere Menschen reagieren bisweilen noch zurückhaltend; es gebietet der Anstand, abwehrende Gesten auch zu respektieren. Dass man Menschen bei der Ausübung ihrer Religion mit Zurückhaltung fotografiert, gehört ebenfalls zum guten Ton.

Auf der Hauptstadtinsel Male' ist es verboten, das streng bewachte Hauptquartier des maledivischen Militärs unweit der Großen Freitagsmoschee oder auch die im Dhonihafen liegenden militärischen Schiffe zu fotografieren oder zu filmen.

**Verhalten im Alltag** Für das Verhalten im Alltag gibt es keine besonderen Vorschriften. Wie überall auf der Welt freuen sich die Einheimischen, wenn man in der Lage ist, sie zumindest in ihrer Landessprache zu begrüßen. Die Grußformel »Assalaam aleikum!«, was so viel wie »Möge Dein Tag gesegnet sein!« bedeutet, hilft erste Barrieren bei der Kontaktaufnahme zu überwinden.

# Geld

**Währung** Die maledivische Währungseinheit heißt, in Anlehnung an die indische Rupie, **Ruffiya**. 1 Ruffiya (abgekürzt: Rf.) hat 100 Lari. Die Ein- bzw. Ausfuhr der Landeswährung ist verboten. Devisen können hingegen unbegrenzt eingeführt werden.

**Geldwechsel** Am Flughafen wie auch an den Rezeptionen der Hotelinseln besteht die Möglichkeit, Ruffiya zu tauschen – allerdings zu einem schlechten Kurs. Den besseren Kurs gibt es bei den **Banken** und diese allerdings ausschließlich in Male' (geöffnet Di. – Do. 9.00 – 13.00 Uhr).

**Karten bevorzugt** **Bargeld** benötig man höchstens, wenn man auf einer Einheimischeninsel einkaufen möchte. Allerdings werden dort auch US-Dollar und andere Devisen, mittlerweile auch Euro problemlos akzeptiert. Auf den Hotelinseln ist es üblich, alle Ausgaben auf die

Rechnung setzen zu lassen. Diese lautet in aller Regel auf US-Dollar und wird bei der Abreise beglichen. Für eine Reise auf die Malediven hat sich die Mitnahme von **Reise-schecks**, vorzugsweise in US-Dollar, bewährt. Auf Male' und größeren Einheimischeninseln kann mit Bankkarten mit Maestro-Symbol an Geldautomaten (ATM) Bargeld abgehoben werden. Auf Hotelinseln gibt es keine Geldautomaten.

**? Wechselkurse**

**BAEDEKER WISSEN**

1 Ruffiya (Rf.) = 0,05 €.
1 € = 20,05 Rf.

1 Ruffiya (Rf.) = 0,06 CHF
1 CHF = 16,22 Rf.

Aktuelle Wechselkurse finden Sie unter www.oanda.com

Akzeptiert werden auch alle gängigen **Kreditkarten** (z. B. American Express, Visa, Mastercard, Diners Club).

Bei Diebstahl oder Verlust von Bank- und Kreditkarten benachrichtige man den allgemein gültigen Sperrnotruf: **Tel. 0049 116 116** (Infos: www.sperr-notruf.de).

Verlust von Bankkarten

# Gesundheit

Eine ausreichende medizinische Versorgung gibt es nur in Male'. Hier befinden sich das moderne **Indira Gandhi Hospital** (IGMH) mit 24-Stunden-Ambulanz (2002 Kanbaa Aisa Rani Higun, Tel. 333 66 58 oder 33 53 35) sowie zwei private Kliniken, das **ADK Hospital** (Tel. 331 35 53, Sosun Magu) und die **AMDC** (Tel. 32 59 79, Dharumavantha Magu). Auf den Hotelinseln gibt es oft Ärzte, die in notfallmäßig ausgerüsteten Kliniken kleinere Verletzungen versorgen. Im Falle einer schwereren Erkrankung bleibt nur die Verlegung in eine der Kliniken in Male' mit dem Wasserflugzeug oder dem Schnellboot.

Kranken-häuser

Apotheken gibt es nur in den Krankenhäusern auf Male'. Auch die Tauchbasen der Resorts verfügen oft über ein kleines Sortiment von Medikamenten z. B. gegen Fieber oder leichte Schmerzen.

Apotheken

Für Tauchunfälle stehen u. a. auf Bandos und Kuramathi **Dekompressionskammern** zur Verfügung. In ihnen kann die sogenannte Taucherkrankheit behandelt werden.

Tauchunfälle

Die gesetzlichen Krankenversicherungen Deutschlands zahlen medizinische Behandlungen auf den Malediven nicht. Der Abschluss einer **Auslandskrankenversicherung** ist daher unbedingt angeraten. Sie sollte auch einen Rücktransport aus medizinischen

Keine Kostenüber-nahme

Gründen absichern. Privatversicherte genießen meistens weltweiten Versicherungsschutz, müssen jedoch häufig in Vorleistung gehen.

**Schutzimpfungen** Die maledivischen Behörden verlangen von europäischen Besuchern, sofern sie nicht aus Infektionsgebieten einreisen, keine **Schutzimpfungen**. Empfohlen sei jedoch auf jeden Fall ein ausreichender Schutz gegen Tetanus. Ein Impfausweis, aus dem auch eventuelle Allergien oder Unverträglichkeiten sowie die Blutgruppe hervorgehen, sollte mitgeführt werden. Empfehlenswert ist ferner eine Schutzimpfung gegen Hepatitis A, deren Erreger durch die unhygienische Zubereitung von Speisen und Getränken (insbesondere Eis!) übertragen werden. Dafür gelten die Malediven praktisch als **malariafrei**; die Einnahme prophylaktisch wirkender Medikamente ist deshalb nicht notwendig. Allerdings ist es sinnvoll, abends Schultern und Beine zu bedecken und ggf. ein Mückenschutzmittel aufzutragen, da Stechmücken sehr unangenehm werden können. Weitere Auskünfte erteilen Hausärzte oder auch die Tropeninstitute.

**Vorsicht: Klimaanlagen** Berüchtigt ist bei Asien-Reisenden eine fieberhafte **Erkältung**, die vor allem in den ersten Tagen eines Aufenthaltes auftritt. Begünstigt wird diese häufig durch den Aufenthalt in stark klimatisierten Räumen. Es empfiehlt sich daher, in den ersten Tagen zumindest in den Nachtstunden die Klimaanlage auszuschalten.

**Sonnenschutz** Die Sonneneinstrahlung ist aufgrund der Nähe zum Äquator sehr intensiv. Deshalb sollte immer für ausreichenden **Sonnenschutz** der Haut gesorgt werden. So empfiehlt es sich beispielsweise, beim Schnorcheln ein T-Shirt zu tragen und sich nicht zu lange der direkten Sonneneinstrahlung auszusetzen.

# Literaturempfehlungen

**Bildbände** **Michael Friedel:** Malediven, Dietramszell 1999. Michael Friedel zählt zu den besten Bildjournalisten der Gegenwart. Seine Luftaufnahmen fanden nicht nur bei Malediven-Besuchern, sondern auch bei den Einheimischen großes Interesse. Viele von ihnen sahen nämlich hier ihre Heimat zum ersten Mal von oben.

**Herwarth Voigtmann und Klaus Viedebantt:** Begegnung mit dem Horizont: Malediven – Trauminseln im Indischen Ozean, München 2005. Ein faszinierender Bildband mit vielen herrlichen Bildern des Tauchlehrers und Malediven-Pioniers Voigtmann. Inhaltlich kommen dabei auch Themen wie Naturschutz und Meeresbiologie nicht zu kurz.

Während eines Malediven-Urlaubs findet man bestimmt Zeit für ein gutes Buch – oder auch zwei oder drei …

**Claudio Cangini:** Tauchkreuzfahrten Malediven, Hamburg 1998. Im Buch werden 28 Tauchplätze vorgestellt, die zu den interessantesten des gesamten Inselreichs gehören. Außerdem enthält es nützliche Ratschläge für Taucher.

Tauchführer

**Helmut Debelius:** Riff-Führer Indischer Ozean, Hamburg 1999. Mehr als 1000 Farbfotos in einem Bildband über die Riffe des Indischen Ozeans und deren Bewohner

**Helmut Debelius:** Festschmaus für Teufelsrochen: Meine abenteuer-lichsten Taucherlebnisse, Stuttgart 1991. Nett geschriebene, kleine Episoden über eigene Taucherfahrungen, (garantiert) kein Taucherlatein

Reiseberichte

**Irenäus Eibl-Eibesfeldt:** Die Malediven. Paradies im Indischen Ozean, München / Zürich 1987. Im Mittelpunkt dieses zeitlos aktuellen Buches des berühmten Verhaltensforschers stehen Aspekte des Verhaltens von Meeresbewohnern wie auch die Entstehung von Atollen und Koralleninseln.

**Hans Hass:** Aus der Pionierzeit des Tauchens. Ein Buch der Zeit-schrift »Tauchen«, Hamburg 1996. Erinnerungen eines Tauchers (▶Berühmte Persönlichkeiten)

**Francoise Hauser** (Herausgeberin): Reise auf die Malediven. Kultur-kompass fürs Handgepäck, Zürich 2010. Taschenbuch mit vielen interessanten Geschichten aus historischer und neuerer Zeit

**Thor Heyerdahl:** Fua Mulaku: Reise zu den vergessenen Kulturen der Malediven, München 1989. Spannendes Buch (▶Berühmte Per-sönlichkeiten) über Seefahrertum und Buddhismus auf den Malediven

**Naturführer**  **William Gray:** Koralleninseln und ihre Riffe, Stuttgart 1999. Bereits im Alter von 23 Jahren schrieb der Zoologe William Gray dieses Buch, das anschaulich Entstehung und Aufbau von Korallenriffen erklärt und auch von deren »Bewohnern« erzählt.

**Frieder Sauer:** Meerespflanzen, Meerestiere nach Farbfotos erkannt, aus der Reihe »Sauers Naturführer«. Nach eigenen Angaben ist dies der »vollständigste und genaueste Strandführer«, beeindruckend ist die Fülle des Bildmaterials allemal. Die Texte sind hingegen ziemlich trocken geschrieben.

**Für Kinder**  **Jinny Johnson:** Bunter Bildatlas der Meerestiere, Rastatt 1999. Gezeichnete und fotografierte Bilder und die verständlich geschriebenen Texte empfehlen dieses Buch auch für Kinder ab etwa 12 Jahren.

# Medien

**Kaum Radio**  Auf den Malediven gibt es einen Radiosender, der von der Regierung betrieben wird. Zunehmend wird auch westlich orientierte Musik ausgestrahlt. Je weiter man sich von der Hauptstadtinsel entfernt, umso schwieriger wird jedoch der Empfang.

**Auch wenn es zu Hause fast schon normal ist, auf den Malediven bieten nur die Vier- und Fünf-Sterne-Resorts WLAN-Anschluss.**

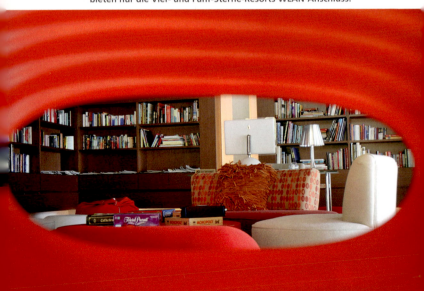

Das Internet bietet auf den meisten Inseln den Empfang von **Live** Internet
**Streams** deutschsprachiger Radio- und Fernsehsender. Aktuelle
Informationen und Nachrichten bietet auch das Fernsehprogramm
der Deutschen Welle TV (Programm über www.dw-world.de). Das
maledivische Staatsfernsehen wird seit einiger Zeit durch etliche
Satellitenprogramme asiatischer und australischer Sender ergänzt.
Außerdem kann man auf einigen Inseln aktuelle Nachrichtensender
wie z. B. CNN empfangen.

In der Hauptstadt Male' gibt es am Marine Drive einen Zeitschriften- Zeitungen
laden, in dem man manchmal relativ aktuelle deutschsprachige und
Zeitungen und Zeitschriften erhält. Ansonsten muss man auf Zeitschriften
dagelassene bzw. von den Miturlaubern neu mitgebrachte Lektüre
hoffen.

## Notrufe

*Polizei*
Tel. 3119

*Küstenwache*
Tel. 191

*Rettungsdienst*
Tel. 102

DEUTSCHE RETTUNGSDIENSTE
*Deutsche Rettungsflugwacht*
Tel. 0049 711 70 10 70 (24 Std.)

*Feuerwehr*
Tel. 118

*ADAC-Notrufzentrale*
Tel. 0049 89 76 76 76 (24 Std.)

## Post · Telekommunikation

Das Hauptpostamt befindet sich in Male' am westlichen Ende des Brief und
Marine Drive (Sa. – Do. 9.00 – 12.00 und 16.00 – 18.00 Uhr). Briefe Post
und Postkarten können aber auch an jeder Hotelrezeption abgegeben
werden. Die Laufzeit von Postkarten und Briefen von den Malediven
nach Europa beträgt per Luftpost ca. vier bis acht Tage. Den Vermerk
»By air mail« sollte man nicht vergessen.
Briefe nach Europa (bis 20 g) sind derzeit mit 22 Ruffiya freizu-
machen, Postkarten mit zehn Ruffiya. Die dafür notwendigen
Briefmarken gibt es entweder an der Rezeption oder in den auf allen
Touristeninseln vorhandenen Souvenirshops, dort können sie jedoch
deutlich teurer sein.

**Telefon und Fax** Alle Hotelinseln sind an das sogenannte IDD-Telefonnetz (IDD = International Direct Dialing) angeschlossen, d. h. Telefongespräche werden direkt über Satellit vermittelt. Die Gesprächsverbindungen kommen in aller Regel binnen weniger Sekunden zustande, die Qualität der Übertragung ist meist ausgezeichnet. Diese Gespräche sind allerdings nicht billig: Für ein Drei-Minuten-Gespräch nach Europa muss man mit etwa 20 Euro rechnen. Noch teurer wird der Anruf mit dem eigenen **Handy**, der theoretisch möglich ist, da auf fast allen Touristeninseln ein Mobilfunknetz erreichbar ist.

Etwas preiswerter ist es hingegen, wenn man von Male' bzw. von einer Einheimischeninsel aus telefoniert. Die dafür nötige **Phone Card** erhält man in vielen Geschäften sowie direkt im Büro der Telefongesellschaft Dhiraagu (19 Medhuziyaanai Magu) unweit der Großen Freitagsmoschee.

Jede Hotelrezeption verfügt über ein Faxgerät. Für die Benutzung werden in aller Regel dieselben Gebühren wie für ein Telefongespräch berechnet.

> **BAEDEKER TIPP !**
>
> *Billiger telefonieren*
>
> Wer die Urlaubskasse schonen will, lässt sich von Europa aus anrufen. Auf www.teltarif.de findet man viele Billigtarife. So kostet die günstigste Gesprächsminute nur noch etwa 9 Cent – ein Bruchteil der Gebühren auf den Malediven.

**Internetgespräche** Die Gelegenheit, sich gegen Gebühr ins Internet einzuwählen, besteht auf fast allen Hotelinseln. Mit dem eigenen Laptop und einem Skype-Anschluss telefoniert man dann sogar kostenlos. Auf Male' gibt es außerdem zwei Internetcafés.

## VORWAHLEN

*Innerhalb der Malediven*
keine Vorwahl nötig

*Nach den Malediven*
+ 960

*Von den Malediven*
nach Deutschland: + 49
nach Österreich: + 43
in die Schweiz: + 41

## INTERNETCAFÉS

*DhivehiNet Cyber Café*
Medhuziyaarai Magu
Tel. 31 11 22

*Dhiraagu Telecommunications*
19 Medhuziyaarai Magu
Tel. 332 28 02

# Preise · Vergünstigungen

Die Malediven zählen nicht gerade zu den billigen Reisezielen. Das liegt vor allem in der Tatsache begründet, dass nahezu alles, was man zur Versorgung der Touristen benötigt, auf dem See- bzw. Luftweg importiert werden muss. Auch auf All-inclusive-Urlauber können deshalb noch beträchtliche Beträge zukommen.

*Kein billiges Ziel*

Bucht man Halb- oder Vollpension, sind die Hauptmahlzeiten bereits im Reisepreis enthalten, wählt man »All-inclusive«, sind auch meistens alle Getränke inklusive. Auf allen Inseln gibt es jedoch Coffeeshops für den kleinen Hunger zwischendurch. Hier muss – außer bei »All-inclusive« – extra bezahlt werden. Eine Portion Spaghetti Bolognaise kostet ca. 8 Euro, ein Tunfischsandwich ca. 4 – 6 Euro. Als besonderer Leckerbissen gilt eine Portion Hummer, sie kostet etwa 25 Euro pro Person. Getränke sind teuer. Selbst für eine Zwei-Liter-Flasche Trinkwasser werden zwischen 3 und 5 Euro verlangt. Ein Bier vom Fass kostet ca. 4 Euro, ein Glas Wein 4 – 6 Euro. Alkoholfreie Getränke sind etwas preiswerter, eine Cola kostet 2 Euro.

*Essen und Trinken*

Für einen Grundkurs im Tauchen muss man zwischen 250 und 400 Euro rechnen. Jeder weitere Tauchgang schlägt mit ca. 15 – 30 Euro zu Buche. Preisgünstiger ist das so genannte **Non-Limit-Tauchen**, das beliebig viele Tauchgänge während eines Malediven-Aufenthaltes beinhaltet. Einige Tauchschulen bieten aber auch eine gewisse Anzahl von Tauchgängen zum Paketpreis. Für das Ausleihen einer einfachen Schnorchelausrüstung mit Taucherbrille, Schnorchel und Flossen bezahlt man um die 10 Euro pro Tag.

*Tauchen und Schnorcheln*

Das Mieten eines Surfboards kostet etwa 12 Euro pro Stunde, ein einwöchiger Surfkurs zwischen 120 und 150 Euro. Segeln ist mit Katamaranbooten oder kleinen Jollen möglich. Pro Stunde werden hierfür ca. 20 – 30 Euro verlangt. Relativ teuer ist das Parasailing genannte Fallschirmsegeln. Es kostet pro Runde ca. 25 Euro.

*Teurer Sport*

Ein absolutes »Muss« für einen Malediven-Urlaub ist ein Besuch der Hauptstadt Male'; der Preis hierfür richtet sich hier nach der Entfernung zum Touristenresort. Eine Ausfahrt zum **Nachtfischen** kostet pro Teilnehmer ca. 15 Euro, ein Ausflug zu einer Einheimischeninsel ca. 30 Euro. Beliebt ist auch das sogenannte Inselspringen, wobei man während eines Tages mehrere bewohnte und unbewohnte Inseln besucht. Dafür werden im Durchschnitt 80 – 120 Euro verlangt. Ein Picknick ist dann oft im Preis enthalten. Für einen etwa einstündigen **Rundflug** von der Flughafeninsel Hulhule aus werden ca. 150 Euro pro Person verlangt.

*Ausflüge*

# Reisezeit

Viel Sonne und gleichmäßig hohe Luft- und Wassertemperaturen machen die Malediven zu einem beliebten **Ganzjahresreiseziel**. Der nördliche Teil des Archipels hat durchschnittlich mehr Sonnenscheinstunden, da der Regen hier nur in kurzen heftigen Schauern fällt; zudem sind die Temperaturschwankungen hier etwas höher. Auch in der Regenzeit sind die Freizeitaktivitäten bei durchschnittlich sieben Stunden Sonne pro Tag, besonders am Vormittag, kaum eingeschränkt. Am unangenehmsten sind die Monate Mai bis Oktober während des Südwestmonsuns. Bio-klimatisch etwas weniger belastend ist die Zeit der geringsten Niederschläge von Januar bis April. In diesen Monaten ist dann auch **Hauptsaison**.

# Sicherheit

**Sicheres Reiseziel**

Die Malediven gelten als ausgesprochen sicheres Reiseziel, die Kriminalitätsrate ist für ein Dritte-Welt-Land äußerst niedrig. Das mag auch auf die drakonischen Strafen selbst für geringe Delikte zurückzuführen sein, denn auf den Malediven gilt die Scharia, das islamische Recht. Straftätern droht die Verbannung auf eine einsame Insel.

Gleichwohl sollte man sich als Tourist bewusst sein, dass es oftmals die provokante Herausforderung des Besuchers ist, die einen Einheimischen zu einem Dieb werden lässt. Man bedenke, dass das, was man als Gast für eine einzige Übernachtung in einem Luxusresort ausgibt, dem Jahreseinkommen eines Maledivers entsprechen kann. Mit Statussymbolen zu prahlen, ist deshalb absolut fehl am Platz. Unbedingt ist es aus diesem Grunde empfehlenswert, Safes entweder im Zimmer oder an der Rezeption auch zu nutzen, um in ihnen Reiseunterlagen, Wertgegenstände und vor allem Bargeld zu deponieren. Dass kein Resort Haftung für abhandengekommene Dinge dieser Art übernimmt, ist selbstverständlich.

Und noch ein Tipp: Bei einem Besuch der Hauptstadtinsel Male' sollte man sich vor **Taschendieben** hüten, die vor allem im dichten Gedränge ihre Opfer finden.

# Sprache

**Zwei Sprachen**

Die Amtssprachen auf den Malediven sind Dhivehi und Englisch, beide werden in den höheren Schulen unterrichtet. Als Verkehrssprache ist das Englische deshalb weit verbreitet. Auf allen Touristen-

inseln sowie in der Hauptstadt Male' gibt es kaum Verständigungs-
schwierigkeiten. Auf den Einheimischeninseln wird man jedoch mit
Englisch nicht weit kommen. Deshalb ist an dieser Stelle ein kleiner
Sprachführer durchaus sinnvoll, der einige der wichtigsten Aus-
drücke und Redewendungen enthält. Weiterhin ist eine kleine Über-
setzungshilfe für **englische Speisekarten** im Kapitel ▶Essen und
Trinken zu finden.

## Sprachführer Dhivehi

### Auf einen Blick

| | |
|---|---|
| Guten Tag. | Assalaam aleikum |
| Wie geht es Ihnen? | aalu klhineh? |
| Mir geht es gut! | ara ranghalu! |
| Bitte. /Danke. | hukuriiya |
| Ja. | anh |
| Nein. | oon |
| Mann | irihene |
| Frau | nhen |
| Entschuldigen Sie bitte! | eehaa naafkunavaa! |
| Ich verstehe nicht! | hanennake neyge! |
| Nein, ich möchte nicht! | hanen beynumeh nei! |
| Bitte helfen Sie mir! | hey vedheefaanaa tha! |
| Woher kommen Sie? | on rashakuntha aiy? |
| Wie heißen Sie? | on nameh kiyanee? |
| Ich komme aus Deutschland! | harennake gerumaneh! |
| Wie viel kostet das? | i kihaavaraka? |
| Das ist mir zu teuer! | aa agu bodu! |

### Zahlen

| | |
|---|---|
| 0 | ume |
| 1 | ke |
| 2 | hey |
| 3 | ine |
| 4 | athdreh |
| 5 | aheh |
| 6 | ayeh |
| 7 | atheh |
| 8 | sheh |
| 9 | uaveh |
| 10 | hihaeh |
| 100 | ateyka |
| 1000 | s has |

**Der nette Barkeeper freut sich bestimmt über einen Gruß in seiner Landessprache.**

| | |
|---|---|
| 5000 | as haas |
| 10 000 | iha has |
| 100 000 | h lakka |
| 1000 000 | h million |

### Im Hotel

| | |
|---|---|
| Hotel | otaa |
| Zimmer | otari |
| Haben Sie ein Zimmer frei? | us, kotari ehba huritha? |
| Wie viel kostet es? | ihaa vareh tha agy? |
| Das ist mir zu teuer! | hi varu maa aau bodu! |
| Ich nehme das Zimmer! | hi kotari beynun! |
| Frühstück | endhuruge sai |
| Mittagessen | endhuruge heun |
| Abendessen | eyganduge keun |

### Verkehr

| | |
|---|---|
| Straße | agu |
| Insel (bewohnt) | ihung ulera |
| Insel (unbewohnt) | allura |
| Atoll | atolhu |
| Strand | ondhu dhoh |
| Fischerboot | honi |
| Schnellboot | onshu |
| Wasserflugzeug | andah jassaa boat |

# Trinkgeld

Trinkgeld wird auf den Malediven ebenso gern gesehen wie überall in Ländern, in denen man zu einem großen Teil von den Einnahmen aus dem Tourismus lebt. Auf den Malediven sollte man den Umstand bedenken, dass den Kellnern, Roomboys und sonstigen Angestellten in aller Regel nur ein bescheidenes Grundgehalt bezahlt wird, während sie sich den (größeren) Teil durch eigene Leistung hinzuverdienen müssen.

Gern
genommen

Die Höhe des Trinkgelds richtet sich auch nach der Kategorie der Insel, auf der man seinen Urlaub verbringt. Man kann ungefähr mit einer Ausgabe von ca. 8 – 10 US-Dollar pro Woche jeweils für Zimmermädchen und Restaurantkellner rechnen.

# Verkehr

Dhonis sind das Verkehrsmittel der Malediven schlechthin. Als bevorzugte Baumuster gelten die der arabischen Dhau nachempfundenen Boote. Sie dienen dem Transport von Waren aller Art auch in weiter entfernt liegende Atolle, haben ein großes trapezförmiges Segel und werden heutzutage bei Flaute auch mit Dieselmotoren angetrieben. Außerdem gibt es **Fischerdhonis** mit einer Länge von etwa 10 m (Massdhoni), die man an der zusätzlichen Plattform am Heck erkennt. Auf ihnen leben die Fischer während ihrer oft wochenlangen Ausfahrten. Um ein Massdhoni steuern zu können, bedarf es einer aus drei bis vier Männern bestehenden Crew. Deutlich kürzer sind die **Wadudhonis** genannten Boote, die wegen ihrer kaum seegängigen Bauweise fast ausschließlich für Fahrten innerhalb des Atollrings genutzt werden. Zwar werden auch die Boote, die zum Transport von Tauchern an die jeweiligen Tauchplätzen eingesetzt werden, Dhonis genannt. Doch haben sie keine Segel, sie werden ausschließlich mit Dieselmotoren angetrieben. Auf ihnen finden bis zu 12 Taucher mitsamt ihrem Tauchgerät Platz.

Dhoni,
Schnellboote

Eine Alternative zu den Dhonis sind PS-starke **Schnellboote** bzw. Motorjachten, mit denen vornehmlich die Resorts der gehobenen Kategorien angesteuert werden.

Um die Transferzeit zwischen dem Flughafen auf Hulhule und den Resorts zu verringern, sind Wasserflugzeuge im Einsatz, bei denen zwei Fluggesellschaften miteinander konkurrieren. Die Wasserflugzeuge starten gegenüber dem internationalen Flughafen auf Hulhule und landen innerhalb oder außerhalb der Lagune vor dem jeweiligen

Flugzeuge

## INLANDSFLUGHÄFEN
*Dharavandhoo Airport*
Baa-Atoll

*Fuvamulah Airport*
Gnaviyani-Atoll

*Gan International Airport*
Seenu-Atoll

*Hanimadadhoo Airport*
Haa-Dhaalu-Atoll

*Kaadedhdhoo Airport*
Gaafu-Dhaalu-Atoll

*Kadhdhoo Regional Airport*
Laamu-Atoll

*Kooddoo Airport*
Huvadhu-Atoll

*Thimarafushi Airport*
Thaa-Atoll

*Villa Airport Maamigili*
Ari-Atoll

## FLUGGESELLSCHAFTEN
*Maldivian*
Reservierung: 1st Floor,
STO Aifaanu Building
Boduthakurufaanu Magu
Male', 20026
Tel. 333 55 44
www.maldivian.aero

*Trans Maldivian Airways (TMA)*
Male' International Airport
Tel. 331 52 01
www.transmaldivian.com

*Maldivian Air Taxi*
Male' International Airport
Tel. 331 57 08
www.maldivianairtaxi.com

**Hauptverkehrsmittel sind Dhonis.**

Resort. Von dort geht es in aller Regel weiter mit dem Boot bis zur Insel selbst.

Außerdem gibt es die Flugzeuge der Maldivian, die mit größeren Maschinen zu den weiter entfernten Resortinseln vor allem im Süden der Malediven fliegen.

# Zeit

Auf den Malediven gibt es keine Sommerzeit, weshalb der Zeitunterschied während der mitteleuropäischen Sommerzeit plus vier Stunden und sonst plus fünf Stunden beträgt. Einige Inseln nehmen eine eigene »Inselzeit« für sich in Anspruch, hier ist es immer eine Stunde später als in der Hauptstadt, damit für die Gäste mehr vom Tage übrig bleibt.

Zeitunter-
schiede

Wie in allen Staaten, die den Islam zur Staatsreligion erklärt haben, gilt auch auf den Malediven offiziell die islamische Zeitrechnung. Diese beginnt mit dem Jahr 622, als der Prophet Mohammed aus Mekka floh (▶Religion S. 42). Allerdings können die Jahre nach islamischer Zeitrechnung nicht mit jenen des gregorianischen Kalenders korreliert werden. Der islamische Kalender ist ein reiner **Mondkalender** ohne Ausgleich mit dem Sonnenjahr. Der Einschub von Schaltmonaten ist durch den Koran ausdrücklich verboten.

Islamische
Zeitrechnung

Das Jahr besteht aus 12 Mondmonaten zu je 354 Tagen, sodass sich der Jahresbeginn gegenüber dem Sonnenjahr fortlaufend verschiebt. Die 12 Monate heißen: Muharran, Safar, Rabi al-awwad, Rabi al-ahir, Gamada l-ula, Gamada l-ahira, Ragab, Saban, Ramadan, Sawwul, Du l-qada, Du l-higga.

Die Monate des islamischen Kalenders haben also – je nach Mondaufgang – 29 bzw. 30 Tage und demzufolge zählt das islamische Jahr auch nur 354 oder 355 Tage. Jeder Monat beginnt mit dem ersten Tag des aufgehenden Mondes, ein neuer Tag beginnt nicht mit dem Sonnenaufgang, sondern dem -untergang.

# Register

atmosfair

nachdenken • klimabewusst reisen

# atmosfair

Reisen verbindet Menschen und Kulturen. Doch wer reist, erzeugt auch $CO_2$. Der Flugverkehr trägt mit bis zu 10% zur globalen Erwärmung bei. Wer das Klima schützen will, sollte sich nach Möglichkeit für die schonendere Reiseform entscheiden (wie z.B. die Bahn). Gibt es keine Alternative zum Fliegen, kann man mit atmosfair klimafördernde Projekte unterstützen.

atmosfair ist eine gemeinnützige Klimaschutzorganisation unter der Schirmherrschaft von Klaus Töpfer. Flugpassagiere spenden einen kilometerabhängigen Betrag und finanzieren damit Projekte in Entwicklungsländern, die den Ausstoß von Klimagasen verringern helfen. Dazu berechnet man mit dem Emissionsrechner auf **www. atmosfair.de** wieviel $CO_2$ der Flug produziert und was es kostet, eine vergleichbare Menge Klimagase einzusparen (z.B. Berlin – London – Berlin 13 €).

*atmosfair* garantiert die sorgfältige Verwendung Ihres Beitrags. Alle Informationen dazu auf www.atmosfair.de. Auch der Karl Baedeker Verlag fliegt mit atmosfair.

# Verzeichnis der Karten und Grafiken

# Bildnachweis

# Impressum

**Ausstattung:**
117 Abbildungen, 9 Karten und grafische Darstellungen, eine große Reisekarte
**Text:**
Heiner F. Gstaltmayr, Wieland Höhne
**Bearbeitung:**
Baedeker-Redaktion (Gabriele Gaßmann)
**Kartografie:**
Klaus-Peter Lawall, Unterensingen
MAIRDUMONT Ostfildern (Reisekarte)
**3D-Illustrationen:**
jangled nerves, Stuttgart
**Infografiken:**
Golden Section Graphics GmbH, Berlin
**Gestalterisches Konzept:**
independent Medien-Design, München
**Chefredaktion:**
Rainer Eisenschmid, Baedeker Ostfildern

7. Auflage 2014
Völlig überarbeitet und neu gestaltet

**Anzeigenvermarktung:**
MAIRDUMONT MEDIA
Tel. 0049 711 4502 333
Fax 0049 711 4502 1012
media@mairdumont.com
http://media.mairdumont.com

Printed in China

Trotz aller Sorgfalt von Redaktion und Autoren zeigt die Erfahrung, dass Fehler und Änderungen nach Drucklegung nicht ausgeschlossen werden können. Dafür kann der Verlag leider keine Haftung übernehmen.
Kritik, Berichtigungen und Verbesserungsvorschläge sind jederzeit willkommen.
Schreiben Sie uns, mailen Sie oder rufen Sie an:

**Verlag Karl Baedeker / Redaktion**
Postfach 3162
D-73751 Ostfildern
Tel. 0711 4502-262
info@baedeker.com
www.baedeker.com

FSC
www.fsc.org
MIX
Paper from responsible sources
FSC® C011918

# Die Erfindung des Reiseführers

Als **Karl Baedeker** (1801 – 1859) am 1. Juli 1827 in Koblenz seine Verlagsbuchhandlung gründete, hatte er sich kaum träumen lassen, dass sein Name und seine roten Bücher einmal weltweit zum Synonym für Reiseführer werden sollten.

Das erste von ihm verlegte Reisebuch, die 1832 erschienene **Rheinreise,** hatte er noch nicht einmal selbst geschrieben. Aber er entwickelte es von Auflage zu Auflage weiter. Mit der Einteilung in die Kapitel »Allgemein Wissenswertes«, »Praktisches« und »Beschreibung der Merk-(Sehens-)würdigkeiten« fand er die klassische Gliederung des modernen Reiseführers, die bis heute ihre Gültigkeit hat. Der Erfolg war überwältigend: Bis zu seinem Tod erreichten die zwölf von ihm verfassten Titel 74 Auflagen! Seine Söhne und Enkel setzten bis zum Zweiten Weltkrieg sein Werk mit insgesamt 70 Titeln in 500 Auflagen fort.

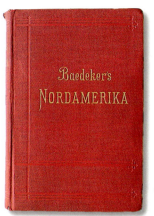

Bis heute versteht der Karl Baedeker Verlag seine große Tradition vor allem als eine Kette von Innovationen: Waren es in der frühen Zeit u. a. die Einführung von Stadtplänen in Lexikonqualität und die Verpflichtung namhafter Wissenschaftler als Autoren, folgte in den 1970ern der erste vierfarbige Reiseführer mit professioneller Extrakarte. Seit 2005 stattet Baedeker seine Bücher mit ausklappbaren 3D-Darstellungen aus. Die neue Generation enthält als erster Reiseführer Infografiken, die (Reise-)Wissen intelligent aufbereiten und Lust auf Entdeckungen machen.

In seiner Zeit, in der es an verlässlichem Wissen für unterwegs fehlte, war Karl Baedeker der Erste, der solche Informationen überhaupt lieferte. In der heutigen Zeit filtern unsere Reiseführer aus dem Überfluss an Informationen heraus, was man für eine Reise wissen muss, auf der man etwas erleben und an die man gerne zurückdenken will. Und damals wie heute gilt für Baedeker: Wissen öffnet Welten.

# Baedeker Verlagsprogramm

- Ägypten
- Algarve
- Allgäu
- Amsterdam
- Andalusien
- Argentinien
- Athen
- Australien
- Australien • Osten
- Bali
- Baltikum
- Barcelona
- Bayerischer Wald
- Belgien
- Berlin • Potsdam
- Bodensee
- Brasilien
- Bretagne

- Brüssel
- Budapest
- Bulgarien
- Burgund
- China
- Costa Blanca
- Costa Brava
- Dänemark
- Deutsche Nordseeküste
- Deutschland
- Deutschland • Osten

- Djerba • Südtunesien
- Dominik. Republik
- Dresden
- Dubai • VAE
- Elba
- Elsass • Vogesen
- Finnland
- Florenz
- Florida
- Franken
- Frankfurt am Main
- Frankreich
- Frankreich • Norden
- Fuerteventura
- Gardasee
- Golf von Neapel
- Gomera
- Gran Canaria
- Griechenland
- Griechische Inseln
- Großbritannien
- Hamburg
- Harz
- Hongkong • Macao
- Indien
- Irland
- Island
- Israel
- Istanbul
- Istrien • Kvarner Bucht
- Italien
- Italien • Norden
- Italien • Süden
- Italienische Adria
- Italienische Riviera
- Japan
- Jordanien
- Kalifornien
- Kanada • Osten
- Kanada • Westen
- Kanalinseln

- Kapstadt • Garden Route
- Kenia
- Köln
- Kopenhagen
- Korfu • Ionische Inseln
- Korsika
- Kos
- Kreta
- Kroatische Adriaküste • Dalmatien
- Kuba
- La Palma
- Lanzarote
- Leipzig • Halle
- Lissabon
- Loire
- London
- Madeira
- Madrid
- Malediven
- Mallorca
- Malta • Gozo • Comino
- Marokko

- Mecklenburg-Vorpommern
- Menorca

- Mexiko
- Moskau
- München
- Namibia

- Neuseeland
- New York
- Niederlande
- Norwegen
- Oberbayern
- Oberital. Seen • Lombardei • Mailand
- Österreich
- Paris
- Peking
- Piemont
- Polen
- Polnische Ostseeküste • Danzig • Masuren
- Portugal
- Prag
- Provence • Côte d'Azur
- Rhodos
- Rom
- Rügen • Hiddensee
- Ruhrgebiet
- Rumänien
- Russland (Europäischer Teil)
- Sachsen

- Salzburger Land
- St. Petersburg
- Sardinien
- Schottland
- Schwarzwald
- Schweden
- Schweiz
- Sizilien
- Skandinavien
- Slowenien
- Spanien
- Spanien • Norden • Jakobsweg
- Sri Lanka
- Stuttgart
- Südafrika
- Südengland
- Südschweden • Stockholm
- Südtirol
- Sylt
- Teneriffa
- Tessin
- Thailand
- Thüringen
- Toskana
- Tschechien
- Tunesien
- Türkei
- Türkische Mittelmeerküste
- Umbrien
- USA

- USA • Nordosten
- USA • Nordwesten
- USA • Südwesten
- Usedom
- Venedig
- Vietnam
- Weimar
- Wien
- Zürich
- Zypern

**BAEDEKER ENGLISH**

- Berlin
- Vienna

**Viele Baedeker-Titel sind als E-Book erhältlich: shop.baedeker.com**

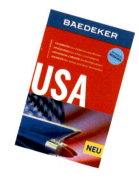

# Kuriose Malediven

*Fremde Länder, fremde Sitten. Natürlich ist auf den Malediven einiges anders als anderswo. Und manches davon ist ziemlich kurios.*

## ▸Schweine sind unreine Tiere …

… meint der Koran, und deshalb ist Verzehr von Schweinefleisch ebenfalls verboten. Irgendwie war aber der Wunsch der Touristen stärker, als es die Lehre des Koran erlaubt. Es gibt nun schon seit einigen Jahren Schweinernes in fast jedem Ressort. Zwar stehen immer noch Fisch, Rindfleisch und Geflügel im Mittelpunkt der Speisekarte, auf der einen oder anderen Insel gibt es aber auch ein saftiges Schweinefilet.

## ▸Kokospalmen …

…sind staatliches Eigentum, jeder Malediver darf aber so viele Nüsse ernten, wie er will. Allerdings muss er exakt die Hälfte seiner Ernte an den Inselverantwortlichen abgeben, der diesen Anteil verwerten darf. Die Erlöse gehen dann an den Staat – sozusagen als eine Art Einkommensteuer.

## ▸Viel Wasser, aber …

… die meisten Malediver können gar nicht schwimmen! Vielleicht liegt das daran, dass ein den muslimischen Kleidungsvorschriften entsprechendes knöchellanges Kleid für Frauen beim Baden ziemlich hinderlich ist. Allenfalls kleine Kinder sieht man nicht weit vom Inselrand entfernt in der Lagune plantschen.

## ▸Alkohol? Nein, aber …

Sie sollten sich nicht wundern, wenn die Zollbeamten auf dem Flughafen Hulhule ein besonderes Augenmerk auf mitgebrachte alkoholische Getränke legen. Die Einfuhr auf die Malediven ist nämlich für Touristen strikt verboten. Schließlich steht der Alkoholgenuss auf Platz 13 der 20 größten Sünden im Islam. Und der Prophet weissagte Fürchterliches: »Am Tage der Auferstehung wird der Alkoholtrinker zu den Ungläubigen gezählt!« Aber keine Sorge: Was der Zoll findet, wird gegen Quittung beschlagnahmt, in einer Asservatenkammer aufbewahrt und bei der Ausreise wieder ausgehändigt. Das Alkoholverbot gilt übrigens nicht für die Touristenressorts, wo es so ziemlich alles gibt, was die Destillerien weltweit hergeben.

## ▸Keine Zärtlichkeiten!

Einerseits gelten die Malediver als weltoffen und lebensfreudig. Andererseits ist es aber absolut verpönt, in aller Öffentlichkeit Zärtlichkeiten zwischen Mann und Frau auszutauschen. Die Rolle der Frau ist aber gleichwohl eine dominierende, sie gilt als die »Hüterin des Hauses«, während der Mann seiner Arbeit nachgeht und die Erziehung der Kinder der Gattin überlässt. Für die eigenen Kinder gilt das übrigens nicht, die werden von ihren Vätern gehätschelt und verwöhnt.